从兴业路到复兴路

1921—2021

张士义——著
林万枝——绘

人民东方出版传媒
東方出版社

为实现中华民族伟大复兴的

中国梦 不懈奋斗！

目　　录

CONTENTS

第三章

改革开放和社会主义现代化建设新时期

第四章

中国特色社会主义新时代

前言

2021年，是中国共产党成立100周年。回望历史，中国共产党的百年奋斗历程神奇壮美、大气磅礴。

一百年来，中国共产党始终不渝地同人民站在一起，始终不渝地为实现中华民族伟大复兴而奋斗，在前人不懈奋斗的基础上继续砥砺前行，披荆斩棘、风雨兼程，跨过一道又一道沟坎，取得一个又一个胜利。在中国共产党领导下，中国实现了从几千年封建专制政治向人民民主的伟大飞跃，中华民族实现了由不断衰落到根本扭转命运、持续走向繁荣富强的伟大飞跃，中国人民实现了从站起来到富起来、强起来的伟大飞跃。

习近平总书记在庆祝中国共产党年成立100周年大会上的重要讲话中，代表党和人民庄严宣告：经过全党全国各族人民持续奋斗，我们实现了第一个百年奋斗目标，在中华大地上全面建成了小康社会，历史性地解决了绝对贫困问题，正在意气风发向着全面建成社会主义现代化强国的第二个百年奋斗目标迈进。这是中华民族的伟大光荣！这是中国人民的伟大光荣！这是中国共产党的伟大光荣！

中国共产党一百年的历史和新中国一百年的历史是相通的，把两个一百年联系起来看，党的百年历史可以划分为四个大的发展阶段。

第一阶段，从1921年到1949年，是新民主主义革命时期。在这一阶段，中国共产党团结带领中国人民进行浴血奋战，经过北伐战争、土地革命、抗日战争和解放战争，推翻帝国主义、封建主义、官僚资本主义三座大山，完成新民主主义革命，建立中华人民共和国，彻底结束了旧中国半殖民地半封建社会的历史，彻底结束了旧中国一盘散沙的局面，彻底废除了列强强加给中国的不平等条约和帝国主义在中国的一切特权。

第二阶段，从1949年到1978年，是社会主义革命和建设时期。在这一阶段，中国共产党团结带领中国人民进行艰苦创业，在重建国家过程中顺利实现了从新民主主义到社会主义的转变，确立社会主义基本制度，推进社会主义建设，完成了中华民族有史以来最为广泛而深刻的社会变革，为当代中国一切发展进步奠定了根本政治前提和制度基础，建立起独立的、比较完整的工业体系和国民经济体系，改变了一穷二白的落后面貌，为中国发展富强、中国人民生活富裕奠定了坚实基础。

第三阶段，从1978年到2012年，是改革开放和社会主义现代化建设新时期。在这一阶段，中国共产党团结带领中国人民进行改革开放，破除阻碍国家和民族发展的一切思想和体制障碍，极大激发广大人民群众的创造性，极大解放和发展社会生产力，开辟了中国特色社会主义道路，形成了中国特色社会主义理论体系，确立了中国特色社会主义制度，发展了中国特色社会主义文化，人民生活显著改善，综合国力显著增强，国际地位显著提高，中国大踏步赶上时代。

第四阶段，从2012年到2021年（还在继续），是中国特色社会主义新时代，也是实现中华民族伟大复兴的时代。在这一阶段，中国共产党团结带领中国人民继续开拓进取，统筹推进“五位一体”总体布局，协调推进“四个全面”战略布局，推进改革开放和社会主义现代化建设取得历史性成就，推动党和国家事业发生历史性变革。中国特色社会主义进入新时代，拓展了发展中国家走向现代化的途径，给世界上那些既希望加快发展又希望保持自身独立性的国家和民族提供了全新选择，为解决人类问题贡献了中国智慧和中国方案。“今天，我们比历史上任何时期都更接近实现中华民族伟大复兴的目标，比历史上任何时期都更有信心、更有能力实现这个目标。”

一百年前，中国共产党的先驱们创建了中国共产党，形成了坚持真理、坚守理想，践行初心、担当使命，不怕牺牲、英勇斗争，对党忠诚、不负人民的伟大建党精神。这是中国共产党的精神之源，也是我们这个百年大党永葆青春活力、充满勃勃生机的根本原因。

大道之行，天下为公。中国共产党从诞生那天起，从来就没有自己的私利，而是以全心全意为人民谋福利为根本宗旨。依水行舟，忠诚为民，成为贯穿中国共产党百年历史全过程的一条红线。肩负为人民谋利益、为民族谋复兴神圣职责和崇高使命的中国共产党，是敢于斗争、敢于胜利的伟大政党。在中国共产党的领导下，中国近代百年为之奋斗的目标——民族独立和人民解放已经完成，全面建成小康社会的百年目标也成为现实，实现中华民族伟大复兴的百年目标必将实现！

第一章　　CHAPTER ONE

新民主主义革命时期

从一九二一年中国共产党成立到一九四九年中华人民共和国成立，是新民主主义革命时期。在这一时期，中国共产党团结带领中国人民进行二十八年浴血奋战，打败日本帝国主义，推翻国民党反动统治，完成新民主主义革命，建立了中华人民共和国，彻底结束了旧中国半殖民地半封建社会的历史，彻底结束了旧中国一盘散沙的局面，彻底废除了列强强加给中国的不平等条约和帝国主义在中国的一切特权，实现了中国从几千年封建专制政治向人民民主的伟大飞跃。

中国有了共产党

天降大任

1840年鸦片战争　中国开始沦为半殖民地半封建社会

19世纪中叶　外国在华企业中首先产生了中国工人阶级

1918.10-11　以李大钊为代表的中国先进分子开始在中国传播马克思主义

1919年五四运动后　工人运动高涨，斗争内容从经济斗争转向政治斗争

1919秋　李大钊发表《我的马克思主义观》，标志着马克思主义在中国进入了比较系统的传播阶段

立党为公

1920.8　陈独秀等在上海成立了中国第一个共产主义组织

1920.10　李大钊等在北京成立共产党早期组织

1920秋至1921春　武汉、长沙、济南、广州等地成立党的早期组织

1921.7　党的一大召开，通过了党的第一个纲领和决议

初试锋芒

1921.8.11 中国劳动组合书记部在上海成立

1922.1-1923.2 党领导了第一次工人运动高潮

1922.5 第一次全国劳动大会在广州召开

1922.7.16-23 党的二大在上海召开，提出民主革命纲领和建立民主联合战线的方针、策略

天降大任

中国共产党的诞生不是偶然的，而是中国近代社会发展和人民革命运动深入的必然结果，是历史和人民的选择。

我们中国是世界上最大国家之一，领土和整个欧洲的面积差不多相等。我们中国又是一个由多数民族结合而成的拥有广大人口的国家。在中华民族的文明史上，有素称发达的农业和手工业，有许多伟大的思想家、科学家、发明家、政治家、军事家、文学家和艺术家，有丰富的文化典籍。中国古代的四大发明，对人类的发展和历史的进步作出过重大贡献。在几千年的历史发展中，中华民族创造了悠久灿烂的中华文明，为人类作出了卓越贡献，成为世界上伟大的民族。

1840 年是中国历史发展的一个转折点。这一年英国发动了侵略中国的鸦片战争，其结局是正在走向腐朽没落的清政府战败，由此签订了近代中国第一个不平等条约——《南京条约》。从此以后，西方列强纷至沓来，对中国的侵略步步加深，封建统治也日益腐败，中国逐步沦为半殖民地半封建社会，战乱不已，山河破碎，人民饥寒交迫、备受奴役。救亡图存的民族使命迫在眉睫。从此，中华民族面对着两大历史任务：一个是求得民族独立和人民解放；另一个是实现国家繁荣富强和人民共同富裕。

为改变中华民族的悲惨命运，中国人民和无数仁人志士进行了千辛万苦的探索和不屈不挠的斗争。太平天国、洋务运动、戊戌变法、义和团运动、辛亥革命，不甘屈服的中国人民一次次抗争，但又一次次失败。

关于近代中国先进分子向西方学习以求独立自强的过程和结果，毛泽东在《论人民民主专政》一文中作了生动描述和深刻分析。

自从一八四〇年鸦片战争失败那时起，先进的中国人，经过千辛万苦，向西方国家寻找真理。洪秀全、康有为、严复和孙中山，代表了在中国共产党出世以前向西方寻找真理的一派人物。那时，求进步的中国人，只要是西方的新道理，什么书也看。向日本、英国、美国、法国、德国派遣留学生之多，达到了惊人的程度。……那时的外国只有西方资本主义国家是进步的，它们成功地建设了资产阶级的现代国家。日本人向西方学习有成效，中国人也想向日本人学。在那时的中国人看来，俄国是落后的，很少人想学俄国。这就是十九世纪四十年代至二十世纪初期中国人学习外国的情形。

帝国主义的侵略打破了中国人学西方的迷梦。很奇怪，为什么先生老是侵略学生呢？中国人向西方学得很不少，但是行不通，理想总是不能实现。多次奋斗，包括辛亥革命那样全国规模的运动，都失败了。国家的情况一天一天坏，环境迫使人们活不下去。怀疑产生了，增长了，发展了。

事实说明，不触动封建根基的自强运动和改良主义，旧式的农民战争，资产阶级革命，照搬西方资本主义的其他种种方案，都不能完成中华民族救亡图存的民族使命和反帝反封建的历史任务。要解决中国发展进步问题，必须找到能够指导中国人民进行反帝反封建革命的先进理论，必须找到能够领导中国社会变革的先进社会力量。

伴随着西学东渐和资本主义在中国的发展，这种先进理论也逐渐传到中国，这种先进社会力量也渐成规模。

马克思学说在中国的出现，最早可以追溯到19世纪末。

中文报刊上最早出现马克思和恩格斯的名字以及《共产党宣言》的片段文字，是在1899年2—4月上海广学会出版的《万国公报》上。它刊载的由李提摩太译、中国教士蔡尔康撰的《大同学》介绍说：“德国讲求养民学者有名

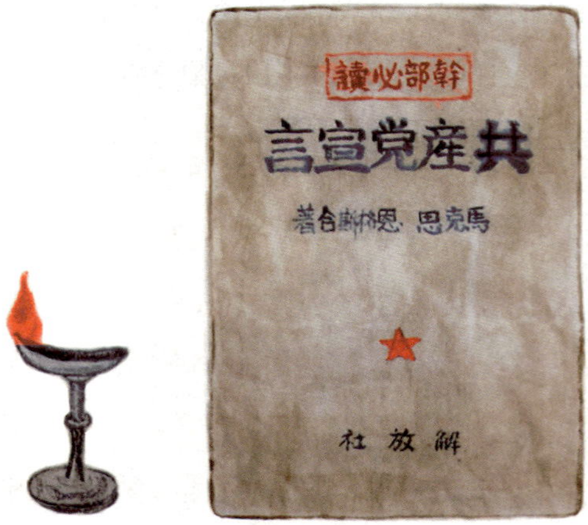

《共产党宣言》

人焉。一曰马克思。一曰恩格思。”从《共产党宣言》中节选的文字是“纠股办事之人，其权笼罩五洲，突过于君相之范围一国”（今译为：资产阶级，由于开拓了世界市场，使一切国家的生产和消费都成为世界性的了）。

1902 年，梁启超在《新民丛报》上介绍说：“麦喀士（马克思），日尔曼人，社会主义之泰斗也。”其后，《近世社会主义》一书摘译了《共产党宣言》的片断。1906 年，朱执信在《民报》上发表《德意志社会革命家小传》，介绍马克思和恩格斯的生平和《共产党宣言》《资本论》的一些要点。1907 年 12 月，《天义》杂志在东京出版的第 15 卷，刊载了恩格斯 1888 年为《共产党宣言》撰写的序言，这是第一篇比较完整的恩格斯著作中译文。1908 年 3 月，该杂志第 16—19 卷合刊，又刊载了《共产党宣言》的前言和第一章，还专门发表了署名申叔（刘师培）撰写的《〈共产党宣言〉序》。1912 年，孙中山在《社会主义派别及其批评》中称赞马克思“发阐真理，不遗余力”。

“十月革命一声炮响，给我们送来了马克思列宁主义。十月革命帮助了全世界的也帮助了中国的先进分子，用无产阶级的宇宙观作为观察国家命运的工具，重新考虑自己的问题。”1917 年俄国十月革命以后，以李大钊为代表的中国先进分子开始在中国传播马克思主义。

1918 年，李大钊相继发表了《法俄革命之比较观》《庶民的胜利》《布尔什维主义的胜利》等，用马克思主义的观点热情讴歌俄国十月社会主义革命。1919 年 10 月、11 月，李大钊又分两期在《新青年》上发表《我的马克思主义观》一文，系统地介绍了马克思主义的唯物史观、政治经济学和科学社会主义的基本原理。这篇文章的发表，不仅表明李大钊完成了从民主主义者向马克思主义者的转变，而且标志着马克思主义在中国进入了比较系统的传播阶段。

李大钊

中国共产党是马克思主义与中国工人运动相结合的产物。如果马克思主义不同工人运动相结合，只能是书本上的理论，不会变成伟大的物质力量；而工人运动如果没有马克思主义的指导，只能产生工联主义意识，停留在经济利益，不会有任何政治意义。只有马克思主义与工人运动相结合，才能使工人运动沿着正确的方向发展壮大，并成为党的坚实的阶级基础。

中国的工人阶级最早产生于 19 世纪中叶的外国在华企业中，随后又出现在 19 世纪 60 年代清朝官办的企业和 70 年代兴起的民族资本企业中。据统计，中国的近代产业工人在 1894 年约有 10 万人，到辛亥革命时大约 60 万人，到 1914 年第一次世界大战爆发时增加到 100 万人，到 1919 年五四运动前夕，已达到 200 万人。其中，上海有 20 万人，占整个工人阶级队伍的 10%，占上海总人口的 20%。中国的无产阶级除了产业工人这一主体外，还包括与产业工人处于同等或类似地位、靠出卖劳动力生活、并与产业工人所从事的机器大工业生产有直接或间接联系的各种非产业工人，如手工业工人、苦力运输工人、农业雇工、商业和金融业的普通职工等，其总数估计约为 4000 万人。

中国工人阶级深受帝国主义、封建主义和资本主义三重压迫，其遭受的剥削和压迫是世界各国所罕见的，因此，中国工人阶级具有极强的反抗性和

五四运动

革命性，是近代中国一个特别能战斗的、最革命的阶级，能够担当起领导中国革命的重任。

作为旧制度的掘墓人，中国工人阶级从一开始就开展了反抗剥削和压迫的斗争。随着工人阶级队伍的壮大，中国工人运动有了新的发展，罢工的次数显著增加，罢工规模也愈来愈扩大，从 1912 年到 1919 年五四运动前夕，有记载的罢工 130 余次。五四运动后，工人运动进一步高涨，据不完全统计，自 1919 年至 1921 年，全国罢工达 161 次，罢工总人数 24.5 万。工人斗争的内容也从经济斗争转向政治斗争，显示了中国工人阶级作为新的政治力量的巨大作用。

马克思主义是指导工人运动的科学理论。接受了马克思主义的中国先进知识分子看到了挽救中华民族危亡的新希望，很快就投入到实际行动中去。五四爱国运动中，工人罢工中所表现出来的力量，使早期的马克思主义者看到：工人阶级已经登上政治舞台，并将决定中国的命运。于是，他们很快就“往民间去”，到工人中去办学校，组织工会。在长辛店的棚户区，在大上海的陋巷里，都有他们深入工人群众的身影。他们在工人中宣传马克思主义，从事工人运动的实际工作，开始了将马克思主义同工人运动相结合的尝试。

立党为公

随着马克思主义在中国的传播及其同中国工人运动的初步结合，随着中国社会一批接受马克思主义的先进分子的出现，建立革命政党的任务开始提上日程。

1920 年 2 月，陈独秀、李大钊就相约在上海和北京组织建党，形成南北呼应。同年 4 月，经共产国际批准，俄共（布）远东党组织派维经斯基（中文名叫吴廷康）等人来华，先后在北京、上海会见李大钊和陈独秀，对他们的建党工作给予帮助。

当时出现了两种不同的建党思路，维经斯基以俄共（布）建党的历史为蓝本，希望团结各种社会势力建立党的组织，力求建党的规模效应。而陈独秀则是要求党的相对纯洁和思想统一，认定中国共产党不仅要由无产阶级中的先进分子所组成，而且还应该坚持以马克思主义作为指导思想。

1920 年 8 月，陈独秀、李达、陈望道、李汉俊、俞秀松等在上海建立了中国第一个共产主义组织，陈独秀为书记。这个组织的名称，经陈独秀、李大钊商议，决定叫“共产党”，而不叫社会党。在上海成立的党的早期组织，作为党的发起组织和联络中心，在建党过程中起了重要的作用。10 月，李大钊、张国焘、张申府在北京成立共产党早期组织，李大钊为书记。1920 年秋至 1921 年春，董必武、陈潭秋、包惠僧等在武汉，毛泽东、何叔衡等在长沙，王尽美、邓恩铭等在济南，谭平山、谭植棠等在广州，也建立了共产党的早期组织。在日本、法国也建立了由留学生和侨民中的先进分子组成的共产党早期组织。

各地共产党早期组织成立以后，主要开展以下几个方面的工作：一是利用已有的或自己创办的报刊，宣传马克思主义。《共产党宣言》等一批马克思主义的经典著作和介绍马克思主义的著作陆续被翻译成中文出版。一些地方的共产党早期组织还利用马克思主义研究会等团体，组织进步青年学习马克思主义的基本理论。二是为划清马克思主义与其他社会主义流派的界限，扩大马克思主义的阵地，同反马克思主义的思潮进行了三次著名的论战：一次是同胡适派资产阶级改良主义的论战；一次是同张东荪、梁启超的基尔特社会主义的论战；一次是同无政府主义的论战。这些同各种反马克思主义思潮的论战，帮助当时一批倾向社会主义的进步分子划清了科学社会主义同资产阶级、小资产阶级的社会主义派别的界限，走上了马克思主义的道路。三是创办一批专门供工人阅读的刊物宣传马克思主义，如上海有《劳动界》、北京有《劳动音》和《工人周刊》、济南有《济南劳动月刊》；同时，还创办了各种形式的工人学校。这些工作使工人群众更多接触马克思主义，进一步促进了马克思主义同中国工人运动的结合。四是1920年8月在上海共产党早期组织的领导下成立了社会主义青年团，俞秀松为书记。其后，北京、天津、长沙等地也成立了团的组织。

1921年7月，国内各地共产党早期组织和旅日留学生组织的代表到达上海，出席党的第一次全国代表大会。他们是：上海的李达、李汉俊，北京的张国焘、刘仁静，武汉的董必武、陈潭秋，长沙的毛泽东、何叔衡，济南的王尽美、邓恩铭，广州的陈公博，旅日的周佛海，还有陈独秀指派的代表包惠僧，共13人。共产国际代表马林、赤色职工国际代表尼克尔斯基也参加了大会。

大会于7月23日晚开始举行，会场选在上海代表李汉俊之兄李书城的寓所——上海法租界望志路106号（今兴业路76号）。24日举行第二次会议，由各地代表向大会汇报本地党、团组织情况。25日、26日休会两天，起草党纲和工作计划。27日至29日，连续三天开会对文件稿进行讨论。30日晚举行的第六次会议，因会场受到法国巡捕房、密探程子卿的袭扰而提前结束。最后一次会议改在浙江嘉兴南湖的游船上举行。

大会通过了《中国共产党的第一个纲领》和《中国共产党的第一个决议》。

《纲领》第一条就明确规定："本党定名为'中国共产党'。"第二条规定："本党纲领如下：(一)革命军队必须与无产阶级一起推翻资本家阶级的政权，必须支援工人阶级，直到社会的阶级区分消除为止；(二)承认无产阶级专政，直到阶级斗争结束，即直到消灭社会的阶级区分；(三)消灭资本家私有制，没收机器、土地、厂房和半成品等生产资料，归社会公有；(四)联合第三国际。"

《纲领》还包含属于党章性质的一些条文。

关于党员条件和入党手续，《纲领》规定："凡承认本党纲领和政策，并

南湖红船

愿成为忠实党员的人，经党员一人介绍，不分性别、国籍，均可接收为党员，成为我们的同志。但在加入我们队伍之前，必须与企图反对本党纲领的党派和集团断绝一切联系。”接收新党员的手续如下：“候补党员必须接受其所在地的委员会的考查，考查期限至少为两个月。考查期满后，经多数党员同意，始得被接收入党。如该地区设有执行委员会，应经执行委员会批准。”

关于党的组织工作和纪律，《纲领》规定：“在党处于秘密状态时，党的重要主张和党员身份应保守秘密。”“委员会的成员经当地委员会书记介绍，可转到另一个地方的委员会。”“工人、农民、士兵和学生的地方组织中党员人数多时，可派他们到其他地区去工作，但是一定要受地方执行委员会的严格监督。”“本纲领须经全国代表大会三分之二代表同意，始得修改。”

关于共产党与其他政党的关系，《纲领》规定：“中国共产党彻底断绝同黄色知识分子阶层及其他类似党派的一切联系。”“党员除非迫于法律，不经党的特许，不得担任政府官员或国会议员，士兵、警察和职员不受此限。”

同党的纲领规定的奋斗目标相适应，大会还决定党集中力量领导工人运动，首先是组织工会和教育工人。党的一大通过的《关于当前实际工作的决议》，对开展工人运动的组织和宣传工作，作了具体的规定。

大会选举产生了党的领导机构——中央局，陈独秀为书记，张国焘分管组织工作，李达分管宣传工作。

党的一大正式宣告了中国共产党的成立。“中国产生了共产党，这是开天辟地的大事变。”事实确实如此。中国共产党的成立大会是在反动统治的白色恐怖下秘密举行的，除了会场一度遭到暗探和巡捕的骚扰外，在社会上并没有引起任何注意，好像什么事也没有发生。但是，就在这时，一个新的革命火种却已在沉沉黑夜中点燃起来了。从此，在古老落后的中国大地上出现了完全新式的、以马克思列宁主义为行动指南的、统一的和唯一的无产阶级政党。正是这个党，给灾难深重的中国人民带来了光明和希望。虽然这时她还是一个仅仅拥有 50 多名党员的很小的党，但她满怀信心地以改造中国为己任，为争取民族独立和人民解放，为实现社会主义和共产主义的理想，开始了艰苦卓绝、不屈不挠的斗争历程。

伟大的革命实践产生伟大的革命精神。中国共产党的先驱们创建了中国共产党，形成了坚持真理、坚守理想，践行初心、担当使命，不怕牺牲、英勇斗争，对党忠诚、不负人民的伟大建党精神，这是中国共产党的精神之源。中国共产党弘扬伟大建党精神，在长期奋斗中构建起中国共产党人的精神谱系，锤炼出鲜明的政治品格。

不忘初心，方得始终。党的一大纲领和伟大建党精神昭示人们：中国共产党人的初心和使命，就是为中国人民谋幸福，为中华民族谋复兴。这个初心和使命是激励中国共产党人不断前进的根本动力。

初试锋芒

中国产生了共产党，这是开天辟地的大事变。这一开天辟地的大事变，深刻改变了近代以后中华民族发展的方向和进程，深刻改变了中国人民和中华民族的前途和命运。正如毛泽东所说："自从有了中国共产党，中国革命的面目就焕然一新了。"

中国共产党成立后，按照党的一大通过的纲领和决议，党集中力量从事工人运动。1921 年 8 月 11 日，中共中央局在上海成立中国劳动组合书记部，由张国焘担任主任，作为党领导工人运动的公开机构。1922 年 5 月 1 日，由中国劳动组合书记部发起，在广州召开第一次全国劳动大会。大会接受了中国共产党提出的"打倒帝国主义""打倒军阀"的政治口号，决定在全国总工会成立前，中国劳动组合书记部为全国总通讯机关。在工人运动中，党还注意发展党员，吸收工人中的先进分子入党。

与此同时，党积极领导社会主义青年团的工作。1922 年 5 月，中国社会主义青年团举行第一次代表大会，选举产生了团的中央执行委员会。

经过近一年的实际观察，中国共产党人在理论上加深了对国际国内形势、对中国社会和中国革命的认识。1922 年 6 月 15 日，中共中央发表《中国共产党对于时局的主张》，分析指出：辛亥革命的失败，“民主政治未能成功，名为共和国家，实际上仍旧由军阀掌握政权，这种半独立的封建国家，执政的军阀每每与国际帝国主义互相勾结”，这是“中国内忧外患的源泉，也是人民受痛苦的源泉”。文件认为，“主张联省自治”其实是“提倡武人割据”，“希望军阀自己出来废督裁兵，岂不是与虎谋皮”。文件称：“中国共产党是无产阶级的先锋军，为无产阶级奋斗，和为无产阶级革命的党”，认为“中国现存的各政党，只有国民党比较是革命的民主派，比较是真的民主派”，提出邀请国民党等革命民主派及革命的社会主义各团体开一个联席会议，“共同建立一个民主主义的联合战线，向封建式的军阀继续战争；因为这种联合战争，是解放我们中国人受列强和军阀两重压迫的战争，是中国目前必要的不可免的战争”。这样深刻的理论分析和明确的政治主张，为随后召开的中共二大制定民主革命纲领奠定了思想基础。

1922 年 7 月 16 日至 23 日，中国共产党第二次全国代表大会在上海英租界南成都路辅德里 625 号（今成都北路 7 弄 30 号）李达寓所召开。出席大会的共有 12 名代表，分别为：中央局成员陈独秀、张国焘、李达，来自上海、北京、山东、湖北、湖南、广东的代表杨明斋、罗章龙、王尽美、许白昊、蔡和森、谭平山，中国劳动组合书记部代表李震瀛、中国社会主义青年团临时中央局代表施存统，另有一名代表姓名不详。

大会根据列宁关于殖民地半殖民地的学说和远东各民族代表大会的精神，分析了国际形势和中国社会政治经济状况，讨论了党的历史和现实任务，通过了《中国共产党第二次全国代表大会宣言》、《中国共产党章程》以及《关于“世界大势与中国共产党”的议决案》、《关于“民主的联合战线”的议决案》《关于中国共产党加入第三国际决议案》、《关于共产党的组织章程决议案》等九项决议案。大会选举了党的中央执行委员会，陈独秀、张国焘、蔡和森、高君宇当选为中央委员，邓中夏、向警予当选为候补委员。中央执行委员会推选陈独秀为委员长。

党的二大的历史贡献主要有三个方面：

一是明确中国革命分两步走，制定了党的民主革命纲领。大会通过的《宣言》对中国经济政治状况作出系统分析，揭示了中国社会的半殖民地半封建性质，制定了党的最低纲领和最高纲领。最低纲领是：消除内乱，打倒军阀，建设国内和平；推翻国际帝国主义的压迫，达到中华民族完全独立；统一中国为真正民主共和国。最高纲领是：组织无产阶级，用阶级斗争的手段，建立劳农专政的政治，铲除私有财产制度，渐次达到一个共产主义的社会。这表明，中国共产党人已经明确认识到中国革命需要分为两步走：第一步进行民主革命，第二步进行社会主义革命。从近代中国革命史看，这是破天荒第一次明确提出反帝反封建的民主革命纲领，为中国各民族人民的革命斗争指明了方向，对中国革命具有重大的深远的意义。

二是提出了建立民主联合战线的方针和策略。与党的民主革命纲领相衔接，二大通过了《关于“民主的联合战线”的议决案》。议决案说：“中国名为共和，实际上仍在封建式的军阀势力统治之下，对外则为国际资本帝国主义势力所支配的半独立国家，在这各政治经济状况之下的无产阶级，在这种内外两层压迫之

党的二大会址

下无法得着自由而又急须得着自由的无产阶级，更有加入民主革命运动之必要。”“因此我们共产党应该出来联合全国革新党派，组织民主的联合战线，以扫清封建军阀推翻帝国主义的压迫，建设真正民主政治的独立国家为职志。”二大关于建立“民主的联合战线”战略这项决策改变了党的一大文件中关于不同其他党派建立任何联系的规定，是中国共产党最早提出的关于统一战线的思想和主张，对推动中国革命的发展有着重大的意义。

三是通过了第一个正式的《中国共产党章程》，并作出了《关于共产党的组织章程决议案》。这是总结党创立以来的经验和针对党员中存在的若干模糊思想而制定的。《关于共产党的组织章程决议案》首先清楚地说明了党的先进性和群众性，指出：“我们共产党，不是‘知识者所组织的马克思学会’也不是‘少数共产主义者离开群众之空想的革命团体’，‘应当是无产阶级中最有革命精神的大群众组织起来为无产阶级之利益而奋斗的政党，为无产阶级做革命运动的急先锋’。”《中国共产党章程》分“党员”“组织”“会议”“纪律”“经费”“附则”共6章29条，分别对党的性质、入党的条件和审批手续、党的组织系统、党的会议和活动方式、党的纪律、党的经费来源及使用等方面作了详细规定。

在党的其他关系方面，二大通过的《中国共产党加入第三国际决议案》明确中国共产党“正式加入第三国际，完全承认第三国际所决议的加入条件二十一条，中国共产党为国际共产党之中国支部”。

中共二大通过的党的第一个章程及有关决议，从根本法规上为党的组织建设奠定了基础，标志着党的创建工作已经完成。

与党的创建工作同步，党领导的工人运动也风起云涌。以1922年1月香港海员大罢工为起点的工人斗争，在1922年下半年到1923年初走向高潮。在持续13个月的时间里，全国发生大小罢工100余次，参加人数在30万以上。其中，1922年1月爆发的香港海员罢工、安源路矿工人罢工、开滦煤矿工人罢工尤其引人注目，而京汉铁路的工人更是走在前列，把这次工人运动高潮推向了顶点。

第一次工人运动高潮，是在中国共产党的领导下发动和组织起来的。这些斗争，显示了中国工人阶级的坚定的革命性和坚强的战斗力，也使中国共产党进一步密切了同工人阶级的联系，党的自身建设也由此得到加强。1922 年 6 月，中共中央计划多吸收工人党员。随着工人斗争的发展，工人中涌现出一批优秀的人物，如苏兆征、史文彬、项英、邓培、王荷波等，他们先后参加了党的队伍。党在工矿企业的基层组织也开始建立起来。如安源路矿在 1922 年 2 月建立了党支部，到 1924 年 5 月已有党员 60 多人。

中国共产党成立后，在以主要精力领导工人运动的同时，还开展了农民运动、青年运动和妇女运动。其中，党领导的新型农民运动在浙江萧山、广东海陆丰和湖南衡山等地区逐步兴起，这些运动虽然先后被反动势力镇压下去，但它们毕竟是党领导的农民运动的一次尝试，是新型农民运动的先声。

中国共产党创建伊始，就积极投入到革命斗争的实践中，直接领导工人运动、农民运动、青年运动，并取得了初步的成效。党在革命运动中领导作用的发挥，显示了这个党是全心全意为人民谋利益的革命政党，是具有战斗力的朝气勃勃的工人阶级政党。尽管中国共产党这时还处于幼年，但任何敌人都已无法压倒它。尽管最初的斗争遇到了挫折，但中国共产党人没有悲叹，却从中懂得了中国革命的更多道理。于是，年轻的中国共产党带着初步的经验和教训，昂首挺胸去迎接汹涌澎湃的大革命浪潮的到来。

打倒列强除军阀

国共合作

1923.6.12-20 党的三大在广州召开，决定共产党员以个人身份加入国民党，实现国共合作

1924.1.20-30 国民党一大在广州召开，对三民主义作出了新的解释，成为国共两党合作的政治基础

1925.1.11-22 党的四大在上海召开，提出了无产阶级在民主革命中的领导权问题和工农联盟问题

1925.3.12 孙中山在北京逝世

革命风暴

1925.5 党领导全国性声势浩大的五卅运动

1925.11 国民党老右派邹鲁等在北京西山碧云寺自行开会，非法宣布取消共产党员的国民党党籍

1926.1.1-19 国民党二大在广州召开，蒋介石在国民党的地位上升

1926.3-5 蒋介石接连采取打击共产党的行动，制造所谓的『中山舰事件』和『整理党务案』

北伐先锋

1926.5 国民革命军第四军叶挺独立团等作为北伐的先头部队先行出兵湖南，拉开北伐战争的序幕

1926.7 国民革命军正式出师北伐

1926.10 国民革命军攻克武昌，全歼吴佩孚部主力

1926.10-1927.3 党领导上海工人先后三次举行武装起义，并建立上海市民政府

1926.11 国民革命军歼灭孙传芳部主力

革命夭折

1927.2.21 蒋介石在南昌发表反共演讲，开始镇压工农革命力量

1927.4.12 蒋介石发动四一二反革命政变

1927.4.27-5.9 党的五大在武汉召开，未能在党面临生死存亡的危急关头，为全党指明出路

1927.4.28 李大钊在北京惨遭奉系军阀张作霖杀害

1927.7.15 汪精卫召开国民党中央常务委员会扩大会议，决定分共，正式同共产党决裂

国共合作

对于建立不久的中国共产党来说，要完成反帝反封建的目标任务是异常艰难的。京汉铁路工人大罢工中发生的二七惨案，印证了党的二大决定建立民主联合战线的必要性。

1922 年 8 月 28 日至 30 日，中共中央在杭州西湖举行特别会议，专题研究同国民党合作建立革命统一战线的问题。马林在会上传达了共产国际的指示，提议中共党员加入国民党组织。经过争论，会议最后接受了马林的建议，决定在孙中山改组国民党的条件下，共产党员以个人名义加入国民党。

1923 年 6 月 12 日至 20 日，中国共产党第三次全国代表大会在广州召开。出席大会的代表 30 多人，代表全国 420 名党员。大会决定，共产党员、社会主义青年团员以个人身份加入国民党，实现国共合作；国共合作后，党必须在政治上、思想上、组织上保持自己的独立性。大会通过《中国共产党第一次修正章程》，依据党的自身发展状况和形势发展的需要，对二大党章进行了修改，进一步完善了党的各项制度。和二大党章相比较，结构和内容基本未变，只是个别条文有所改动，主要是严格了入党的手续，首次规定了新党员的候补期的制度，首次规定了党员可以"自请出党"，对党的各级组织建制作出了新的规定。三大选出新的中央执行委员会。中央执行委员会选举陈独秀、蔡和森、毛泽东、谭平山、罗章龙组成中央局，选举陈独秀为委员长。

中共三大确定的以共产党员加入国民党的方式实现国共合作，也是孙中山和国民党所能接受的合作形式。当宋庆龄问"为什么需要共产党加入国民党”时，孙中山回答说：“国民党正在堕落中死亡，因此要救活它就需要新血液。”1923年10月初，应孙中山的邀请，苏联代表鲍罗廷到达广州，被聘担任国民党组织教练员（后来又聘为政治顾问）。他带来了列宁建党的具体经验，对国民党改组提出了许多建议，并为孙中山所接受。比如，尽早召开党的全国代表大会、修改党纲、制定党章、在广州和上海首先建立党的核心等。在鲍罗廷的帮助下，孙中山正式委任廖仲恺、汪精卫、张继、戴季陶、李大钊五人为国民党改组委员，负责办理国民党本部的改组事宜。10月25日，孙中山又召开特别会议，委任廖仲恺、谭平山等九人为国民党临时中央执行委员，汪精卫、李大钊等五人为候补执行委员，组成国民党中央临时执行委员会，全面负责国民党改组的筹备工作，并请鲍罗廷代为起草国民党党章。孙中山在会上讲话指出：“同是革命，何以俄国能成功，而中国不能成功？盖俄国革命全由于有组织有训练的革命党及党员之奋斗”，“吾等要从今日起…… 不专尚个人的奋斗；要靠党员的成功”。随后不久，他在给蒋介石的信中又明确表示：“我党今后之革命，非以俄为师，断无成就。”11月，国民党临时中央执委会发表改组宣言，宣布“行将召集海内外全党代表会议”。

1924年1月20日至30日，中国国民党第一次全国代表大会在广州举行。孙中山主持了大会。出席开幕式的165名代表中，有共产党员20多人。李大钊被孙中山指定为大会主席团成员。孙中山在开幕式上讲话指出：“现在是拿出鲜明反帝国主义的革命纲领，来唤起民众为中国的自由独立而奋斗的时代了！不如此是一个无目的无意义的革命，将永久不会成功！”大会通过的《中国国民党第一次全国代表大会宣言》，对三民主义作出了新的解释：在民族主义中，突出了反对帝国主义的内容；在民权主义中，强调了民主权利应为“一般平民所共有”；在民生主义中，坚持“平均地权”“节制资本”两大原则。会后不久，孙中山又提出“耕者有其田”的口号。新三民主义的内容，与中国共产党民主革命纲领基本一致，成为国共两党合作的政治基础。

国民党一大后，各地的共产党员加入了国民党。他们满腔热情，积极帮助国民党在很多省市建立了地方组织。到1926年国民党二大时，除新疆、云南、贵州等少数地区外，都已建立了国民党的地方组织。李大钊、董必武、林伯渠、何叔衡、宣中华、侯绍裘等共产党员还担任了国民党省市党部的实际负责人。加入国民党的共产党员在许多处在军阀统治下的地区，对群众进行艰苦的宣传鼓动和组织工作，把他们吸引到拥护国民革命的旗帜下来。

创办黄埔军校是国共合作的一个重要成果。它与旧式军校的最大不同，在于把政治教育提到和军事训练同等重要的地位，注重培养学生的爱国思想和革命精神。11月，刚从欧洲归国不久的中共广东区委委员长周恩来担任黄埔军校政治部主任，开展了卓有成效的政治工作。中国共产党还从各地选派大批党、团员到黄埔军校学习。在第一期的学员中，共产党员和共青团员有56人，占学生总数的十分之一。徐向前、陈赓、左权、许继慎、蒋先云等都是第一期的学员。

黄埔军校

国民党改组后，成立了工人部和农民部。工人部部长廖仲恺因兼职很多无暇顾及，实际工作由工人部秘书、共产党员冯菊坡负责。农民部部长林伯渠、秘书彭湃，也都是共产党员。他们的工作，促进了工农运动的恢复和发展。1925年5月，第二次全国劳动大会在广州召开，成立以共产党员林伟民、刘少奇为正、副委员长的中华全国总工会。从此，中国工人阶级有了全国性的统一的组织。

同期，国民党中央执行委员会农民运动讲习所在广州开班。这所农讲所是经共产党人提议而创办的，先后办了六期，分别由共产党人彭湃、罗绮园、阮啸仙、谭植棠、毛泽东等主持，培养了一批农民运动的骨干。他们从这里奔赴各地，在广大农村点燃革命的火种。千万农民从沉睡中被唤醒，集合在国民革命的旗帜下，投入轰轰烈烈的农村大革命中。

在共产党人和国民党人的共同努力下，国民革命的思想由南向北，在全国范围内以前所未有的规模广泛传播。1924年10月，北方的进步将领冯玉祥在第二次直奉战争中发动政变，推翻了直系军阀首领曹锟、吴佩孚控制的北京政府，一时控制了北京、天津一带，并把所部改编为国民军。他电请孙中山北上"共商国是"。冯玉祥发动政变后，内外处境仍很困难，又请北洋军阀元老段祺瑞出山主持大计。段祺瑞和准备从东北入关的奉系军阀首领张作霖也分别致电孙中山，欢迎他北上。11月，孙中山离广州北上，沿途宣传召开国民会议和废除不平等条约的主张，形成了广泛的政治宣传运动。

在革命形势日趋高涨的情况下，1925年1月11日至22日，中国共产党第四次全国代表大会在上海举行。出席大会的代表20人，代表全国的党员994人。这次大会的历史功绩在于：一是提出了无产阶级在民主革命中的领导权问题；二是提出了工农联盟问题；三是对中国民主革命的内容作了更加完整的规定，指出在反对帝国主义的同时，还要反对封建的军阀政治和经济关系。这表明，党已经把新民主主义革命基本思想的要点提出来了。

大会通过《中国共产党第二次修正章程》，修改内容主要有：一是"有5人以上可组织一小组"改为"有3人以上即可组织支部"，不满3人之处，设一通信员，属于附近之地方或直接属于中央。二是中央委员会委员长的职务改称为“总书记”，地方各级党的执行委员会的委员长职务改称为“书记”。四大党章注重在全国范围内发展和建立党的组织，第一次规定支部为党的基本组织，简化了入党程序，推动了党组织的大发展，为迎接革命高潮的到来做好了组织准备。

四大选出新的中央执行委员会。中央执行委员会选举陈独秀、张国焘、彭述之、蔡和森、瞿秋白组成中央局。中央局决定陈独秀任中央总书记。

党的四大结束后不到两个月，3月12日，孙中山因肝病在北京逝世。他在遗嘱中写道：“余致力国民革命凡四十年，其目的在求中国之自由平等。积四十年之经验，深知欲达到此目的，必须唤起民众及联合世界上以平等待我之民族，共同奋斗。”这是一位伟大的爱国者和革命家在总结自己毕生的政治经验之后得出的根本结论。孙中山的去世，在全国人民中引起巨大的悲痛。国共两党组织各界人民举行哀悼活动，广泛传播孙中山的遗嘱和革命精神，形成了一次声势浩大的革命宣传活动。

革命风暴

国民革命的呼声在全国各地更加高涨起来。一场大规模的革命风暴就要来临。

1925年2月，因抗议日本工头殴打12岁童工，上海4万名工人举行抗议罢工并取得胜利。5月15日，日本厂主撕毁“二月罢工”时与工人签订的协议，宣布停工。进厂交涉的该厂工人、共产党员顾正红惨遭日方枪杀，激起全市人民愤怒。5月24日，上海工、学、商各界人士万余人参加顾正红烈士追悼大会。

5月28日，中共中央在上海召开有陈独秀、瞿秋白、蔡和森、李立三等参加的紧急会议，通过《扩大反帝运动和组织五卅大示威游行》的决议，决定发动学生和工人在30日到租界内举行示威活动。

5月30日，上海工人和学生举行街头宣传和示威游行，公共租界的英国巡捕在南京路上突然开枪，打死13人，伤者不计其数。繁华的马路顿时一片腥风血雨，中国人的鲜血染红了大街小巷。此后几天，在上海和其他地方又连续发生英、日等国军警枪杀中国民众的事件。五卅运动由此爆发。五卅反帝斗争震惊全国，形成了全国性声势浩大的五卅运动，揭开了大革命高潮的序幕。

五卅惨案震惊了上海，震惊了全中国。外国军警竟然在中国的土地上恣意屠杀中国民众，这不能不使每个有良心的中国人感到蒙受极大的耻辱。上海人民率先奋起，从6月1日起开始了声势浩大的总罢工、总罢课、总罢市。人们长期郁积心中的对帝国主义侵略的仇恨和愤怒，经过五卅惨案的触发，像火山一样迸发出来。工人罢工、学生罢课、商人罢市的抗议狂飙迅速席卷全国。在一两个星期里，各地就有600多个城镇、约1700万群众直接参加了运动，从通商都市到穷乡僻壤，到处响起"打倒帝国主义""废除不平等条约"的怒吼。近百个国家和地区的华侨和国际友人纷纷举行集会，发起募捐，给国内的五卅运动以有力的支援。

五卅惨案的消息传到南方，形成了规模宏大、持续很久的省港大罢工。6月19日，香港工人罢工开始，15天内参加罢工的工人达到25万人，其中10多万人离开香港回到广州。6月23日，罢工工人和广州各界群众10万人举行大会和示威游行，突遭沙面租界英国军警的射击，造成死52人、重伤170多人的沙基惨案。惨案发生后，广州革命政府宣布同英国经济绝交，并封锁出海口。省港罢工工人代表大会决定成立省港罢工委员会，由共产党员苏兆征担任委员长，处理罢工事宜，对香港实行封锁。在广州革命政府的支持下，省港大罢工坚持了16个月之久。10多万有组织的罢工工人，成为广州革命政府的有力支柱。

五卅运动

中国共产党在领导五卅运动的过程中得到很大发展，一年内党员人数增加了 10 倍，1925 年底达到 1 万人。一些原来没有党组织的地方也建立了党组织。

在五卅运动蓬勃发展的有利形势下，国共两党合作完成了统一广东革命根据地的工作。1925 年 4 月，东征军取得了讨伐盘踞东江地区的军阀陈炯明的胜利。5 月，平息了滇军杨希闵、桂军刘震寰在广州发动的叛乱。随后，进行了改组广州政府和改编军队的工作。7 月 1 日，国民政府在广州成立，汪精卫当选为国民政府主席，鲍罗廷被聘为高等顾问。国民政府成立后，将黄埔军校校军和驻在广东的粤军、湘军、滇军先后改编为国民革命军 6 个军，共 8.5 万人。共产党员周恩来、林伯渠、李富春、朱克靖、罗汉等担负起国民革命军中的政治工作。9 月，国民政府再次举行东征，11 月底取得全歼陈炯明余部的胜利。同时举行南征，消灭了盘踞广东南路和海南岛的地方军阀邓本殷部。至此，广东全省获得统一，为举行北伐战争准备了比较可靠的后方基地。国民革命终于发出向着帝国主义和封建势力进军的号角。

随着革命运动的发展，革命阵营内部的矛盾也逐渐暴露出来。1924 年 6 月，国民党右派分子邓泽如等提出“弹劾共产党案”，冯自由也写信给孙中山，指责他偏袒共产党人，遭到孙中山的严厉斥责。1925 年 6、7 月间，国民党新右派戴季陶先后出版《孙文主义之哲学的基础》《国民革命与中国国民党》等小册子，反对马克思主义的阶级斗争学说，反对国共合作。同年 11 月，国民党老右派邹鲁、谢持等在北京西山碧云寺自行召开所谓“国民党一届四中全会”，非法宣布取消共产党员的国民党党籍，解除鲍罗廷的顾问职务，形成“西山会议派”。更为严重的是，通过主持黄埔军校和在两次东征、平定杨刘叛乱中壮大起来，在革命阵营内部已有举足轻重力量的蒋介石，这时越来越暴露出他的反共真面目，利用国民党新右派所控制的群众组织孙文主义学会，进行反共活动。

这种状况，在中国共产党面前尖锐地提出了新的问题。维护国共合作的大局自然是极其重要的。但面对国民党内部新老右派变本加厉的分裂活动，应该怎么办？不少共产党人认为，既然国民党右派（特别是新右派）已在公开进行分裂活动，那就必须进行恰当而有力的反击，遏制这种活动，维护国共合作。毛泽东在 1925 年 12 月发表《中国社会各阶级的分析》一文，首先强调分清敌友是革命的首要问题，接着逐一分析了中国社会各阶级的经济地位和政治态度，着重指出中国无产阶级的最广大和最忠实的同盟军是农民，从而解决了中国革命中最主要的同盟军问题。

1926 年 1 月 1 日至 19 日，中国国民党在广州举行第二次全国代表大会。各地选出的代表中，共产党员和国民党左派占多数。因此，这次大会继续坚持反对帝国主义和军阀势力的主张，坚持联俄、联共、扶助农工的三大革命政策，并对参加西山会议的国民党老右派分子分别给予党纪处分。大会召开时，广东共产党组织的领导者主张打击右派，孤立中派，扩大左派的政策，并计划给蒋介石以回击。但是，在陈独秀和张国焘的影响下，对国民党新右派却没有触动。这次大会选出的国民党中央执行委员会内共产党员和国民党左派处于次要地位，中央监察委员会内右派占了绝对优势。蒋介石在这次大会上第一次当选为国民党中央执行委员，随后又被选为常务委员。此外，他还担任了国民革命军总监。这样，他在国民党和国民革命军内的地位都大大提高了。

共产党在国民党二大上的妥协退让，换来的是国民党新右派的得寸进尺。1926 年 3 月至 5 月，日益走向反共的蒋介石接连采取了打击共产党的行动，制造了所谓的“中山舰事件”和“整理党务案”。按照共产国际的指示，中共中央和共产国际驻中国代表主张妥协退让，结果使得共产党员被迫退出国民革命军第一军，担任国民党中央部长的共产党员全部辞去职务。共产党人在国民党内变得毫无地位，而蒋介石却担任了国民党中央组织部长兼军人部长，随后又当上国民党中央常务委员会主席和国民革命军总司令，成为掌握最高权力的人物。这时已到了北伐战争的前夜。北伐的军事指挥权主要掌握在蒋介石手中，这个事实表明革命形势虽然在迅速发展，但已经埋伏着严重的危机。

北伐先锋

1926 年 5 月，国民革命军第四军叶挺独立团和第七军一部作为北伐的先头部队，先行出兵湖南。北伐先锋，锐不可当，拉开了气势如虹的北伐战争的序幕。

北伐战争的直接打击目标是受帝国主义支持的北洋军阀，主要有占据湖南、湖北一带的直系军阀吴佩孚部，占据北方的奉系军阀张作霖部，盘踞江苏、浙江、安徽、江西、福建五省的自成一派的原直系军阀孙传芳部，共有 70 万人。国民革命军除广东原有的六个军外，又加上新归附的第七、第八军，共 10 万人左右。国民革命军在以加伦为首的苏联军事顾问的建议下，制定了集中兵力、各个歼敌的战略方针：首先向湖南、湖北进军，长驱直进，迅速消灭北洋军阀中最薄弱的一环—— 吴佩孚部的主力，争取张作霖、孙传芳两部在一段时间内保持中立；待两湖战场取得胜利后，再引兵东向，消灭孙传芳部；最后，北上解决实力最为雄厚的张作霖部。这个战略方针是正确的。

同年 7 月 9 日，国民革命军正式出师北伐。北伐军长驱直入，所向披靡，势如破竹，仅用两个月的时间，就席卷江南半壁河山，“打倒列强，除军阀”的雄壮歌声从珠江唱到了长江。8 月下旬，北伐军连克武汉外围沿铁路线的汀泗桥、贺胜桥。9 月 6 日、7 日，分别占领汉阳和汉口。10 月 10 日攻克已被围困月余的武昌。叶挺独立团首先攀登城头，其他各部相继入城，全歼吴佩孚部主力。

北伐军在两湖战场取得重大胜利后，江西战场的国民革命军也于 11 月初歼灭孙传芳部主力，占领九江、南昌。福建方面，12 月中旬不战而下福州。北方冯玉祥部在苏联和中国共产党的帮助下，于 9 月 17 日在绥远五原誓师，挥军南下。11 月间，国民军联军已控制陕西、甘肃等省。到 1926 年底，国民革命军已先后歼灭吴佩孚、孙传芳两部主力，控制了除江苏、浙江、安徽以外的中国南部各省。冯玉祥的国民军联军也已控制西北地区，准备东出潼关，响应北伐军。北伐战争胜利的大局已定。

北伐战争从一开始就取得工农群众的热烈支持，“工农兵联合起来，向前进”的歌声从城市传遍山乡。在共产党人的发动和组织下，工农群众积极参加带路、送信、侦查、运输、扫雷、慰劳、担架救护、扰乱敌军后方等任务，并组织农民自卫军直接参战。如火如荼的工农运动给了北伐军以巨大的支援。

工农群众支援了北伐战争，北伐战争的胜利进军又推动了工农运动的空前高涨。

首先高涨起来的是农民运动。在湖南、湖北、江西等省，处处燃起农民革命的烈火。农民建立自己的政权和武装，把统治几千年的封建特权和土豪劣绅打得落花流水，真正做到了“一切权力归农会”，造成了一个空前的农村大革命的局面。到 1926 年 11 月，湖北省的农民协会会员激增到 20 万人。到 1927 年 1 月，湖南省农民协会会员激增到 200 万人。这样的农村大革命，在过去中国历史上还不曾有过。广大农民的这种革命发动有着十分巨大的意义。毛泽东在当时就指出："国民革命需要一个大的农村变动。辛亥革命没有这个变动，所以失败了。现在有了这个变动，乃是革命完成的重要因素。"

在城市，工人运动也迅速高涨起来。湖南、湖北、江西等省都建立了总工会，并仿效省港大罢工的经验，组织了武装的工人纠察队。一些城市相继举行大规模的罢工，大都取得了胜利。群众性的反帝斗争也取得了重大胜利。1927 年 1 月，武汉的工人和其他市民在共产党员刘少奇、李立三等领导下，冲入并占领了汉口英租界。国民革命军也接管了九江英租界。2 月 9 日，国民政府外交部同英国方面签订协定，收回了汉口、九江的英租界。英勇的上海工人于 1926 年 10 月至 1927 年 3 月先后三次举行武装起义。第三次在陈独秀、罗亦农、周恩来、赵世炎等组成的特别委员会领导下，于 3 月 21 日发动总罢工，随即转为武装起义。周恩来担任总指挥。经过 30 多个小时的战斗，占领了上海除租界以外的地区。起义胜利后，建立了上海市民政府。上海工人以鲜血和生命为北伐军换来了一个不流血的入城式。

在南方几省掀起革命风暴的同时，北方人民的革命斗争也在继续发展。在中国共产党的领导下，开展了反奉倒段（祺瑞）的斗争。这样，就形成了几乎遍及全国的反帝反封建的革命洪流，汇合成工农兵联合作战的热气腾腾的革命景象。

北伐战争能够在短时间内取得如此巨大的胜利，是国共合作结出的丰硕成果。在北伐过程中，国共两党之间虽存在矛盾，但基本上是团结的，仍能集中力量共同对敌。共产党员、共青团员在作战中舍生忘死，发挥了先锋模范作用。共产党员叶挺领导的独立团屡破强敌，英勇善战，它所在的国民革命军第四军，因此赢得"铁军"的称号。共产党人进行的卓有成效的政治工作，使北伐军的许多指战员有着明确的革命目标和不怕牺牲、英勇作战的革命精神。共产党人还在发动工农群众方面作出了巨大贡献，使北伐军所到之处，得到广大工人、农民和其他革命群众的直接支援。此外，苏联军事顾问的帮助和苏联提供的物资援助，对北伐的胜利进军起了重要的作用。

革命夭折

北伐的胜利进军并没有掩盖革命阵营内部的危机。这时，共产党人本来应该也有可能直接掌握一部分军队和地方政权，以便应付可能发生的突然事变。可是，中共中央领导机关却犯了一个重大错误，就是忽视对军队的争取，片面地着重于民众运动。结果，当蒋介石发动突然袭击时，中共中央不仅在精神上缺乏准备，而且在实力上也难以组织有力的反抗。大革命走向失败的趋势，已经很明显了。

随着北伐战局的发展，蒋介石进一步加紧了对军队和政权的控制。这时，帝国主义列强对蒋介石的态度也发生了变化，认定蒋介石等是一股反共的力量，开始对他们进行拉拢。随着形势日益有利于南方，不少原来属于北洋军阀或地方军阀的军队也纷纷接受蒋介石的改编，使他的实力迅速膨胀。同时，一批批政客、官僚也投靠到蒋介石的身边。所以，当时有“军事北伐，政治南伐”的说法。

早已下定反共决心的蒋介石迫不及待了，他提出要把国民党中央和国民政府迁到北伐军总司令部所在地南昌，以便置于他的直接控制之下。1927 年 2 月 21 日，他在南昌总部发表反共演讲，并开始镇压工农革命力量。3 月 6 日，他指使国民革命军驻赣新编第一师诱杀赣州总工会委员长、江西省总工会副委员长、共产党员陈赞贤。3 月 10 日至 17 日，国民党二届三中全会在武汉召开。

由于国民党在武汉的一些领导人不愿意由蒋介石实行独裁统治，所以这次全会否决了关于定都南昌的提议，通过了维护孙中山的三大政策、提高党权、反对军事独裁等决议，并且以改变领导体制的办法，把蒋介石所担任的国民党中央常务委员会主席职务实际上撤销了。但由于蒋介石这时掌握着主要的军事权力，单靠通过“提高党权”一类的决议，已经无济于事。随后，蒋介石变本加厉地进行反共活动。他在16日从南昌到九江，指使青洪帮流氓捣毁左派占优势的国民党九江市党部和九江总工会。接着，他乘军舰东下安庆。3月23日，他指使的暴徒在安庆捣毁国民党左派领导的安徽省党部和总工会、农民协会。事实表明，蒋介石集团的公开叛变只是时间问题了。

面对革命阵营随时可能发生破裂的严重局面，中共中央于1926年12月13日召开特别会议。陈独秀提出既要防止“军事政权”的“向右”，又要防止民众运动的“向‘左’”。这次会议没有能够解决党在迫在眉睫的危局中如何生存并坚持斗争的问题，反而决定了对群众运动进行压制的错误方针，所造成的后果是极其严重的。会后，右倾机会主义的方针开始在实际工作中得到贯彻。

对于这种右倾机会主义的错误，党内一部分同志进行了抵制和反抗。毛泽东在1927年1月4日至2月5日对湖南农民运动进行了32天的考察。他在所写的《湖南农民运动考察报告》中，尖锐地批驳了党内外对农民运动的种种责难，论述了农村革命的伟大意义。瞿秋白等也对右倾机会主义错误进行了比较系统的批判，阐述了必须坚持无产阶级领导权等问题。

蒋介石此时正在选择对共产党下毒手的时机。1927年3月下旬，屯兵上海南郊的北伐军开进已被工人起义占领的上海。3月24日，国民革命军一部占领南京。当天下午，游弋在长江江面的英、美军舰借口保护侨民，猛烈炮轰南京，造成中国军民严重伤亡。南京事件加速了蒋介石同帝国主义勾结的步伐。蒋介石认为等待已久的时机到了。4月初，他在上海召开秘密会议，决定用暴力手段实行“清党”。

中共中央和上海区委对蒋介石的阴谋活动有所觉察，努力加强工人纠察队，力图巩固革命成果。但共产国际仍对蒋介石抱有期望，不赞成同蒋破裂。4月5日，由陈独秀出面和刚从海外归国的汪精卫发表联合宣言，把“国民党领袖将驱逐共产党，将压迫工会与工人纠察队”说成是“谣言”，要求“不听信任何谣言”。这个宣言的发表，使一部分共产党员放松了警惕，误以为局势已经缓和下来。

4月12日，蒋介石经过精心的密谋和准备，在上海向共产党人和革命群众举起了屠刀。这天凌晨，早就做好准备的大批青帮武装流氓向驻上海总工会等处的工人纠察队发动突然袭击。国民革命军第二十六军以进行调解为名，强迫工人纠察队缴械。13日上午，上海工人和市民10万人召开大会，会后整队游行。当队伍行进到宝山路时，第二十六军突然从埋伏处冲出，向人群扫射，当场打死打伤100多人。

继上海四一二反革命政变后，江苏、浙江、安徽、福建、广东、广西等省相继以“清党”为名，大规模捕杀共产党员和革命群众。仅广东一地，被捕杀者就达2000多人。

北方的天空骤然间也变得乌云翻滚。4月28日，奉系军阀张作霖在北京把李大钊处以绞刑。这位在中国传播马克思主义的先驱、中国共产党的主要创始人“神色不变，从容就死”。李大钊以自己的鲜血和生命，向人们展示了一个共产党人的人生价值。他长眠在北京的万安公墓，他的精神激励一代又一代后来者。

四一二反革命政变发生后，国内政治局势发生了根本性的变化。除以张作霖为首的北京政府外，4月18日，蒋介石在南京另行成立“国民政府”，以与武汉的国民政府相对立。这就在全国形成了北京、南京和武汉三个政权对峙的局面。

这时的武汉政府仍是革命的政府，直接管辖湖北、湖南、江西三省。刚到武汉的汪精卫打着反蒋旗号，取得对武汉国民党中央和国民政府的领导地位。他同掌握军权的唐生智结合在一起，限制工农运动，随时可能从动摇走向背叛。

在革命的紧要关头，中国共产党第五次全国代表大会于 1927 年 4 月 27 日至 5 月 9 日在武汉举行。出席大会的代表 82 人，代表全国党员 57963 人。大会把汪精卫看作小资产阶级的代表，把武汉政府看作工人、农民、小资产阶级的联盟，从而导致了对汪精卫、对武汉政府的右倾迁就政策。这次大会没有能在党面临生死存亡的危急关头，为全党指明出路，自然难以承担起挽救革命的任务。

党的五大选举了中央委员会和中央监察委员会。中央委员会选举了中央政治局，并选举陈独秀、张国焘、蔡和森组成中央政治局常务委员会，陈独秀为总书记。五大闭幕后不久，中共中央政治局于 1927 年 6 月 1 日通过了《中国共产党第三次修正章程议决案》。这个修正议决案共有 12 章 85 条，对党的四大通过的《中国共产党第二次修正章程》作了许多新的补充和修正，特别是在党的组织系统方面，作出了比前四个党章都更为详细、系统的规定。尽管如此，由于五大产生的中央领导机构未能解决全党坚强有力的领导问题，自然无法遏制愈来愈恶化的局势。

党的五大闭幕后，反共事件接连发生，武汉这个革命的大本营已成风雨危楼。5 月 13 日，原驻宜昌的国民革命军第十四独立师师长夏斗寅叛变。5 月 21 日，国民革命军第三十五军第三十三团团长许克祥在长沙发动反革命政变，捕杀共产党员和革命群众 100 多人。6 月 6 日，江西省政府主席、国民革命军第五方面军总指挥朱培德以“礼送出境”为名，把大批共产党员和国民党左派逐出江西，并查封革命团体，逮捕工农领袖。

在中国革命的危急关头，共产国际执委会曾通过关于中国问题的决议，并给中共中央发来相应的指示，即五月紧急指示。其要点是：改造国民党使工农分子大批参加进去；把农民协会变成乡村政权；组织七万军队，其中包括两万共产党员；没收地主土地。中共中央认为五月紧急指示提出的任务是难以实行的，仍然企图以让步来最后拉住汪精卫集团。

在这种情况下，党内对陈独秀右倾机会主义错误的不满越来越强烈。7月中旬，根据共产国际执委会的指示，中共中央实行改组，由张国焘、李维汉、周恩来、李立三、张太雷五人组成临时中央政治局常务委员会。13日，中共中央发表宣言，强烈谴责武汉国民党中央和国民政府已在公开的准备政变，决定撤回参加国民政府的共产党员，同时声明中国共产党将继续支持反帝反封建的革命斗争，愿意同国民党内的革命分子继续合作。

7月15日，汪精卫召开国民党中央常务委员会扩大会议，决定实行“分共”，正式同共产党决裂。第一次国共合作终于全面破裂，持续三年多的轰轰烈烈的大革命失败了。

通过这场革命，中国共产党提出的反帝反封建的口号成为广大人民的共同呼声，党在群众中的政治影响迅速扩大，党的组织得到很大发展，千百万工农群众在党的领导下组织起来。尤其是通过革命胜利和失败的反复，党经受了深刻的锻炼和严峻的考验，初步积累了正反两个方面的经验。所有这些，为党领导中国人民把斗争推向新的阶段准备了条件。

唤起工农千百万

武装斗争

1927.8.1 周恩来等领导南昌起义，打响了武装反抗国民党反动派的第一枪

1927.8.7 党在汉口召开八七会议，确定开展土地革命和武装反抗国民党反动派的总方针

1927.9.9 毛泽东领导发动湘赣边界秋收起义

1927.10.7 毛泽东率部开始创建井冈山革命根据地

争取群众

1928.6.18-7.11 党的六大在莫斯科召开，确定党的总路线是争取群众

1930年上半年 全国已建立十几块农村根据地

政权建设

1931.11 中华苏维埃工农兵第一次全国代表大会在瑞金召开，成立了中华苏维埃共和国临时中央政府

1931.11-1934.1 中央根据地举行过三次民主选举

1933.2.26 临时中央政府决定在中央、省、县三级设立国民经济部，加强经济建设

战略转移

1933年下半年 蒋介石对中央根据地发动第五次『围剿』

1934.5 中央根据地的北大门广昌失守，中央秘密进行战略转移的准备工作

1934.10 第五次反『围剿』失败，中央红军主力被迫实行战略转移

历史转折

1935.1.15-17 中共中央政治局扩大会议在遵义举行，事实上确立以毛泽东为主要代表的马克思主义的正确路线在中共中央的领导地位

1935.10.19 陕甘支队抵达陕北吴起镇，取得长征的胜利

1936 三大主力红军在陕北地区会师，标志着长征最终胜利结束

共赴国难

1935.6-12 日本侵略者加紧对华北的侵略，民族危机加深

1935.12 党中央在陕北瓦窑堡召开会议，毛泽东根据会议精神提出建立广泛的民族革命统一战线

1936.12 震惊中外的西安事变发生，在党的推动下以蒋介石接受停止内战、一致抗日主张而和平解决

武装斗争

蒋介石和汪精卫相继背叛革命后，国内政治局势急转直下。在严重的白色恐怖下，大批共产党人和革命群众被杀害，党的队伍遭到惨重的损失。然而，"中国共产党和中国人民并没有被吓倒，被征服，被杀绝。他们从地下爬起来，揩干净身上的血迹，掩埋好同伴的尸首，他们又继续战斗了。"

1927 年 7 月中旬，中共中央临时政治局常委会毅然决定了三件大事：将党所掌握和影响的部队向南昌集中，准备起义；组织湘鄂赣粤四省的农民，在秋收季节举行暴动；召集中央紧急会议，讨论和决定新时期的方针和政策。

南昌起义

7月下旬，根据中央临时政治局常委会的决定，成立以周恩来为书记，有李立三、恽代英、彭湃参加的中共前敌委员会，领导南昌起义。

8月1日，周恩来、贺龙、叶挺、朱德、刘伯承等率领中共掌握或影响下的北伐军两万多人举行起义，占领了南昌城。随后，根据预定计划迅速撤离南昌，经过赣南、闽西，直奔广东，以期恢复广东革命根据地，并占领出海口，取得共产国际援助，重新举行北伐。10月初，起义军遭到失败。保存下来的部队，一部分转移到海陆丰地区，同当地农民武装汇合；另一部分在朱德、陈毅率领下，经赣南、粤北转入湘南地区开展游击战争。

南昌起义打响了武装反抗国民党反动派的第一枪，向世人宣告了共产党人不畏强暴、坚持革命的坚强决心，在全党和全国人民面前树立起一面武装斗争的旗帜，标志着中国共产党独立地领导革命战争、武装夺取政权的开始。8月1日，成为人民军队光荣诞生的纪念日。

南昌起义爆发后的第六天，即8月7日，中共中央在汉口秘密召开紧急会议，即八七会议。会议彻底清算了大革命后期陈独秀的右倾机会主义错误，确定了开展土地革命和武装反抗国民党反动派的总方针。这是党在付出鲜血和生命的代价之后得出的正确认识。这次会议给正处在思想混乱和组织涣散中的中国共产党指明了方向，为挽救党和革命作出了巨大贡献。

秋收起义纪念碑

八七会议结束后，毛泽东按照中央临时政治局常委会的决定，作为中央特派员到湖南去改组省委并领导湘赣边界秋收起义。参加这次起义的共计5000余人，合编为工

三湾改编纪念馆

农革命军第一师，由卢德铭任总指挥。起义于9月9日发动，最初以夺取长沙为目标，但由于反动军队的力量强大，各路起义军先后遭受严重挫折。这时，毛泽东当机立断，改变原定部署。9月19日，以毛泽东为书记的前敌委员会在浏阳县文家市举行会议，决定迅速脱离平江、浏阳地区，在敌人控制比较薄弱的山区寻求立足地，保存力量，再图发展。当起义部队到达江西省永新县三湾村时，进行了著名的三湾改编，将原来的一个师缩编为一个团，将党的支部建在连上，成立各级士兵委员会，实行民主管理。这是建设无产阶级领导的新型人民军队的重要开端。10月7日，毛泽东率部到达井冈山北麓的宁冈县茅坪，开始了创建井冈山革命根据地的斗争。

南昌起义和秋收起义的硝烟未尽，广州又燃起了暴动的烈火。12月11日，在中共广东省委书记张太雷和叶挺、黄平、周文雍、恽代英、杨殷、叶剑英等领导下，发动广州起义。经过10多个小时的激战，占领了广州的绝大部分市区，并成立了以苏兆征为主席（由张太雷代理）的广州工农兵苏维埃政府。起义在第三天遭到失败，张太雷和许多战士英勇牺牲。这次起义是对国民党屠杀政策的又一次英勇反击。

南昌起义、湘赣边界秋收起义和广州起义是那时三次规模较大的起义，除此之外，到1928年初，中国共产党还在其他地区先后发动了近百次武装起义。这些起义表明，革命的火种是扑灭不了的。这些起义虽然有一部分迅速失败，但有一部分在数省边界、距离中心城市较远的农村地区坚持下来，为后来红军和农村革命根据地的发展，奠定了初步的基础。

革命斗争的重心从城市转到农村，是一条前人没有走过的路。这条路怎样走，需要在实践中反复探索。在革命处于低潮的时刻，井冈山根据地的创建和发展，不仅为各地起义树立了榜样，提供了比较完整的经验，并且在革命者的心中燃起了新的希望，代表了中国革命的正确方向。

中国革命的军事斗争同土地革命是分不开的。井冈山根据地所在地是交通阻绝的农业区域，绝大多数居民是农民。农民们最关心的是关系到他们根本利益的土地问题。在井冈山根据地建立的初始阶段，主要是发动群众打倒土豪劣绅，分田的工作只在个别地区试行。随着根据地内部的逐步稳定，1928 年 5 月至 7 月，边界各县掀起了全面分田的高潮，年底颁布了井冈山《土地法》。

井冈山根据地

在赣南和闽西根据地，土地革命也发展到一个新的阶段。1929 年 4 月，毛泽东主持制定江西兴国县《土地法》。次年春，兴国等县全面展开分田运动。毛泽东总结井冈山根据地开展土地革命以来的经验，提出了一系列深入土地革命的政策和原则。在实行土地革命的地方，真正出现了农村的社会大变动，社会结构和阶级关系都发生了根本变化，人民生活得到显著改善，广大农民分清国共两党和两个政权的优劣，支援红军进行革命战争、保卫和建设根据地的积极性迅速提高。

如何在农村环境中建设党和红军，是一项史无前例的事业。在创建井冈山根据地的过程中，对于在四周白色政权的包围之中小块红色政权能否存在和发展，红军中有人提出“红旗到底打得多久”的疑问。1928 年 10 月召开的湘赣边界党的第二次代表大会，通过毛泽东起草的《政治问题和边界党的任务》决议，回答了这个问题，指明了实行“工农武装割据”的意义和经验。1929 年 12 月下旬，在福建上杭县古田召开了中共红四军第九次代表大会。会议通过了关于纠正党内的错误思想问题决议案，着重强调加强思想建设的重要性，要求用无产阶级思想来进行党和军队的建设。古田会议决议是党和红军建设的纲领性文献。它解决了在农村环境中，在农民为主要成分的情况下，如何从加强思想建设着手，保持党的无产阶级先锋队性质和建设无产阶级领导的新型人民军队的问题。古田会议是党和人民军队建军史上的重要里程碑。

争取群众

大革命失败后，尽管中国共产党人发动了多次武装起义，但从总体上看革命依然处在低潮。

1928年6月18日至7月11日，中国共产党第六次全国代表大会在莫斯科郊外的一处别墅举行，总结大革命失败以来的经验教训，确定革命斗争的路线和任务。在共产国际的帮助下，大会对中国革命的根本问题作出了基本正确的回答，指出：中国仍然是一个半殖民地半封建的国家，中国革命现阶段的性质是资产阶级性质的民主主义革命。大会通过的《政治决议案》指出："现在，第一个革命浪潮已经因为历次失败而过去了，而新的浪潮还没有来到，反革命的势力还超过工农，党的总路线是争取群众。"

党的六大在总结历史经验教训基础上制定了《中国共产党党章》，共15章53条，首次确定了党的组织原则为民主集中制以及民主集中制的三条根本原则，新增加了党员迁移、指定指导机关、党的地域区分、各级机关执行权、党的全国会议和全国大会等项规定。六大党章的基本原则和精神是正确的，对党在当时严酷环境下加强自身建设起到了积极作用。尽管六大存在着把城市工作放在中心地位、把民族资产阶级看作革命的敌人、组织上片面强调工人成分等缺点，但大会决议传达贯彻后，仍产生了积极的影响。

党的六大以后，中共中央加强了对各地红军和农村根据地的领导。赣南、闽西根据地的成功经验，对各地红军、根据地的发展和建设，也起了鼓舞和示范的作用。经过艰苦的斗争，到1930年上半年，全国已建立大小十几块农村根据地，分布在湖南、湖北、江西、福建、广东、广西、河南、安徽、江苏、浙江、四川、陕西等十多个省的边界地区或远离中心城市的偏僻山区，全国红军也发展到13个军，约7万人。

党的六大后，中共中央在实际工作中强调必须切实地深入群众，从下层做起，力求使秘密工作同公开工作结合起来，党的干部要做到"职业化"和"社会化"。因此，在红军和农村革命根据地发展的同时，一度遭到严重破坏的党在国民党统治区的工作有了一定程度的恢复和发展，创造了从事地下工作的丰富经验。工人革命力量有了一定程度的恢复，到1929年底，全国赤色工会会员及其影响下的工人群众近4万人。农民抗租、抗粮、抗税的斗争，城市贫民反对苛捐杂税的斗争，以及学生运动、妇女运动、左翼文化运动、国民党军队中的士兵运动等，也都有所发展。

面临严重的白色恐怖，中共中央还加强了对特科工作的领导。在周恩来的主持下，中央特科在保卫党中央的安全、营救被捕同志、严惩叛徒、搜集情报、配合红军和根据地的斗争等方面，发挥了重要作用。党的组织也得到恢复和发展。到 1929 年 6 月党的六届二中全会召开时，党员数量增加到 6.9 万人。到 1930 年 9 月党的六届三中全会时，党员人数又增加到 12.2 万人。到 1930 年底，党在全国 17 个省恢复了省委和许多特委、市委、县委的组织。

然而，随着局势的好转，加上共产国际的错误指导，党内“左”倾急性病又逐渐发展起来。1930 年 1 月 11 日，中央政治局通过决议，认为目前确已进到深刻的全国危机的时期，革命已发展到实行武装暴动直接推翻反动统治的形势。6 月 11 日召开的中央政治局会议，通过李立三起草的《新的革命高潮与一省或几省首先胜利》的决议案，使“左”倾冒险错误在中共中央占据了统治地位。李立三等制定了以武汉为中心的全国中心城市武装起义和集中全国红军攻打中心城市的冒险计划，成立全国总行动委员会，各地区也把共产党、青年团和工会的各级领导机关合并为各级行动委员会。这次“左”倾冒险错误，使党付出了惨痛的代价。在国民党统治区内，许多地方的党组织因急于组织暴动而暴露，先后有 11 个省委机关遭到破坏，武汉、南京等城市的党组织几乎全部瓦解。红军在进攻大城市时也遭受很大损失。

李立三的“左”倾冒险错误，超出了共产国际所能允许的范围，同时受到一些了解并尊重实际情况的党内干部的抵制。7 月下旬，共产国际政治书记处作出《关于中国问题议决案》，认为暂时还没有全中国的客观革命形势，并派周恩来、瞿秋白回国纠正李立三的错误。9 月 24 日至 28 日，党在上海召开扩大的六届三中全会。周恩来在报告中批评李立三在工作布置上部分地犯了“左”倾冒险主义倾向的错误。李立三作了自我批评。瞿秋白作了政治讨论的总结。全会纠正了李立三等对中国革命形势的极左估计。会后，三个月“左”

的错误开始得到纠正，整个工作逐步地转到正常的轨道上来。

一波未平，一波又起。1931 年 1 月 7 日，党的扩大的六届四中全会在上海召开。全会批判三中全会对于“立三路线”犯了“调和主义”错误，强调反对党内的“右倾”，决定“改造充实各级领导机关”。瞿秋白、周恩来等受到严厉指责。在共产国际代表米夫的支持下，王明被补选为中央委员、中央政治局委员，同年 11 月又被选为中央政治局常委。从此，王明“左”倾教条主义错误在中央开始了长达四年之久的统治。

扩大的六届四中全会后，党在白区的工作出现了一片混乱。何孟雄、林育南、李求实等一批重要干部，由于叛徒告密而被捕牺牲。罗章龙等在反对四中全会的名义下擅自成立“中央非常委员会”进行分裂活动，因而被开除出党。6 月下旬，中央政治局主席向忠发在上海被捕叛变。在这种情况下，王明离开上海前往莫斯科，周恩来前往中央根据地。由于在上海的中央委员和政治局委员都不到半数，按照共产国际的指示，成立了中共临时中央政治局，由博古、张闻天、卢福坦三人担任常委，博古负总责，继续执行王明“左”倾冒险主义路线。

政权建设

农村根据地特殊的地理环境和社会条件，既有利于革命力量的存在和发展，同时又使它的存在和发展遇到很多不易克服的困难。为此，中国共产党人在农村根据地内大力加强了政权建设、经济建设和文化教育建设。

根据地的政权建设经历了一个发展过程。开始时是建立乡、区、县临时性的政权机构—— 革命委员会，在条件具备后再召开各级工农兵代表大会，成

中华苏维埃临时中央政府

立各级苏维埃政府。1931 年 11 月，中华苏维埃工农兵第一次全国代表大会在瑞金召开，成立了同国民党政权性质根本不同的工农民主专政的政权—— 中华苏维埃共和国临时中央政府。大会通过根据临时中央来电制定的《中华苏维埃共和国宪法大纲》，通过临时中央提供大会讨论的《中华苏维埃共和国土地法》《中华苏维埃共和国劳动法》《中华苏维埃共和国经济政策》等法律文件。大会选出由 63 人组成的临时中央执行委员会，宣告了中华苏维埃共和国临时中央政府的成立。

大会通过的《宪法大纲》规定："中国苏维埃政权所建设的是工人和农民的民主专政的国家。"这个专政的目的，是在消灭一切封建残余，赶走帝国主义列强在华的势力，统一中国，有系统地限制资本主义的发展，进行国家的经济建设，提高无产阶级的团结力与觉悟程度，团结广大的贫农群众在它的周围，以转变到无产阶级的专政。《宪法大纲》还规定："苏维埃全政权是属于工人、农民、红军兵士及一切劳苦民众的。"在苏维埃政权领域内的工人、农民、红军兵士及一切劳苦民众和他们的家属，不分男女、种族、宗教，"在苏维埃法律前一律平等，皆为苏维埃共和国的公民"。大会通过的《土地法》《劳动法》《经济政策》等，以法律的形式把土地革命中实行的“平均分配一切土地”等政策固定下来，并规定广大工农大众享有劳动和取得物质待遇等项权利。

根据《宪法大纲》，11月25日，中华苏维埃共和国临时中央执行委员会通令成立以朱德为主席，王稼祥、彭德怀为副主席的中央革命军事委员会；27日，中华苏维埃共和国临时中央执行委员会举行第一次会议，选举毛泽东为临时中央政府主席，项英、张国焘（一直没有到中央根据地任职）为副主席。会议还选举毛泽东任人民委员会主席，项英、张国焘任副主席，决定中华苏维埃共和国临时中央政府设在江西瑞金。

为了保证公民能够真正有效地行使自己的选举权和被选举权，苏维埃政府还颁布了选举法细则，对于代表产生的办法、选举单位、代表的任期和定期向选举人做工作报告，以及选民撤除代表资格等都作出明确的规定。从1931年11月到1934年1月，在中央根据地进行过三次民主选举。在选举中，许多地方参加选举的人占了选民的80%以上，有的地方达到90%以上。妇女享有同男子平等的权利，在政府代表中一般占20%以上。例如，福建上杭县才溪乡1932年10月选举时，上才溪53个代表中，女的有16人，占30%。

在苏维埃政权下，劳动人民在政治上翻了身，真正做了国家的主人；他们的经济生活由于摆脱了封建生产关系的束缚和国民党统治下的种种盘剥，也得到了明显的改善。人民群众踊跃参军参战，积极发展生产，支援革命战争。比如，江西兴国县长冈乡全部青壮年男子（16岁至45岁）407人中，参加红军或工作的就有320人，占79%；妇女负责进行支援前线的各种后勤工作，如参加田间生产、运输队、洗衣队等；儿童负责站岗放哨、查路条。他们把保卫苏维埃政权看作自己神圣的责任。根据地政权建设工作的开展，为中国共产党学会治国安民的本领积累了宝贵经验。

根据地军民在反对国民党的军事“围剿”的同时，还为粉碎国民党的经济封锁进行不懈的斗争，加强了根据地的经济建设，使根据地的农业、工业、商业、交通、财政和金融等经济工作，也得到一定的恢复和发展。1933 年 2 月 26 日，临时中央政府决定在中央、省、县三级设立国民经济部。从 1933 年 4 月起，各级国民经济部陆续建立。根据地出现了前所未有的群众性的经济建设热潮，各项建设工作逐步开展起来。

发展"对外贸易"，也是根据地经济建设的重要一环。1933 年 2 月，临时中央政府决定成立国民经济人民委员部，部下设立对外贸易局。此后，邻近国民党统治区的一些县也设立了对外贸易分局、采办处、代办处或采购站等。为了奖励私人商业输出输入各种必要的商品，还实行某些日用品和军需品暂时减税的办法。

根据地的经济建设是在极端艰苦的战争环境中，中国共产党领导进行的一项开创性工作。经过广大干部群众的努力，在根据地逐步形成了一种完全不同于半殖民地半封建社会经济的新民主主义经济的雏形。在 1934 年 1 月召开的第二次全国苏维埃代表大会上，毛泽东代表中央执行委员会和人民委员会向大会所作的报告和结论，总结根据地经济建设的历史经验，阐述了经济建设的方针和政策。

根据地军民在进行政权建设和经济建设的同时，还进行了文化教育事业的建设。

根据地教育事业的一项重要工作是对干部的教育。中央根据地于 1933 年 3 月创办马克思共产主义学校，主要培养党、政、工会的干部。1932 年以后，还先后创办瑞金列宁师范、中央列宁师范、江西第一短期师范、列宁团校、职工运动高级训练班、中央农业学校、高尔基戏剧学校等，培养各方面的干部和技术人才。

为了提高工农的文化水平，苏维埃政府采取了多种办法，比如，建立夜校、半日学校、补习学校、识字班，设立识字牌、墙报，创办报刊，创作演出戏剧等群众文化活动。据统计，到 1934 年 3 月，中央根据地的江西、福建、粤赣等地，有列宁小学 3199 所，学生约有 10 万人；补习学校 4562 个，学生约有 8.8 万人；

识字组 2.3 万多个，只江西一省约有 12 万人；俱乐部 1900 多个，固定会员就有 9.3 万多人。妇女在夜校学员中占很大比重，如在兴国县长冈乡，女生占 70%。

各根据地的新闻出版事业也逐步建立和发展起来，创办了许多报纸杂志。1934 年 1 月，中央根据地有大小报纸 34 种，其中《红色中华》的发行量从 3000 份增至 4 万份，《青年实话》报发行 2.8 万份，《斗争》杂志发行 2.7 万份，《红星》报发行 1.7 万多份。根据地的革命文艺生活也很活跃，工农剧社、蓝衫团、俱乐部等，经常开展文娱活动，受到群众的普遍喜爱。

根据地的文化教育事业，是在地瘠民贫、文盲众多、战争频繁的环境中发展起来的，并取得一定的成绩。一批从事文化教育工作干部和知识分子为这项事业的开创和发展作出了很大的贡献。

经过艰苦的努力，根据地的各项建设取得了很大成绩，对支援红军的反"围剿"起了很大的作用。武装斗争在实际上已成为中国革命斗争的主要形式，农村根据地已成为积蓄和锻炼人民革命力量的主要战略基地。然而，红军反"围剿"胜利和农村根据地巩固和发展的大好形势，却因王明"左"倾教条主义错误的严重危害给断送了。

战略转移

1931 年 9 月 18 日深夜，根据不平等条约而驻扎在中国东北的日本关东军按照预定计划，自行炸毁沈阳北郊柳条湖附近南满铁路的一段路轨，反诬中国军队破坏铁路，并以此为借口，突然向中国军队驻地北大营和沈阳城发动进攻，制造了震惊中外的九一八事变。

第二天，日军侵占了沈阳、长春等 20 多座城市。四个多月内，辽宁、吉林、

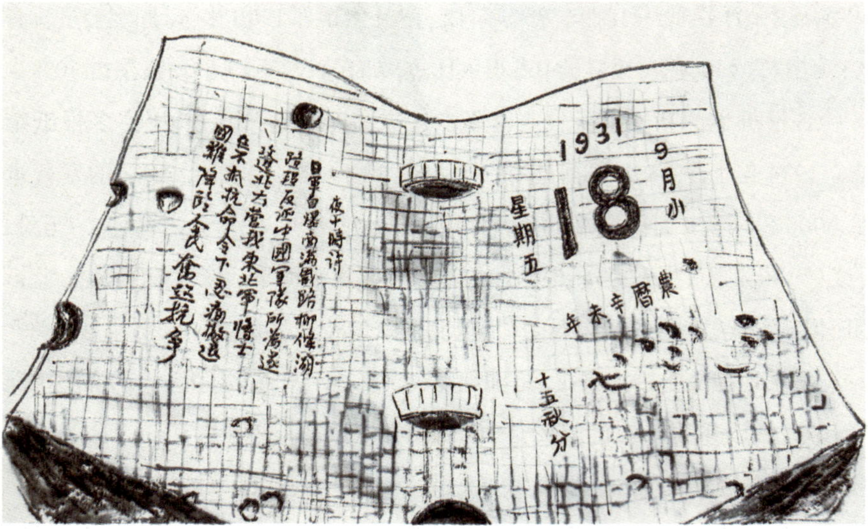

日本关东军制造震惊中外的九一八事变

黑龙江三省全部沦陷，东北人民陷入亡国惨痛之中。1932 年 1 月 28 日，日军又在上海挑起侵略战争。3 月 9 日，日本在东北宣布成立以清朝末代皇帝溥仪为“执政”的伪满洲国。

日军以武力侵犯中国，使中日之间的民族矛盾逐步上升到主要地位，使中国国内的阶级关系发生重大变化。工人、劳动群众、青年学生和城市小资产阶级积极要求抗日，民族资产阶级的态度也有明显变化，开始积极行动起来。国民党阵营内部一些爱国将领奋起抵抗，给日军以沉重打击。在被日军占领的东北，兴起了为数众多的抗日义勇军，展开艰苦卓绝的抗日游击战争。

国民党政府确定的基本方针是求和。经过英、美等国调停，南京政府于 1932 年 5 月 5 日同日本侵略者签订了《淞沪停战协定》。6 月，蒋介石在庐山召开赣、湘、鄂、豫、皖“五省剿匪会议”，明确宣布国民党处理对外对内关系的基本国策是“攘外必先安内”。1933 年，南京政府在热河沦陷和长城抗战失利后又同日军签订出让华北主权的《塘沽协定》。冯玉祥在张家口组织察哈尔民众抗日同盟军，也遭到南京政府的阻挠和破坏。

中国共产党从九一八事变起就坚决主张对日抗战。1931 年 9 月 20 日，中共中央发表《中国共产党为日本帝国主义强暴占领东三省事件宣言》，响亮提出“反对日本帝国主义强占东三省！立刻撤退占领东三省的海陆空军！自动取消一切不平等条约！”等口号。11 月 27 日，中华苏维埃共和国临时中央政府发表对外宣言，号召全国人民动员起来，武装起来，反对日本的侵略和国民党的反动统治。中共满洲省委指示各地党组织，加强同群众的抗日义勇军的联系，并组织党领导下的抗日武装，开展抗日斗争。中共中央先后派杨靖宇、赵尚志、周保中、赵一曼等到东北，加强各级党组织的领导力量。到 1933 年初，由中国共产党直接领导的巴彦、南满、海龙、东满、宁安、汤原、海伦等游击队相继成立，逐渐成为东北的主要抗日武装力量。

然而，在民族危机空前严重的情况下，以博古为首的临时中央却提出“武装保卫苏联”等不切实际的口号，仍把中间势力看作最危险的敌人，继续推行一整套“左”倾教条主义和关门主义的方针。党在国民党统治区的活动本来就极为困难，“左”倾冒险主义和关门主义的主观蛮干，使党遭受严重损失，变得更加困难。在极为艰难的环境中，在国民党统治区工作的广大共产党员、共青团员和革命积极分子前赴后继，坚持斗争。一些共产党人还团结宋庆龄、邹韬奋等爱国进步人士，为推动抗日救亡运动，反对蒋介石的独裁统治，作出了重要贡献。党还领导了新兴的左翼文化运动。瞿秋白、张闻天等都为左翼文化运动作出了重要贡献。鲁迅不顾国民党政府的严重迫害，积极参加并指导革命文艺运动，成为左翼文化运动的伟大旗手。

1932 年夏，国民党政府同日本签订《淞沪停战协定》后立刻调集重兵向革命根据地发动第四次“围剿”。同年底，国民党调集 30 多个师兵力，分三路向中央革命根据地发动第四次“围剿”。这时，红一方面军兵力 7 万余人。苏区中央局连电前线，要求主动出击，攻占城市。周恩来、朱德从实际情况出发，指挥红军在运动战中消灭敌人，打破了第四次“围剿”，并创造了红军战争史上前所未有的大兵团伏击战的范例。

当第四次反“围剿”战争进行时，临时中央难以再在上海立足，不得不于1933年初迁入中央根据地。党在上海成立中央局，领导国民党统治区的工作，并负责同共产国际联系。上海中央局在1934年3月到1935年2月间接连遭到六次大破坏，到1935年7月停止活动。党在国民党统治区的组织遭到无可挽回的巨大破坏。

临时中央迁到中央根据地后，开始在党、红军和根据地内全面地贯彻执行“左”倾教条主义方针。为了排除障碍，他们在组织上采取宗派主义的手段，对持有不同意见的干部开展“残酷斗争”和“无情打击”。临时中央在福建开展反对“罗明路线”的斗争，接着又在江西开展反对邓（小平）、毛（泽覃）、谢（唯俊）、古（柏）的斗争。这些斗争的矛头主要是针对毛泽东的各项正确主张的。

1933年下半年，蒋介石发动对中央根据地的第五次“围剿”。他先后调集100万军队向各地红军进攻，而以50万军队从9月下旬开始向中央根据地进攻。

这时，中央根据地的红军已有8万多人。临时中央领导人博古，依靠共产国际派来的军事顾问、德国人李德（原名奥托·布劳恩）负责军事指挥。他们放弃过去几次反“围剿”战争中行之有效的积极防御方针，主张“御敌于国门之外”，命令红军主力北上应敌，结果使红军辗转于敌军主力和堡垒之间，陷于被动地位。在进攻遭受挫折后，他们又采取消极防御的方针，主张分兵防御、“短促突击”，企图用阵地战代替游击战和运动战，同装备优良的国民党军队拼消耗。这样，就使战争的发展对红军日渐不利。

1934年1月，党的六届五中全会在瑞金召开。这次会议把“左”倾教条主义错误推向了顶点，认定第五次反“围剿”斗争即是争取苏维埃中国完全胜利的斗争。全会改选了中央政治局，选举了中央书记处，博古仍负总的责任。“左”倾错误进一步发展的恶果，就是第五次反“围剿”的失败。

1934年4月中下旬，国民党军队集中优势兵力进攻中央根据地的北大门广昌。博古、李德决定调集红军主力修筑工事坚守广昌。经过18天血战，红军遭受重大伤亡，广昌失守。

广昌失守之后，中央估计到在根据地内粉碎国民党军队的“围剿”已无可能，遂秘密进行战略转移的准备工作。为调动和牵制敌人，7月，红七军团奉命改称北上抗日先遣队，开赴闽浙皖赣边区活动。他们同方志敏领导的红十军会合后，成立红十军团，继续分两路北上。在国民党军队重兵追堵下，终因众寡悬殊，在1935年1月失败，方志敏被俘。1935年8月6日，方志敏在南昌从容就义。同样是在7月，红六军团也奉命撤离湘赣根据地。经过两个多月艰苦转战，西进到黔东地区，10月下旬同红三军会合。

10月初，国民党军队推进到中央根据地腹地，第五次反“围剿”失败，中央红军主力被迫实行战略转移。10月中旬，中共中央机关和中央红军86000人撤离根据地，踏上战略转移的漫漫征途，开始了长征。11月，红二十五军奉命撤离鄂豫皖根据地，开始长征。

在主力红军长征后，留在长江南北的一部分红军和游击队，在项英、陈毅等的领导下，依靠人民群众，在8个省的15个地区独立地坚持了3年之久的艰苦卓绝的游击战争。他们在同中共中央失去联系并被敌人分割封锁的极端困难的条件下，保存了自己的力量和阵地，为中国革命作出了重要贡献。在极端险恶的环境中，留下来的瞿秋白、何叔衡、阮啸仙、刘伯坚等重要领导人，先后壮烈牺牲。

历史转折

中央红军长征在开始时是因第五次反“围剿”失败而被迫进行的。长征开始后，中共中央领导人又犯了退却中的逃跑主义错误，并把战略转移变成搬家式的行动。红军浴血奋战，连续突破四道国民党军队布置的封锁线，但也遭到惨重的损失。湘江战役后，红军和中央机关人员从 8 万多人锐减到 3 万多人。在严酷的事实教训下，红军内部明显地滋长起怀疑、不满和要求改换领导的情绪。一些曾支持过“左”倾错误的领导人，也在事实教育下逐步改变态度。

这时，蒋介石已察觉红军的前进方向是要到湘西同红二、红六军团会合，立刻调集重兵，布置好口袋形阵势，等候红军的到来。在这紧急关头，毛泽东根据实际情况，建议中央红军放弃同红二、红六军团会合的计划，改向敌军力量薄弱的贵州挺进。他的主张得到许多人的赞同。红军占领湖南西南边境的通道城后，转入贵州。1934 年 12 月 18 日，中央政治局在黎平召开会议，正式通过决议，放弃向湘西前进的计划，改向黔北进军。1935 年 1 月 7 日，攻克黔北重镇遵义。

1 月 15 日至 17 日，中共中央政治局扩大会议举行。会议集中全力解决当时具有决定意义的军事上和组织上的问题。会议将毛泽东增选为中央政治局

遵义会议会址

常委，并委托张闻天起草《中央关于反对敌人五次“围剿”的总结的决议》。会后不久，中央政治局常委决定由张闻天代替博古负中央总的责任，并成立由毛泽东、周恩来、王稼祥组成的新的“三人团”，负责全军的军事行动。

遵义会议在事实上确立了以毛泽东为主要代表的马克思主义的正确路线在中共中央的领导地位，在极其危急的情况下挽救了党，挽救了红军，挽救了中国革命，成为党的历史上一个生死攸关的转折点。会议的一系列重大决策，是在党同共产国际中断联系的情况下，独立自主地作出的。遵义会议标志着中国共产党在政治上开始走向成熟。

遵义会议以后，中央红军在毛泽东等指挥下，根据实际情况的变化，灵活地变换作战方向，迂回曲折地穿插于敌人重兵之间，在遵义以西，川黔边界反复四次渡过赤水河，使敌军疲于奔命。3月下旬，红军南渡乌江，佯攻贵阳。正在贵阳督战的蒋介石慌忙调滇军来增援。滇军一被调出，红军立刻奔袭云南，直逼昆明。云南当局急忙调集兵力固守昆明，削弱了金沙江的防务。红军

金沙江

突然掉头向北，以急行军速度，在5月9日全部渡过金沙江，摆脱了几十万国民党军队的围追堵截，取得了战略转移中具有决定意义的胜利。

中央红军渡过金沙江后，继续北上。在进入四川境内大凉山彝族地区时，红军总参谋长刘伯承根据党的民族政策，同彝族果基部落首领小叶丹歃血为盟，使红军顺利地通过彝族地区，赶到大渡河南岸的安顺场渡口。红军一部由17名勇士领头强渡成功。接着，红军急行军直奔泸定桥。以22名战士组成的突击队冒着敌军密集火力，攀铁索冲过泸定桥，中央红军胜利渡过了天险大渡河。过河后，红军又翻越长征途中第一座人迹罕至的大雪山夹金山。6月12日，先头部队到达懋功东南的达维镇，同在此迎接的红四方面军先头部队会合。6月25日，在懋功以北的两河口举行了红一、红四方面军会师大会。

红军两大主力的会师，使集结在这个地区的兵力达到10多万人。为确定会师后的行动方针，6月26日，中共中央在两河口召开政治局会议。周恩来在会上作了目前战略方针的报告。全体与会者包括张国焘，均表示同意新的战

泸定桥

红军翻过大雪山

略方针。6月28日，中央政治局根据会议精神作出关于红一、红四方面军会合后的战略方针的决定，指出："我们的战略方针是集中主力向北进攻，在运动战中大量消灭敌人，首先取得甘肃南部，以创造川陕甘苏区根据地，使中国苏维埃运动放在更巩固更广大的基础上，以争取中国西北各省以至全中国的胜利。"

本来，在红军两大主力会师后，形势是十分有利的。但在两河口会议结束不久，张国焘提出了南下四川、西康的方针，给这种有利的形势蒙上了阴影。同时，他的个人野心膨胀，谋取了红军总政委的职位。8月3日，红军分为左、右两路军北上。张闻天、毛泽东、周恩来等率中共中央机关和前敌指挥部随右路军行动。红军总司令朱德、总政委张国焘和总参谋长刘伯承随左路军行动。

8月21日，右路军开始穿越草地。经过六天六夜的艰苦跋涉，走出草地，等待左路军前来会合。可是，张国焘仍坚持南下。9月9日，他电令右路军政委陈昌浩率右路军南下，"彻底开展党内斗争"。毛泽东从右路军参谋长叶剑英的报告中得知这一情况后，与周恩来、张闻天、博古紧急磋商，决定连夜率红一、红三军和军委纵队先行北上。随后的几天中，中共中央多次致电张国焘，要他立即率部北上，他仍置之不理。9月12日，中央政治局在甘肃迭部县俄界召开扩大会议，通过关于张国焘错误的决定，并将北上红军改称陕甘支队。

9月17日，陕甘支队先锋部队一举突破川甘边界的天险腊子口，第二天占领哈达铺。在这里，毛泽东等从报纸上得知陕北根据地和红军的情况。9月27日，中央政治局常委在榜罗镇开会，正式决定前往陕北，同徐海东、程子华、刘志丹率领的红十五军团会师。10月19日，陕甘支队到达陕北吴起镇。中央红军行程两万五千里、纵横11个省的长征终于以胜利而告结束。

中共中央先行北上后，张国焘于9月下旬指挥原左路军和右路军一部重

陕甘支队与陕北红军在陕北吴起镇胜利会师

过草地，计划到粮食较多的宝兴、芦山、天全一带去。10月5日，他公然另立“中央”，自任“主席”。中共中央在1936年1月22日作出《关于张国焘同志成立第二“中央”的决定》，责令他立即撤销另立的“中央”，停止一切分裂党分裂红军的活动。张国焘的分裂行为，受到朱德、刘伯承等人的反对，在红四方面军中也是不得人心的。南下红军在作战中伤亡很大，到4月间只剩下4万多人，减员过半。这时，中共中央仍一再来电，催促红四方面军北上。同时，红二、红六军团即将到来，从苏联归国的张浩也以共产国际代表的身份致电张国焘，要求他取消另立的“中央”，成立西南局。在这种情况下，张国焘不得不于6月6日宣布取消另立的“中央”。

原在湘鄂川黔根据地由任弼时、贺龙等领导的红二、红六军团，1935年11月从湖南桑植出发，历经千难万险，渡过金沙江，越过大雪山，在1936年7月2日同红四方面军会师于甘孜。中共中央指定红二、红六军团加上红三十二军合编为红二方面军，由贺龙任总指挥，任弼时任政委。

经过朱德、任弼时、贺龙等的力争，并得到徐向前等红四方面军许多干部、战士的支持，红二、红四方面军终于共同北上，在1936年10月先后同红一方面军会师于陕甘地区。三大主力红军的会师，标志着长征最终胜利结束。

红军长征的胜利，是一曲“革命理想高于天”的凯歌。长征中红军所表现出来的坚定的共产主义理想、革命必胜的信念、艰苦奋斗的精神和一往无前、不怕牺牲的英雄气概，构成了伟大的长征精神，成为激励共产党人和人民军队继续前进的强大动力。

红军长征的胜利，是中国革命转危为安的关键。长征后保存下来的红军人数虽然不多，但这是中国共产党和红军的极可宝贵的精华，构成以后领导抗日战争和人民解放战争的骨干。正当抗日烽火即将在全国燃起的时候，三支主力红军在接近抗日前线的陕北会师，这个胜利的重大历史意义是不可估量的。

共赴国难

在中共中央率领红军北上到达陕甘地区前夕，日本侵略者利用国民党统治者的不抵抗主义政策，加紧了对华北的侵略。1935年6月初签订《何梅协定》，迫使国民党中央军撤出平津和河北。接着，日本又策划所谓"华北自治运动"，并向华北大举调兵。日本特务机关策动汉奸在北平近郊的通县成立了"冀东防共自治政府"，控制冀东22个县。作为适应日本要求的妥协办法，国民党当局于1935年12月在北平成立冀察政务委员会，开始实行华北特殊化。平津上空乌云密布，整个华北危在旦夕。面对日本的步步进逼，北平学生发出了悲愤的呐喊："华北之大，已经安放不得一张平静的书桌了！"中华民族的危机更加深重了。

在中共北平临时工作委员会的领导下，忍无可忍的北平学生在12月9日举行声势浩大的抗日游行，但遭到军警的殴打和水龙喷射。10日，北平各校学生举行全市总罢课。一二九运动迅速波及全国，发展成为汹涌澎湃的全国规模的群众运动。12月下旬，在党的领导下，北平学联组织平津南下扩大宣传团，到河北农村进行抗日宣传。在宣传团的基础上，又成立了中华民族解放先锋队。

当华北危机日趋严重的时候，中共中央和红军正在长征路上。1935年7月25日召开的共产国际第七次代表大会，提出了建立国际反法西斯统一战线的任务。8月1日，中共驻共产国际代表团起草了《中国苏维埃政府、中国共产党中央为抗日救国告全国同胞书》（即"八一宣言"），呼吁全国各党派、

瓦窑堡会议旧址

各军队、各界同胞“停止内战，以便集中一切国力（人力、物力、财力、武力等）去为抗日救国的神圣事业而奋斗”。

中央红军长征到达陕北后，中共中央于12月17日至25日在瓦窑堡召开政治局扩大会议，讨论军事战略问题、全国的政治形势和党的策略路线问题。会议通过了由张闻天起草的《关于目前政治形势与党的任务的决议》，指出“日本帝国主义吞并中国的行动，震动了全中国与全世界。……党的策略路线，是在发动，团聚与组织全中国全民族一切革命力量去反对当前主要的敌人：日本帝国主义与卖国贼头子蒋介石”。12月27日，毛泽东根据瓦窑堡会议精神，在党的活动分子会议上作了《论反对日本帝国主义的策略》的报告，明确提出党的基本策略任务就是建立广泛的民族革命统一战线。

一二九运动纪念亭

瓦窑堡会议结束后，为扩大抗日武装和根据地，红一方面军以“中国人民红军抗日先锋军”的名义，在毛泽东、彭德怀率领下，从陕北渡过黄河进入山西，发起东征战役。同时，中国共产党采取切实措施，开展统一战线工作，积极推进一二九运动后日益高涨的抗日救亡运动的浪潮。1936年5月，爱国人士宋庆龄、沈钧儒、邹韬奋、陶行知、章乃器等在上海发起成立全国各界救国联合会，主张“停止内战，一致抗日”。接着，全国学生联合会成立，进一步推动全国青年的爱国救亡运动。

中国共产党还向国民党上层人士和军队将领宣传党的抗日主张，呼吁停止内战，一致抗日。党对以张学良为首的东北军和以杨虎城为首的第十七路军开展统一战线工作，取得了突破性的进展。到1936年上半年，红军和东北军、第十七路军之间，实际上已停止敌对行动。

日本在华北的侵略活动超出了南京政府所能容忍的限度，迫使蒋介石和国民党中央不得不开始考虑调整对日政策。从1935年底开始，南京政府还试探得到苏联的援助，并设法打通同中国共产党的联系。1936年5月初，中共中央将东征红军全部撤回黄河以西，并发出《停战议和一致抗日通电》，公开放弃反蒋口号，呼吁停战议和，一致抗日。8月25日，中共中央公开发表《中国共产党致中国国民党书》，郑重地向国民党表示“愿意同你们结成一个坚固的革命的统一战线”。9月1日，中共中央发出党内指示，明确指出：“我们的总方针，应是逼蒋抗日。”从抗日反蒋到逼蒋抗日，这是党根据国内阶级关系变化的实际状况作出的一个重大政策变动。

事情的发展并不一帆风顺。1936年秋，蒋介石在解决要求抗日反蒋的两广事变后，调集重兵，准备对陕北根据地发动新的“会剿”。11月22日深夜，国民党政府在上海逮捕全国各界救国联合会领袖沈钧儒、章乃器、邹韬奋、李公朴、沙千里、王造时、史良，随后移解苏州关押，制造轰动一时的“七君子事件”。

12月4日，蒋介石亲赴西安，逼迫张学良、杨虎城率部开赴陕北前线“剿共”。张、杨连续几天向蒋介石反复“哭谏”，却遭到他的严词训斥。在这种情况下，张、杨决定发动“兵谏”。12月12日凌晨，东北军一部以迅速行动包围

西安事变旧址

临潼华清池，扣押了蒋介石。同时，第十七路军控制西安全城，囚禁了陈诚、卫立煌、蒋鼎文、朱绍良等随同蒋介石到西安的国民党军政要员。张、杨并向全国发出通电。这便是震惊中外的西安事变。

事变一发生，张学良连夜致电中共中央，希望听取中共的意见。对张、杨发动西安事变的用意和主张，中共中央抱着充分肯定的态度。对西安事变应如何解决，中共中央在弄清情况后认为：如果把南京置于同西安敌对的地位，有可能造成对中华民族极端危险的新的大规模内战，这是日本和亲日派欢迎的前途。现在，仍有可能争取西安事变和平解决，从而为结束内战、一致抗日创造条件，因此坚决主张用和平方式解决西安事变。

南京方面在了解张学良、杨虎城和中国共产党都希望事变和平解决的态度后，于12月22日派宋子文、宋美龄到西安谈判。经过两天商谈，宋美龄等作出“停止剿共”“三个月后抗战发动”等项承诺。12月24日晚，周恩来在宋氏兄妹陪同下去见蒋介石。蒋介石又当面向周恩来表示“停止剿共，联红抗日”。第二天，张学良陪同蒋介石乘飞机离开西安回南京。

西安事变成为时局转换的枢纽。事变和平解决后，内战停止下来，国共关系向好发展。中国共产党在这次事变中不是乘蒋之危，而是力主和平解决，充分表明了对团结抗日的诚意，也充分展示了以民族利益为重的大局观念。

为了促进国共合作的实现，中共中央又在1937年2月10日发表《中共中央给中国国民党三中全会电》，提出五项要求和四项保证。五项要求包括停止内战，一致对外；保障言论、集会、结社的自由，释放一切政治犯；召开各党各派各界各军的代表会议，集中全国人才，共同救国；迅速完成对日作战的一切准备工作；改善人民生活。四项保证包括停止武力推翻国民党政府的方针；工农政府改名为中华民国特区政府，红军改名为国民革命军；特区实行彻底的民主制度；停止没收地主土地的政策，坚决执行抗日统一战线的共同纲领。此举在全国引起了巨大的反响，也得到国民党内部抗日派的赞同，反映出这种要求已有相当的普遍性。

5月2日至14日，中共中央在延安召开党的全国代表会议（又称苏区代表会议）。毛泽东作《中国共产党在抗日时期的任务》的报告和《为争取千百万群众进入抗日民族统一战线而斗争》的结论，提出了巩固和平、争取民主和早日实现抗战的三位一体的任务，强调了在抗日民族统一战线中坚持无产阶级领导权的极端重要性。会议通过了毛泽东的报告，批准了从遵义会议以来党中央的政治路线。

5月17日至6月10日，党又在延安召开了白区工作会议，总结八七会议以来特别是瓦窑堡会议以来华北地区党组织在国民党统治区工作的经验，着力引导全党去冲破"左"倾思想的禁锢，阐明在西安事变和平解决后的新形势下，党在整个国民党统治区工作中的基本方针、策略和任务，以及党的组织工作和群众工作。

为做好进行抗日战争的准备，中共中央还特别重视加强人民军队和根据地的建设。各地党组织都注意扩大和发展军队。到全国抗战爆发前，正规红军、地方红军、游击队和东北抗日联军发展到10万人左右。部队的政治教育和军事训练都有所加强。陕甘宁根据地在政治、经济、文化教育、人民生活等各方面进行了整顿和建设。党还先后派出周恩来、叶剑英、林伯渠、博古等同国民党领导人在西安、杭州、庐山、南京举行了多次会谈。停止内战的大势已经出现，历史的潮流已经不可逆转地向着实行团结抗日的阶段过渡了。

兄弟阋于墙，外御其侮

全面抗战

1937.7.7 卢沟桥事变爆发，全面抗战开始

1937.8.25 中共中央革命军事委员会发布命令，宣布红军改编为八路军

1937.8.22-25 中共中央在陕北洛川召开政治局扩大会议，制定了《抗日救国十大纲领》

1937.9.25 八路军第一一五师主力在平型关附近伏击日军首战告捷，粉碎侵华日军『不可战胜』的神话

1937.10 国共两党达成协议，将留在南方八省边界地区的红军和游击队改编为新四军

中流砥柱

1938.5 毛泽东写就《论持久战》，科学预见抗日战争将经历的三个阶段

1939.1-2 陕甘宁边区首届参议会在延安召开，通过《陕甘宁边区抗战时期施政纲领》

1940.8-1941.1 百团大战

反共逆流

1939.1 国民党五届五中全会召开后，其政策逐渐从对外转向对内

1939.11 国民党五届六中全会进一步确定以『军事限共为主、政治限共为辅』的方针

1945.8.15. 日本天皇裕仁向公众宣布无条件投降

1945.8.9 毛泽东发表《对日寇的最后一战》的声明

1945.4.23-6.11 党的七大在延安召开

迎接胜利

1942年底 中共中央提出『发展经济，保障供给』的方针，号召根据地军民自力更生，克服困难，开展大生产运动

1942.2 党开始在全党范围内开展整风运动

1941-1942 日本为把中国变成进行太平洋战争的后方基地，集中日、伪军对敌后抗日根据地进行反复『扫荡』

克服困难

1941.3.6 蒋介石『保证』决不再有『剿共』的军事行动

1941.1 震惊中外的皖南事变发生，新四军九千余人遭国民党军队伏击，损失惨重

全面抗战

1937 年 7 月 7 日夜，日军在北平西南的卢沟桥附近举行实弹演习。他们借口一名士兵失踪和遭到“非法射击”，提出进入宛平县城搜索和中国守军必须撤出等无理要求。遭到拒绝后，日军突然向当地中国驻军第二十九军发动进攻，第二十九军奋起抵抗。这就是卢沟桥事变，又称七七事变。中国全民族抗日战争从此开始。

卢沟桥事变后，日军在 7 月底占领北平和天津，接着以 30 万兵力向华北地区扩大进攻。8 月 13 日，日军大规模进攻上海，把战火又烧到国民党政府

卢沟桥事变

的心脏地区。他们自恃经济和军事实力大大超过中国，以为能够在短期内轻而易举地迫使中国屈服。

卢沟桥事变发生的第二天，中共中央发出《为日军进攻卢沟桥通电》，向全国人民呼吁："平津危急！华北危急！中华民族危急！只有全民族实行抗战，才是我们的出路。"

同一天，毛泽东、朱德、彭德怀等红军领导人致电蒋介石，表示红军将士愿意"为国效命，与敌周旋，以达保土卫国之目的"。7月15日，中共代表周恩来等将《中共中央为公布国共合作宣言》交给蒋介石。宣言提出发动全民族抗战、实行民主政治和改善人民生活三项基本要求，重申中共为实现国共合作的四项保证；强调"在民族生命危急万状的现在，只有我们民族内部的团结，才能战胜日本帝国主义的侵略"。

日本的侵略目的是吞并整个中国，这给国民党当局以致命威胁。国民党最高领导人不能不改弦更张，接受中国共产党和爱国人士的建议，实现团结抗日。蒋介石于7月17日在庐山发表谈话说："如果战端一开，那就是地无分南北，年无分老幼，无论何人，皆有守土抗战之责任，皆应抱定牺牲一切之决心。"8月22日，国民政府军事委员会发表将中国红军改编为国民革命军第八路军的命令。8月25日，中共中央革命军事委员会发布命令，宣布红军改编为八路军，朱德任总指挥，彭德怀任副总指挥，叶剑英任参谋长，左权任副参谋长，任弼时任政治部主任，邓小平任政治部副主任。下辖三个师：第一一五师师长林彪、副师长聂荣臻；第一二〇师师长贺龙、副师长萧克；第一二九师师长刘伯承、副师长徐向前。全军编制4.5万多人。

八路军总部率各师先后出师抗日，同国民党的军队并肩杀敌。1937年9月，根据国共双方口头达成的协议，中共中央所在地陕甘宁革命根据地改称陕甘宁边区政府，辖23个县，人口约150万。9月22日，在中国共产党的催促下，国民党中央通讯社发表了《中共中央为公布国共合作宣言》。23日，蒋介石发表实际上承认中国共产党合法地位的谈话。国共两党再次合作和中国抗日民族统一战线宣告形成。

但是在如何抗日的问题上，国共两党一开始就存在着严重分歧，形成两条截然不同的抗战路线。国民党主张的是片面抗战路线，即坚持国民党一党专政，并拒绝一切有利于抗战的根本改革，实行单纯政府和军队抗战的军事战略方针，防止人民力量在抗战中发展壮大。

共产党提出的是全面抗战路线。这就是在全国进行必要的政治经济改革，废除国民党一党专政，给人民以充分的抗日民主权利，适当地改善工农大众的生活，充分动员、组织和武装民众抗战，使抗日战争真正成为人民战争。1937 年 8 月 22 日至 25 日，中共中央在陕北洛川召开政治局扩大会议，讨论制定党在抗日战争时期的方针、任务和政策。会议通过《中共中央关于目前形势

洛川会议纪念馆

与党的任务的决定》《中国共产党抗日救国十大纲领》，并指出：中国的抗战是一场艰苦的持久战。如何进行持久战？毛泽东指出，在这场持久战中，红军的基本任务，是坚持独立自主的游击战，并在有利条件下进行运动战，创立敌后抗日根据地，钳制与消灭敌人，配合友军作战（战略支持任务），保存与扩大红军，打败日本侵略者。

从卢沟桥事变到1938年10月广州、武汉失守，是中国抗日战争的战略防御阶段。在这一阶段，日军把国民党作为主要作战对象，国民党军队也表现了一定的抗日积极性，曾先后进行平津、淞沪、忻口、徐州以及保卫武汉等战役，并取得台儿庄战役的胜利，粉碎了日本“三个月灭亡中国”的计划。国民党军队高级将领佟麟阁、赵登禹等壮烈殉国。

由于敌强我弱，再加上国民党统治集团实行片面抗战路线和单纯防御方针，正面战场的战局非常不利。从1937年7月至1938年10月，仅一年零三个月的时间，日军即占领了北平、天津、上海、南京、广州、武汉等大城市，夺取了中国人口稠密地区的大片领土。日军所到之处，烧、杀、淫、掠，手段极其残酷。国民政府首都南京在1937年12月13日沦陷后，日本军队进行了长达六周的血腥大屠杀，中国军民被杀害30多万人。惨绝人寰的南京大屠杀，使整个南京变成了一座人间地狱。

红军改编为国民革命军后，迅速开赴抗日前线。1937年11月上旬太原失守前，八路军主要是在战役上配合国民党军队作战，以小部兵力进行发动群众和组织群众武装的工作。在山西，中国共产党组建和领导的山西新军密切协同八路军作战，起了很大作用。

9月25日，八路军第一一五师主力在平型关附近伏击日军，首战告捷，一举歼灭日军板垣师团第二十一旅团一部1000余人，击毁日军汽车100余辆。这一仗是全国抗战开始以来中国军队取得的第一次大胜利。它粉碎了侵华日军“不可战胜”的神话，极大地振奋了全国军民的胜利信心，提高了共产党和八路军的威望。随后，八路军三个师配合国民党军队进行忻口战役。尽管最后

平型关大捷旧址

国民党军队放弃忻口，太原失守，但这次战役仍是国共合作取得较好战果的一次大规模战役。

1937 年 11 月太原失陷以后，华北战局发生了根本性的变化。当国民党军队从前线撤退下来的时候，中国共产党领导的军队则按照洛川会议的决定，向日军占领地区大踏步地挺进，开辟敌后战场，建立敌后抗日根据地，从战略上配合国民党军队作战。中国共产党领导的敌后游击战争逐步上升到主要地位。这样，在中国抗日战争中实际上形成了互相配合的两个战场：一个是主要由国民党军队担负的正面战场，一个是主要由共产党军队担负的敌后战场。

实行敌后抗战，可以使日军在占领区不得安宁，从而捆住其手脚，进而缩小其占领区域，这对兵力不足的日本来说是极其严重的威胁。实行敌后抗战，能有效地积聚和发展人民抗日力量，八路军深入敌后可以成为凝聚各种抗日力量的中心。

开展敌后抗日游击战争，必须建立和发展根据地，在斗争中发动群众，建立和巩固抗日民主政权。1937 年 11 月中旬，八路军三大主力和山西新军按晋东北、晋西北、晋东南、晋西南四个地区在敌后实行战略展开，并同地方党组织结合，组织工作团，建立战地动员委员会、抗日救国会等半政权性质的组织。1938 年 1 月 10 日，晋察冀边区军政民代表大会在冀西阜平召开，经过民主选举，成立了晋察冀边区临时行政委员会。这是敌后第一个中共领导的统一战线性质的抗日民主政权。

在八路军开赴华北抗日前线的同时，国共两党于1937年10月在南京达成协议，将留在湘、赣、闽、粤、浙、鄂、豫、皖八省边界地区的红军和游击队（琼崖红军游击队除外），改编为国民革命军陆军新编第四军，由叶挺任军长，项英任副军长，下辖四个支队。全军共1万余人。新四军成立后，陈毅、粟裕等率新四军各部相继进入敌后，在长江南北广泛开展抗日游击战争和创建抗日根据地。

中国共产党还加强了党在国民党统治区的工作。全面抗战爆发后，八路军先后成立了驻南京、武汉等地的办事处。中国共产党主办的《群众》周刊和《新华日报》相继在汉口公开出版。1937年12月，中共中央长江局在武汉成立。在长江局领导下，南方各省逐步恢复和发展了在土地革命战争后期遭受严重破坏的党组织。中共代表团继续同国民党保持接触，并就一些重要问题进行协商。经中共中央同意，周恩来担任国民政府军事委员会政治部副部长，郭沫若担任政治部主管文化宣传工作的第三厅厅长。共产党人还参加了国民党召集的国民参政会。中国共产党人从原来比较狭小的环境中走出来，重新得以同国民党统治区社会各界公开接触；同政治态度很不相同的抗日人士广交朋友，开诚合作；结识了不少国际友人，争取得到他们的了解和同情。著名国际友人白求恩、柯棣华等便是在这时经武汉前往抗日民主根据地的。

中流砥柱

随着敌后战场的开辟，日本"三个月灭亡中国"的计划虽然彻底破产，但"速胜论"和"亡国论"仍有相当大的市场。

《论持久战》

1938年5月，毛泽东在延安窑洞里写下了《论持久战》。文章指出：在这场战争中，中日双方存在着互相矛盾的四个基本特点：第一，日本是个帝国主义强国，中国是个半殖民地半封建弱国；第二，日本的侵略战争是退步的、野蛮的，中国的反侵略战争是进步的、正义的；第三，日本战争力量虽强，但它是个小国，人力、军力、财力、物力均感缺乏，经不起长期的战争，中国是个大国，地大、物博、人多、兵多，能够支持长期的战争；第四，日本的非正义战争在国际上是失道寡助的，中国的正义战争却是得道多助的。第一个特点决定了日本的进攻能在中国横行一时，中国不能速胜，中国抗战是持久战。后三个特点决定了中国不会亡国，经过长期抗战，最后胜利属于中国。《论持久战》科学地预见到抗日战争将经过战略防御、战略相持、战略反攻三个阶段。通过三个阶段，在双方的力量对比上，中国必将由劣势到平衡到优势，而日本则必将由优势到平衡到劣势。其中，战略相持阶段是整个战争转变的枢纽。以后的抗日战争的历史进程证明了《论持久战》中的科学预见。

按照持久战的方针，八路军、新四军在敌后积极开展游击战争，建立抗日民主根据地。到1938年10月，八路军和新四军同日军作战1600余次，毙伤俘敌5.4万余人。由于敌后要求抗日的人民群众踊跃参军，八路军发展到15.6万多人，新四军发展到2.5万人，先后创建了华北的晋察冀、晋西北和大青山、晋冀豫、晋西南、冀鲁边、山东，华中的苏南、皖中、豫东等抗日根据地。

敌后游击战争最初是依托山区进行的。1938年冬，中共中央又作出战略决策：将原在山西山区的八路军三大主力分别向河北和山东的平原地区挺进，加强华北平原的抗日游击战争。新四军各部也利用山区和河湖港汊广泛开展游击战争。同时，共产党人杨靖宇等领导的东北抗日联军更加活跃起来，汉、满、朝鲜各民族的抗日战士战斗在白山黑水之间，给日、伪军以沉重的打击。

从 1938 年冬到 1940 年两年多的时间里，敌后游击战争在广大地区内积小胜为大胜，逐步歼灭日军的有生力量，使人民抗日力量在战斗中发展壮大起来。到 1940 年底，中国共产党领导的抗日军队发展到 50 万人，还有大量地方武装和民兵；在华北、华中、华南创建了 16 块抗日根据地，即晋察冀、晋冀豫、晋绥、冀鲁豫、豫鄂边、山东、皖东北、皖东、皖中、皖南、苏南、苏中、苏北、豫皖苏、东江、琼崖根据地，加上陕甘宁边区，中国共产党领导的抗日根据地已拥有 1 亿人口，在全民族抗战中发挥着日益重大的作用。

随着人民抗日武装和抗日根据地的迅速发展，1940 年 8 月至 1941 年 1 月，八路军在华北发动了一次大规模的对日军的进攻。陆续参战的部队达到 100 多个团，约 20 余万人，被称为百团大战。百团大战的第一阶段（8 月 20 日至 9 月 10 日）是交通破击战。第二阶段（9 月 22 日至 10 月上旬）是继续袭击交通线两侧的日、伪军，摧毁深入根据地内的日军据点。第三阶段（10 月 6 日至 1941 年 1 月 24 日）是展开英勇的反“扫荡”作战。百团大战中，八路军官兵英勇杀敌，共进行大小战斗 1824 次，毙伤日、伪军 2.5 万余人，俘日军 280 多人、伪军 1.8 万人，缴获一批枪炮和军用物资。八路军伤亡 1.7 万人，中毒 2 万余人。百团大战给日军企图分割各抗日根据地军民的“囚笼政策”以沉重打击，钳制了日军大量兵力，打击了日军的侵略气焰。共产党坚持长期敌后抗战和进行百团大战的事实，有力地驳斥了所谓共产党在抗战中“游而不击”的谬论。

八路军、新四军的战略总后方是陕甘宁边区。边区政府由林伯渠任主席。为了巩固内部，陕甘宁边区政府开展肃清匪患，打击汉奸、特务和反动地主豪绅的斗争。中共中央和边区政府先后开办中国人民抗日军政大学、陕北公学、青年干部训练班、鲁迅艺术学院、马列学院、中共中央党校、职工学校、中国女子大学、卫生学校等，培训了大批干部。全国各地成千上万的爱国青年向往

延安宝塔山

延安，奔赴延安，经过学习和实际工作的锻炼，涌现出大批坚持抗战的革命骨干力量。这个总后方的巩固和建设，使中共中央能够顺利地指挥敌后战场的对日作战，并指挥全党团结全国人民进行抗日战争。

为了坚持长期抗战，中国共产党十分重视敌后抗日根据地的各项建设。

抗日根据地的建设，首先是政权建设。陕甘宁边区的政权建设起了示范作用。1939 年 1 月中旬至 2 月初在延安召开陕甘宁边区首届参议会，通过《陕甘宁边区抗战时期施政纲领》，选出边区政府委员，由林伯渠任主席。《施政纲领》规定了中国共产党在各抗日根据地内实行的基本政策。

此后，中共中央发布一系列指示，阐明关于根据地政权建设的政策：（一）抗日民主政权是共产党领导的抗日统一战线性质的政权，即几个革命阶级联合起来对汉奸、反动派的民主专政。（二）实行在政府工作人员中，共产党员、非党左派进步分子、中间派各占三分之一的“三三制”政策，以团结抗日的各阶级、阶层。（三）共产党在政府工作中的领导地位和优势，是靠政策的正确、党员的模范作用和人民的拥护来实现的。（四）在政权工作中，不断健全民主制度，党员必须同党外人士实行民主合作。（五）政权的施政方针是反对日本帝国主义，保护抗日人民，调节各抗日阶级的利益，改良工农生活。

敌后抗战主要是发动和组织农民参加抗战，大力发展农业生产。为此，从 1939 年冬起，各根据地相继开始实行减租减息。减租的办法是“二五减租”（即把原租额减少 25%）；减息的办法是规定年利一般为 1 分（即 10%），最高不得超过 1 分半（即 15%）。此外的杂租、劳役和各种形式的高利贷一律取缔。在抗日民族战争的条件下，实行减租减息政策，既照顾到地主的利益，又解决了农民的问题，使他们得到了经济上的实惠，大大地提高了农民参加抗战和发展生产的积极性。

抗日根据地还积极开展文化教育建设。中共中央提出要尽力广泛地争取知识分子参加抗日战争。根据地政府组织知识分子发展国民教育，克服物资匮乏、人民贫困、敌人不断干扰的困难，因陋就简地创办中、小学校和开展社会教育，努力提高广大群众的文化素质。同时，在延安和各抗日根据地，陆续创办一些干部学校，为人民军队和根据地的建设事业培养大量骨干力量。中共中央还很重视在根据地发展科学技术事业。1940 年 2 月，在延安成立自然科学研究会。8 月，创办自然科学院，成为中国共产党历史上第一个培养科学技术人才的阵地。

中国共产党发动农民、依靠农民开展的根据地各方面建设，使落后的农村发生了深刻的社会变革，大大增强了党同根据地人民的血肉联系，从而造成了政治上、军事上、经济上、文化上的先进的巩固的阵地。这对于在极端艰苦的环境下坚持敌后抗日斗争直到胜利，有着至关重要的作用。通过各方面建设的实践，党积累了经验，培养了干部，这对以后建设新中国也有着深远的影响。

敌后游击战和抗日根据地的健康发展，是在党的正确路线和方针政策指导下取得的。全面抗战一开始，毛泽东就明确提出：坚持党在统一战线中的独立自主原则，是把抗日民族革命战争引向胜利之途的中心一环。独立自主原则，就是在统一战线中，实行既统一，又独立，对国民党采取有团结有斗争、以斗争求团结的方针；保持共产党在思想上、政治上和组织上的独立性；坚持共产党对八路军、新四军和其他人民军队的绝对领导，冲破国民党的限制和束缚，努力发展人民武装力量。

然而，在这个问题上，从苏联回国的王明否认统一战线中的独立自主原则，主张"一切服从抗日""一切经过统一战线"。在1938年2月27日至3月1日召开的中共中央政治局会议上，王明赞同国民党"只要一个军队"和"统一军令"的主张，要共产党领导的人民军队服从国民党的统一指挥，统一编制，统一武装，统一纪律，统一待遇，统一作战计划，统一作战行动。他的这种主张，在局部地区对党的实际工作造成了危害。

1938年9月29日至11月6日，党的扩大的六届六中全会举行。毛泽东在会上作《论新阶段》的政治报告，并作会议总结。全会批准了以毛泽东为首的中央政治局的路线，进一步巩固了毛泽东在全党的领导地位。全会基本上纠正了王明的右倾错误，再次强调全党同志要认真地负起领导抗日战争的重大历史责任。全会号召全党同志努力学习马克思列宁主义理论，善于把马克思列宁主义的一般原理和国际经验应用于中国的具体环境，反对教条主义，废止洋八股，提倡新鲜活泼的、为中国老百姓所喜闻乐见的中国作风和中国气派。

反共逆流

1938年10月，日军占领广州、武汉，抗日战争逐渐进入战略相持阶段。此后，日军在正面战场上停止战略进攻，逐渐将其主要兵力用于共产党领导的敌后战场；对国民党政府，则从军事进攻为主、政治诱降为辅转变为政治诱降为主、军事打击为辅的方针。在日占区内，则加紧扶植汉奸傀儡政权。

这时，欧洲上空战云密布。英国、美国为了应付德国、意大利在欧洲挑起的战争，在东方力求在一定条件下牺牲中国以求同日本妥协。因此，它们也对国民党政府进行劝降活动。在这种形势下，国民党统治集团内的投降、分裂、倒退活动日益严重。以汪精卫为代表的亲日派在1938年12月公开投降。1940年建立了日本占领区内统一的伪中央政府。以蒋介石为代表的亲英美派虽然继续抗日，但表现出很大的动摇性，推行消极抗日、积极反共的政策。1939年1月国民党五届五中全会后，其政策的重点逐渐从对外转向对内，实行“溶共”“防共”“限共”“反共”的方针。各地的反共摩擦日趋严重，接连发生袭击和杀害共产党领导的抗日军民或后方工作人员的严重事件，甚至发展到武装进攻共产党领导的军队和抗日根据地。国民党的这些活动，使国内的阶级矛盾日趋尖锐。

如何正确处理民族斗争中的阶级斗争？这是一个重要而复杂的问题。中共中央认为，在抗日战争时期，民族矛盾是第一位的，阶级斗争必须服从民族斗争，但不能否认阶级斗争，必须以阶级斗争促民族斗争。对蒋介石集团必须实行又联合又斗争的政策，保证党在复杂的环境中能够清醒地、胜利地驾驭整个局势的发展。面对着妥协、分裂、倒退的逆流，中共中央在为纪念抗战两周年发表的对时局宣言中针锋相对地提出：“坚持抗战到底——反对中途妥协！巩固国内团结——反对内部分裂！力求全国进步——反对向后倒退！”这三大口号的提出，使全党步调一致，也帮助党外许多人清醒地认识到国内政局中正在出现的严重危机，分清大是大非。

1939年1月13日，中共中央南方局在重庆正式成立。南方局在周恩来的主持下，在国民党统治区进行了艰苦而卓有成效的工作。周恩来等重视加强对中间派的工作，同民主党派、无党派代表人物、国民党内的民主派、地方实力派、著名的知识分子广泛接触，共商国是，逐步取得他们的信任，扩大了抗日民族统一战线。

1939年冬至1940年春，国民党顽固派制造了一系列反共武装摩擦事件。1939年11月，国民党五届六中全会进一步确定以“军事限共为主、政治限共为辅”的方针。12月，国民党军队进攻陕甘宁边区，先后侵占五座县城。在山西，阎锡山发动晋西事变，进攻共产党领导的新军和八路军。晋西南的国民党军队也采取同样的军事行动。1940年二三月间，国民党军队进攻晋东南和冀南的抗日根据地，矛头直指八路军总部。八路军和山西新军坚决打退了国民党军队的进攻。

在打退国民党顽固派制造的武装反共事件过程中，中国共产党还迎击了国民党在政治思想战线上的进攻。这期间，国民党开动宣传机器，大肆叫嚣“共产主义不适合中国国情”“共产党不需要存在”。在严重的斗争面前，共产党必须向全国人民说明自己对中国革命的见解，回答中国向何处去的问题。1939年10月和12月，毛泽东先后发表《〈共产党人〉发刊词》《中国革命和中国共产党》，1940年1月又发表《新民主主义论》，明确地阐明了共产党关于新民主主义革命是无产阶级领导的人民大众的反帝反封建的革命的基本理论观点和政治经济文化纲领。毛泽东还创造性地提出：“统一战线，武装斗争，党的建设，是中国共产党在中国革命中战胜敌人的三个法宝，三个主要的法宝。”

在打退国民党顽固派制造的反共事件后，中共中央认真分析国内政治情况，明确认为中日民族矛盾依然是主要矛盾，国内阶级矛盾仍处于从属地位，共产党的任务仍应是巩固和扩大抗日民族统一战线。中共中央在总结经验的基础上，对统一战线的策略思想有了重大的发展，创造性地确定了重要的策略原则：（一）发展进步势力，争取中间势力，最大限度地孤立顽固势力。（二）在对国民党顽固派的斗争中，坚持“人不犯我，我不犯人，人若犯我，我必犯人”的自卫立场和“有理、有利、有节”的原则。（三）在抗日统一战线中，斗争是团结的手段，团结是斗争的目的，以斗争求团结则团结存，以退让求团结则团结亡。（四）在争取时局好转的同时，充分地准备应付可能发生的任何地方性和全国性的突然事变，使全党全军在精神上有所准备，在工作上有所布置。这些策略原则，保证了党在复杂多变的环境中，能够更加成熟而恰当地处理各种棘手的问题，不断取得成功。

1940年9月中旬，国民党江苏省主席兼鲁苏战区副总司令韩德勤制造摩擦，调动主力向位于苏北的新四军重要基地黄桥进逼。新四军苏北指挥部在10月4日至6日反击韩部的进攻，消灭韩军1.1万人。

黄桥战役后不久，1941年1月4日，新四军军部及所属皖南部队9000余人，遵照国民党军事当局的命令并经中共中央同意，移师北上。6日，行至泾县茂林地区时，突然遭到预先埋伏的国民党军队7个师8万余人的包围袭击。新四军血战七昼夜，弹尽粮绝，除2000余人突围外，大部被俘、失散或牺牲。军长叶挺被扣押，副军长项英突围后遇害。这就是震惊中外的皖南事变。

皖南事变发生后，内战阴云密布。在这千钧一发的时刻，中共中央以抗日大局为重，坚持又联合又斗争、以斗争求团结的政策，在军事上严守自卫，在政治上坚决反击。1941年1月28日，重建的新四军军部在苏北盐城成立，陈毅任代军长，刘少奇任政治委员，张云逸任副军长。

共产党这种坚决有力同国民党当局的倒行逆施进行斗争，并坚持把民族斗争放在第一位的态度，得到全国人民、中间阶级、国民党内正义人士及国际舆论的普遍同情。在极端孤立的处境下，国民党顽固派的反共活动不得不有所收敛。1941年3月6日，蒋介石在国民参政会第二届会议上发表演说，"保证"决不再有"剿共"的军事行动。

皖南事变后，中共中央于5月8日发出《关于大后方党组织工作的指示》，在国民党统治区的工作实行隐蔽精干、长期埋伏、积蓄力量、以待时机的方针。国民党统治区的共产党组织依然保存和坚持下来，并在群众中深深地扎下了根。

中国共产党连续打退国民党顽固派制造的反共事件，坚持抗战、团结、进步的事实，表现出它能够在极其复杂的环境中，正确地处理民族斗争和阶级斗争的关系。这就团结了中间势力，也使国民党统治集团不能放下抗战旗帜，最大限度地孤立了日本侵略者和汉奸卖国贼。中国共产党在全国的政治地位由此大为提高。

克服困难

抗日战争进行到1941年至1942年，敌后抗战进入到最困难的时期。1941年1月，日本大本营陆军部制订的对华作战计划确定，竭尽一切手段，发挥综合作战能力，以维持占领区的“治安”。日本中国派遣军把华北作为“彻底治安肃正”的重点。2月，冈村宁次就任日本华北方面军司令官，并发布命令：“必须在四个月内彻底消灭华北的共产党和八路军。”

6月22日，德国对苏联发动大规模的闪电式进攻，苏联人民开始进行英勇的卫国战争。12月8日凌晨（东京时间），日本突然偷袭美国在太平洋的海军基地珍珠港。日本和美、英等国之间的太平洋战争爆发。1942年1月1日，美、英、苏、中等26个国家在华盛顿签署共同进行反法西斯战争的《联合国家共同宣言》，标志着国际反法西斯统一战线正式形成。

这时，中国仍然承担着抗击日本陆军主力的任务。1941年底，日本总兵力扩大到240余万人，其中海军30万人，陆军210余万人。日本陆军用于南进的约40万人，留驻本土的约40万人，其余130万人（包括关东军）都压在中国战场上。使日军主力陷在中国战场上，是中国人民对世界反法西斯战争作出的重大贡献。

日本为把中国变成进行太平洋战争的后方基地，在其占领区内残酷地实行殖民统治和经济掠夺，并集中日、伪军对共产党领导的敌后抗日根据地进行反复“扫荡”。1941年至1942年，在“扫荡”华北的根据地时，一次使用兵力在千人以上到万人的达132次，万人以上至7万人的达27次。在反复的“扫荡”

中，日军实行烧光、杀光、抢光的“三光”政策，甚至进行毒气战和细菌战，制造“无人区”。日军对华中敌后根据地也发动大规模进攻，并以苏中、苏南为重点，反复进行“清乡”。

在日军残酷的进攻中，敌后军民遭到重大伤亡。1942 年，八路军、新四军由 50 万人减少到约 40 万人。抗日根据地的面积缩小，总人口由 1 亿人减少到 5000 万人以下。日军大肆破坏和毁灭中国抗日力量的生存条件，造成敌后抗日根据地严重的经济困难。这时，国民党政府不仅继续停发八路军的薪饷、弹药、被服等物资，而且用几十万军队对陕甘宁边区实行军事包围和经济封锁，加重了经济困难。

面对遇到的严重困难，中共中央明确指出，人民抗战面临的困难是前进中的困难，是日益接近胜利的暂时困难，强调发扬革命精神，战胜困难，争取胜利。毛泽东把这一困难时期称之为“黎明前的黑暗”，号召抗日根据地军民坚持敌后抗战，巩固抗日阵地，冲破黎明前的黑暗。

针对日军对敌后的疯狂进攻，中共中央提出，必须充分发挥人民战争的威力，开展全面的对敌斗争。在极其艰苦的反“扫荡”、反“清乡”、反“蚕食”斗争中，敌后军民创造了许多有效的歼敌方法，如麻雀战、地道战、地雷战、破袭战、水上游击战、武装工作队等，使日、伪军淹没在人民战争的汪洋大海之中。

1941 年至 1942 年，八路军、新四军和游击队、民兵共作战 4.2 万余次，毙伤俘日、伪军 33.1 万余人。敌后军民的斗争，成为中国坚持长期抗战最重要的因素。

在这艰难的年代，中共中央还采取了各种有力的政策措施。主要有：坚持反“扫荡”、反“蚕食”、反“清乡”的对敌武装斗争；进一步贯彻“三三制”原则，加强政权建设，主力部队和政府机关实行精兵简政；在军队中开展“拥政爱民”运动，在人民群众中开展“拥军优属”运动；进一步贯彻执行减租减息的土地政策；加强党的一元化的统一领导；发展生产；整顿三风，等等。这些

大生产运动

政策的实施，加强了党的领导，巩固和扩大了根据地内的抗日民族统一战线，团结了广大人民，调动了各方面的积极因素，对团结一致，克服困难、巩固阵地、坚持抗战起了重大的作用。

其中，1942 年开始的全党整风运动和大生产运动这两个中心环节，为战胜困难，争取抗战胜利奠定了思想基础和物质基础。毛泽东把这两项措施称之为整个革命链条中的“两个环子”。

为克服严重的经济困难，减轻人民的负担，各抗日根据地开展了大生产运动。大生产运动的总方针是“发展经济，保障供给”。军队、政府机关和学校发展自给经济，是大生产运动中的一个创造。1941 年 3 月起，王震率八路军第三五九旅陆续开进荒无人烟但土质肥沃、适于开垦的南泥湾，使昔日的荒山坡变成“到处是庄稼，遍地是牛羊”的“陕北江南”。第三五九旅成为大生产运动的模范。与此同时，在延安的党、政、军、学各界数万人投入大生产运动。毛泽东、朱德、周恩来、任弼时等领导人，亲自参加生产劳动。大生产运动取得了显著的成就，农业和工商业的产值迅速增长，人民负担大为减轻，军民生活明显改善。从1943年起，各抗日根据地的机关一般能自给两三个月甚至半年的粮食和蔬菜，实现了“自己动手，丰衣足食”的要求。大生产运动是自力更生的一曲凯歌。它不仅支持了敌后的艰苦抗战，而且积累起一些经济建设的经验，培养出一批经济工作干部。

为克服严重困难，坚持敌后抗战，巩固抗日阵地，中共中央还以很大的精力进行党自身的建设。1942年2月1日，毛泽东来到中央党校，在开学典礼上发表题为《整顿学风党风文风》的演说。一星期后，他又在延安干部会上发表了《反对党八股》的讲演。由此开始，中国共产党在全党范围内开展了一次整风运动。

延安整风运动是一次全党范围的马克思主义的教育运动。它的任务是：反对主观主义以整顿学风，反对宗派主义以整顿党风，反对党八股以整顿文风。反对主观主义是这次整风最主要的任务。党的历史上反复出现的右倾和“左”倾机会主义错误，从思想根源来说都是主观主义。能不能在指导思想上反对并纠正主观主义，对党来说是一个生死攸关的问题。反对宗派主义，是整风运动的另一个重要任务。要实现党的统一，单有思想上的统一是不够的，还需要有组织上的统一，以组织上的统一来保证思想上的统一。党八股是主观主义的表现形式。不清除党八股，不能启发生动活泼的革命思想，不能发扬实事求是的精神，主观主义就还有藏身之地。

整风运动的方针，是“惩前毖后，治病救人”。整风的方法，是认真阅读整风文件，联系个人的思想、工作、历史以及自己所在地区、部门的工作进行检查，开展批评和自我批评，弄清犯错误的环境、性质和原因，逐步取得思想认识上的一致，提出努力的方向。在开展批评与自我批评中，特别强调进行自我批评。

整风运动中，中共中央在1942年5月召开延安文艺座谈会。毛泽东在会上发表讲话并作总结，阐明了革命文艺为人民群众、首先是为工农兵服务的根本方向，系统地回答了文艺运动中许多有争论的问题，强调革命文艺工作者必须从根本上解决立场、态度的问题。会后，文艺界开始整风学习。

在整风运动中，党的高级干部进一步讨论和总结党的历史经验。中共中央分别召开许多总结党的历史经验的座谈会，如湘鄂赣边区、湘赣边区、鄂豫皖边区、闽粤边区、赣东北地区、闽西地区、潮梅地区党史座谈会，以及红七军、红五军团历史座谈会，华北座谈会等，使干部从切身的实践经验中，更好地认识党的历史上的路线是非问题，以提高马克思主义思想水平。经过整风运动，中国共产党确立了一条正确的思想路线，从此实事求是的观念深入人心。

在深入总结历史经验的基础上，1945 年 4 月 20 日党的六届七中全会通过《关于若干历史问题的决议》。《决议》表明，要争取中国革命的更大胜利，必须以马克思列宁主义同中国革命实践相结合的毛泽东思想为指导。这样，中国共产党真正走上了一条独立自主的、把马克思列宁主义中国化的正确道路。《决议》为七大的顺利召开奠定了思想基础，促进了中国革命事业的发展。

在延安整风期间，曾一度出现“抢救失足者运动”的错误，造成了大批冤假错案。这是在整风运动中不应该发生的错误。中共中央及时发现并纠正了这个错误。

整风运动的重大成果，是在党内外展开怎样以从实际出发的观点而不是以教条主义的观点来对待马克思列宁主义原理，怎样使马克思列宁主义的基本原理和中国革命的实际相结合，以及怎样对待 30 年代前期党内两条路线斗争中的一些重大问题的大讨论。通过这些讨论巩固了马克思列宁主义在党内外的阵地。整风运动使干部在思想上大大地提高一步，使党达到了空前的团结并进一步成熟起来，具有重大而深远的意义。

迎接胜利

1945 年，是世界反法西斯战争的最后一年，也是中国抗日战争的最后一年。

为总结以往革命的经验和迎接抗日战争的胜利，这一年的 4 月 23 日，中国共产党第七次全国代表大会在延安杨家岭中央大礼堂召开。出席党的七大的代表共 755 名，其中正式代表 547 名，候补代表 208 名，代表全国 121 万党员，分为中直（包括军直系统）、西北、晋绥、晋察冀、晋冀鲁豫、山东、华中和大后方 8 个代表团。代表的平均年龄是 36.5 岁，最年长的 69 岁，最年轻的 23 岁。女代表占代表总人数的 6.9%。党的七大是在整风运动和党的六届七中全会作出《关于若干历史问题的决议》的基础上召开的一次历史性的盛会。

这次大会距 1928 年召开的党的六大已有 17 年，它负有总结以往革命经验和迎接抗日战争胜利的任务。这时，共产国际解散已有两年。对于中国共产党来说，这有利于彻底破除党内以王明为代表的把马克思列宁主义教条化、把共产国际决议和苏联经验神圣化的错误倾向，有利于根据中国国情独立自主地解决中国革命的问题。

这次大会的工作方针是团结一致，争取胜利。从 4 月 23 日开幕到 6 月 11 日结束，党的七大开了整整 50 天，时间之长、规模之大都超过以往六次大会。在大会上，毛泽东分别致开幕词和闭幕词，并作《论联合政府》书面政治报告，朱德作《论解放区战场》的军事报告，刘少奇作《关于修改党章的报告》，周恩来作《论统一战线》的讲话，任弼时、陈云、彭德怀、张闻天、陈毅、叶剑英、

党的七大会址

杨尚昆、刘伯承、彭真、聂荣臻、陆定一、乌兰夫等 20 余人作大会发言。经过充分讨论，大会作出了一系列关乎中国前途命运的重大决策。党的七大的历史功绩可以概括为以下几个方面：

一是总结中国共产党领导新民主主义革命曲折发展的历史经验，特别是总结抗战以来的经验，制定了打败日本侵略者、建立新中国的正确纲领和路线。在抗日战争即将取得胜利的形势下，党的七大制定了党的政治路线，即“放手发动群众，壮大人民力量，在我党的领导下，打败日本侵略者，解放全国人民，建立一个新民主主义的中国”。党的七大指出，新中国不可能也不应该是旧式的资产阶级专政的国家，但也不可能直接成为社会主义国家，而应该是一个在工人阶级领导下、以全国绝大多数人民为基础的统一战线的各革命阶级民主联盟的国家，即新民主主义的国家制度。

二是批评了党内的错误思想，系统地阐明党的优良传统和作风。党的七大总结历史经验教训，使全党在新的基础上实现了新的团结。党的七大充分发扬民主，许多代表畅所欲言，对过去党内的错误，特别是土地革命战争时期王明"左"倾冒险主义的错误，进行了认真的分析。许多同志从团结的愿望出发，对犯错误的同志开展批评，犯过错误的大多数同志也作了自我批评。经过对过去经验教训的总结，全党在七大纲领的基础上实现了新的团结。

三是把马克思列宁主义同中国革命实际相结合实现第一次历史性飞跃的理论成果—— 毛泽东思想—— 写在了自己的旗帜上。党的历史经验证明，运用马克思列宁主义基本原理研究解决中国革命的具体问题，需要具有在实践中进行理论创造的胆识和魄力。毛泽东思想是马克思列宁主义在中国的运用和发展，是被实践证明了的关于中国革命正确的理论原则和经验总结，是中国共产党集体智慧的结晶，是中国化的马克思主义。它是在同20世纪20年代后期和30年代前期在中国共产党内盛行的把马克思主义教条化、把共产国际决议和苏联经验神圣化的错误倾向作斗争，并深刻总结这方面的历史经验的过程中逐渐形成和发展起来的。它在土地革命战争后期和抗日战争时期得到系统总结和多方面展开而达到成熟。

四是选举产生以毛泽东为首的成熟的中央领导集体，使全党在组织上达到空前的团结和统一。党的七大选举产生中央委员44人，候补中央委员33人，组成新的中央委员会。这个中央委员会是一个由各个地方、各个岗位上有着各种经历的优秀人物汇集的、有威信的空前团结的领导机构。6月19日，党的七届一中全会选出中央政治局成员，选举毛泽东、朱德、刘少奇、周恩来、任弼时为中央书记处书记，毛泽东为中央委员会主席、中央政治局主席、中央书记处主席。

党的七大是新民主主义革命时期召开的最重要的，也是最后一次党的全国代表大会，它以"团结的大会，胜利的大会"而载入党的史册。它为全党紧密地团结在以毛泽东为首的党中央周围，领导全国人民为夺取抗日战争的最后胜利和新民主主义革命在全国的胜利，奠定了政治上、思想上、组织上的牢固基础。

这时，世界反法西斯战争出现了胜利的形势，欧洲战场上捷报频传。5月2日，苏联红军攻克柏林，5月8日，法西斯德国无条件投降。在亚洲和太平洋战场，美国在太平洋上发起越岛进攻，向日本本土步步逼近。在中国，八路军、新四军完成了1945年对日军的夏季攻势作战，打通了许多解放区之间的联系，逐步实现由游击战向运动战的转变，为转入全面反攻创造了条件。

法西斯德国的覆灭，美军在太平洋战场上的胜利，中国人民的夏季攻势，加速了日本军国主义末日的到来。1945年7月26日，中、美、英三国发表波茨坦公告，促令日本无条件投降。8月6日和9日，美国先后在日本广岛和长崎各投下一枚原子弹。8月8日，苏联政府根据1945年2月美、英、苏三国首脑在雅尔塔会议上达成的秘密协定，宣布对日作战。8月9日，苏联红军从600公里的战线上进入中国东北，大举进攻日本关东军，加速了日本法西斯的覆灭。

此时，国民党军队主要集中在西南、西北地区，而日军占领的大部分城镇、交通要道和沿海地区都处在中国共产党领导的抗日根据地的包围中。因此全面反攻的任务，自然地主要由在敌后的人民军队来进行。8月9日，毛泽东发表《对日寇的最后一战》的声明。根据延安总部的指示和命令，各根据地对日、伪军发起全面反攻。在反攻作战中，八路军、新四军和其他人民武装力量共解放县以上城市150座。

8月15日，日本天皇裕仁向公众宣布无条件投降。9月2日，在东京湾的美国军舰"密苏里"号上，日本代表在投降书上签字。至此，中国的抗日战争胜利结束，世界反法西斯战争也以胜利而告终。9月9日，中国战区日军投降签字仪式在南京举行，侵华日军128万人向中国投降。10月25日，台湾地区的受降仪式在台北举行，自甲午战争后被迫与祖国分离50年的台湾省回到祖国怀抱。

中国抗日战争的胜利，是全国各族人民经过极其艰苦的斗争、付出极大的代价取得的。据统计，中国军民伤亡人数在3500万人以上，财产损失和战争消耗达 6000 亿美元。中国人民为世界反法西斯战争的胜利作出了巨大的贡献。

抗日战争是 100 多年来，中国人民反对外来侵略第一次取得完全胜利的民族解放战争。它洗雪了 1840 以来的民族耻辱，成为中华民族由衰败到重新振兴的转折点，为中国的民族独立和人民解放奠定了坚实基础。

打倒蒋介石，解放全中国

争取和平

1945.8.25 中共中央决定派毛泽东、周恩来、王若飞前往重庆，同蒋介石进行和平谈判

1945.8.29-10.10 国共双方进行和平谈判并签署双十协定

1946.1.10-31 政治协商会议召开，通过和平建国纲领和宪法草案等五项协议

内战降临

1946.6 国民党军队突然向中原解放区发动大规模进攻，全面内战爆发

1947年3月开始 国民党军队抽调兵力对陕北、山东两解放区实施重点进攻

1947.3-8 人民解放军取得青化砭、沙家店等战役的胜利，粉碎国民党军队对陕北的重点进攻

1947.5 华东野战军取得孟良崮战役胜利，粉碎国民党军队对山东解放区的重点进攻

战略反攻

1947.6-8 刘邓大军跃进大别山，拉开战略反攻的序幕

1947.7-9 中共中央工作委员会在河北平山县西柏坡村召开全国土地会议，制定《中国土地法大纲》

筹备新中国

1949.9.21-30 中国人民政治协商会议第一届全体会议在北平召开，通过《中国人民政治协商会议共同纲领》

1949.3.5-13 党的七届二中全会在河北平山县西柏坡村举行

1949.4.21-23 人民解放军分三路渡过长江，解放南京

战略决战

1948.9.1-1949.1.31 发动辽沈、淮海、平津三大战役，歼灭国民党军队 154 万余人

1948.4.30 中共中央发布五一口号，号召筹备建立民主联合政府

从 1947 年下半年开始 各民主党派和广大无党派民主人士日益倾向于支持人民革命

1947.9 由陈毅、粟裕率领的华东野战军主力越过陇海铁路南下，进入豫皖苏平原

1947.8 由陈赓、谢富治率领的晋冀鲁豫野战军一部渡过黄河，挺进豫西

争取和平

八年全面抗战，艰苦卓绝。中国以巨大的民族牺牲，终于迎来了最后的胜利。在打败日本侵略者之后，两种命运，两个前途，摆在了中国人民的面前。

中共中央认为，和平、民主、团结是战后人民的强烈愿望，党应当争取通过和平途径来实现中国的进步和发展，即使是暂时的和平，也应该积极争取。

蒋介石决心内战，但也有许多困难和顾忌。国际上，社会主义的苏联不希望中国爆发内战；美英两国也都从各自的利益出发，希望国共两党停止内争，举行和平谈判。在国内，经过长期战争的人们热烈地期待着实现和平，建设家园。此外，仍在西南、西北地区的国民党军队主力要开赴内战前线也需要一段时间。正是在这种情况下，蒋介石接连三次向延安发出电报，邀请毛泽东去重庆“共同商讨”目前各种重要问题。

中共中央认为，无论如何，同国民党进行和平谈判是必要的：第一，由于和平、民主、团结是战后人民的强烈愿望，只要有可能，党就应当争取通过和平的途径来实现中国的进步和发展。第二，由于蒋介石的内战部署一时难以完成，党和全国人民是有可能争取实现国内和平局面的，即使是暂时的和平，也应该积极争取，这对于需要做应变准备的革命力量来说，也是有利的。第三，通过和平谈判，可以使全国人民看清楚国民党统治集团究竟是真要和平民主，还是在这个幌子下实行独裁内战，这对于提高人民的革命觉悟有很大作用。

8月25日晚，中共中央决定派毛泽东、周恩来、王若飞去重庆，同蒋介石进行和平谈判。8月28日，毛泽东偕同周恩来、王若飞，在国民党政府代表张治中、美国驻华大使赫尔利陪同下，从延安乘专机赴重庆。毛泽东赴重庆这一举动所表现出来的谋求和平的诚意，受到普遍的热烈赞誉。民主人士柳亚子赋诗称颂毛泽东亲临重庆的行动是“弥天大勇”。

重庆谈判从 8 月 29 日开始，到 10 月 10 日结束。期间，毛泽东就和平建国等问题直接同蒋介石进行过多次商谈。中共代表周恩来、王若飞和国民党政府代表王世杰、张群、张治中、邵力子进行了 43 天具体问题的谈判。在谈判中，国民党方面企图以“统一政令军令”的名义来取消解放区和人民军队。为了争取全国人民所需要的和平民主，共产党方面在谈判中对解放区土地和人民军队数量等问题作出了不伤害人民根本利益的必要的让步。10 月 10 日，双方正式签署了《国民政府与中共代表会谈纪要》，即双十协定。

经过谈判，国民党当局表示承认“和平建国的基本方针”，同意“长期合作，坚决避免内战，建设独立、自由和富强的新中国”；同意结束国民党的“训政”，召开政治协商会议；承认人民的某些民主权利；同意“积极推行地方自治，实行由下而上的普选”等。重庆谈判的这些结果，是人民力量的一个胜利。《纪要》签字的第二天，毛泽东即返回延安。他在中央政治局会议上说：“这个东西，第一个好处是采取平等的方式，双方正式签订协定，这是历史上未有过的；第二，有成议的六条，都是有益于中国人民的。”

国民党当局虽然同共产党谈判，但并没有放弃通过战争消灭人民革命力量的企图。还在重庆谈判期间，国民党就重新秘密印发 1933 年蒋介石在“围剿”红军时编的《剿匪手本》。双十协定刚刚签订，蒋介石就发布进攻解放区的密令，要求国民党军队将领“督励所属，努力进剿，迅速完成任务”。自日本投降至 10 月 17 日两个月的时间里，有 30 座解放区的城市被国民党军队占领。

为了保卫人民抗战的胜利成果，壮大人民革命力量，9 月 19 日，中共中央向各中央局发出指示，把“向北发展，向南防御”作为党的战略方针。为贯彻这个方针，中共中央先后从各解放区抽调 11 万人的军队和 2 万名干部进入东北，并成立以彭真为书记的中共中央东北局，统一领导东北地区的工作。

国民党军队为了深入华北，打开进军东北的通道，分三路向华北解放区进攻：一路沿平绥路东犯，一路沿津浦路北犯，一路沿同蒲、正大和平汉路向北平推进。人民军队站在自卫的立场上坚决进行反击，先后进行了上党、平绥、津浦、平汉（邯郸）四个战役，歼灭来犯的国民党军队14.5万人，迟滞了他们的行动。

内战阴云笼罩着中国大地，使渴望和平民主的人民群众深感痛苦、忧虑和不满。1945年12月1日，国民党在昆明制造震惊全国的一二一惨案。随后，重庆、上海等地爆发声援昆明学生的罢课或游行示威，提出“反对内战，争取民主”等口号，使国民党当局在政治上进一步处于被动地位。

随着战后民主运动的高涨，1945年9月，重庆科技文教界一批知识分子将原有的民主科学座谈会，改为固定性的政治组织九三座谈会，这就是九三学社的前身。同年12月，中国民主建国会（简称民建）和中国民主促进会（简称民进）分别在重庆和上海成立。中国民主同盟（简称民盟）、国民党内的民主派等活动更加活跃。他们都要求实现民主、停止内战，国民党统治区爱国民主运动的力量日益扩大。

这时，美国政府宣布调回因公开声明只同蒋介石合作而声名狼藉的驻华大使赫尔利，任命五星上将马歇尔作为杜鲁门总统特使赴华“调停”。马歇尔来华的使命是“努力说服中国政府，召开一个包括主要党派的代表所组成的全国会议，以获致中国的统一”。苏联政府也赞成美国的这种对华政策。在马歇尔到达中国的同一天，中共全权代表周恩来也到达重庆，随即提出国共双方实行无条件停战的建议。

在这种情况下，蒋介石同意按照双十协定的规定，召开政治协商会议。1946年1月10日，国共双方下达停战令。同一天，政治协商会议在重庆开幕。出席会议的有国民党、共产党、民盟、青年党和无党派人士的代表共38人。在主张和平、反对内战，主张民主、反对国民党一党专政这些基本问题上，中共同以民盟为代表的中间派有许多共同点，经常在一系列重大问题上事先协商，取得一致，采取共同行动。会议历时 22 天，在通过政府组织案、国民大会案、和平建国纲领、军事问题案、宪法草案五项协议之后，于 1 月 31 日闭幕。政协协议的种种规定，虽然还不是新民主主义性质的，但它有利于冲破蒋介石的独裁统治和实行民主政治，有利于和平建国，因而受到人民群众的欢迎。

中国共产党是准备严格履行这些协议的。毛泽东在颁布停战令时指出："中国和平民主新阶段，从此即将开始"，全党应为"巩固国内和平，实现民主改革，建立独立、自由、富强的新中国而奋斗"。政协会议闭幕后第二天，中共中央发出党内指示，要求全党"准备为坚决实现这些决议而奋斗"。同时，中共中央也指出："中国民主化的道路，依然是曲折的，长期的"，要"准备好，不怕和平的万一被破坏"。

国民党从一开始就没有准备履行政协协议。政协会议刚刚闭幕，在国民党中央常委会议上，不少国民党要员大哭大闹，说协议不利于国民党，是国民党的失败。蒋介石也表示："我对宪草也不满意，但事已至此，无法推翻原案，只有姑且通过，将来再说。"在 3 月召开的国民党六届二中全会上，蒋介石令其党徒对政协协议"就其荦荦大端，妥筹补救"。不久，他以扩大内战的行动，使协议成为一纸空文。

国民党政府宣布还都南京后，1946 年 5 月初，周恩来率中共代表团到南京、上海继续与国民党进行谈判，力争避免全面内战的发生。但由于蒋介石的内战决心已定，谈判无法取得成果。

在初步控制关内各大城市后，国民党军队将进攻重点指向东北。1945 年 11 月间，先后攻占人民军队驻守的山海关和锦州等地。1946 年 3 月初，苏联红军按照协议开始从东北的城市和铁路线撤退。国民党军队立刻进驻沈阳，向解放区分路进攻，5 月下旬侵占长春，并控制了松花江以南的大部分地区。

内战降临

事态的发展表明，蒋介石发动全面内战的情势已迫在眉睫。5月21日，中共中央指出："国民党现正积极布置全国内战"，"我应积极加以准备，加以制止"。6月19日，中共中央发出党内指示，估计了胜负的各种可能后指出："我军必须战胜蒋军进攻，争取和平前途。"

此前的5月4日，中共中央就发出解决农民土地问题的指示（即《五四指示》）。这个指示的基本精神，就是要坚决地支持和引导广大农民群众，采取各种适当的方法，使地主阶级剥削农民而占有的土地转移到农民的手中，以便进一步调动农民的革命和生产积极性，为进行自卫战争奠定更牢固的群众基础。它标志着解放区在农民土地问题上，由抗日战争时期的削弱封建剥削向变革封建土地关系、废除封建剥削制度过渡。这是中国共产党的土地政策的重要改变。

尽管中国共产党作了种种争取和平的努力，然而，内战终于还是降临了。

1946年6月下旬，国民党军队调动22万人，突然向鄂北宣化店为中心的中原解放区发动大规模进攻。中原军区主力在司令员李先念等率领下，分路突围。接着，国民党军队又向苏中、淮北、晋冀鲁豫、晋绥、东北等解放区大举进攻。全面内战终于爆发了。

国民党的枪口不仅对着共产党，而且对着一切要求和平民主的善良人士。7月11日和15日，国民党特务先后在昆明暗杀了民盟中央委员李公朴和闻一多。

蒋介石在撕毁停战协定和政协协议、发动全面内战后，没有立即宣布停止同中共代表的谈判，而是企图利用谈判掩护其军事进攻，并在谈判中提出种种无理条件，迫使中共终止谈判，以便把分裂和内战的责任推到中共方面。1946年下半年到1947年初，中共代表继续留在南京、上海同国民党谈判，继续进行维护政协协议的斗争，并用事实揭露国民党的阴谋，使广大人民了解内战发生的真相。

蒋介石发动全面内战时声称：倚仗国民党的军事优势，“如果配合得法，运用灵活…… 就一定能速战速决”。他的参谋总长陈诚甚至扬言说：“也许三个月，至多五个月，即能整个解决。”

全面内战开始时，国民党军队确实来势汹汹。它用于进攻解放区的总兵力为 160 万人，而且得到美国的援助和支持，装备精良。国民党政府还通过派遣大批官员到日本占领区，贪婪地掠取财物，并通过接收 100 多万日军和几十万伪军的武器装备，收编大量伪军，军事实力也得到进一步膨胀。

相比之下，人民军队的总兵力为 127 万人，装备基本上是步兵武器，仅有少量火炮。解放区的人口仅 1.36 亿人，面积约 230 万平方公里，内部的封建势力尚未肃清，后方还不很巩固。解放区处在国民党军队的分割包围中，在物质上得不到任何外援。

在敌我力量对比如此悬殊的情况下，中共中央坚定地指出：我们必须打败蒋介石，因为蒋介石发动的战争，是一个在美国主义指挥之下的反对中国民族独立和中国人民解放的反革命的战争；我们能够打败蒋介石，因为人民解放军的战争所具有的爱国的正义的革命的性质，必然要获得全国人民的拥护，这是战胜蒋介石的政治基础。

1946 年 8 月，内战刚爆发一个多月，毛泽东会见了来访的美国记者安娜 · 路易斯 · 斯特朗。在谈话中，他提出了“一切反动派都是纸老虎”的著名论断，表示了对貌似强大的敌人的蔑视，表明了打败国民党反动派的信心和决心。

对于如何打败国民党的军事进攻，中共中央强调指出：“必须和人民群众亲密合作，必须争取一切可能争取的人。”在农村中，要坚定地解决土地问题，依靠贫农、雇农，团结中农，并区别对待一般富农、中小地主和汉奸、豪绅、恶霸，进一步巩固各解放区，使战争获得源源不断的人力和物力支持；在城市中，要依靠工人阶级、小资产阶级和一切进步分子，并注意团结中间分子，孤立反动派；在国民党军队中，要争取一切可能反对内战的人，孤立好战分子。总之，就是要在中国共产党的领导下，建立最广泛的人民民主统一战线。这是党的政治方针。

在军事方面，中共中央强调必须实行“集中优势兵力，各个歼灭敌人”的作战原则，实行积极防御的方针，以歼灭敌人有生力量为主要目标，而不以保守或夺取城市和地方为主要目标。

从 1946 年 6 月至 1947 年 6 月的一年多的时间里，人民军队处于战略防御阶段。战争主要在解放区进行。1946 年 6 月下旬至 10 月，国民党军队占领解放区的 153 座城市，人民军队也收复了 48 座城市，并歼敌 29.8 万人。从 1946 年 11 月至 1947 年 2 月，人民军队逐步扩大歼灭战的规模，又经过四个月的作战，歼灭国民党军队共 41 万人。国民党军队侵占解放区城市 87 座，人民军队则收复和解放城市 87 座。由于战线延长同兵力不足的矛盾日益尖锐，国民党军队终于丧失向解放区全面进攻的能力，以速战速决的方式消灭人民革命力量的计划随之宣告破产。

1946 年 8 月 10 日，马歇尔和美国新任驻华大使司徒雷登发表联合声明，认为国共争论“似难获致解决之方法”，实际上宣布“调处”已经“失败”。1948 年 1 月，马歇尔发表离华声明。不久，美国宣布退出军事调处执行部。2 月 21 日，国民党当局迫使军事调处执行部中共代表叶剑英等返回延安；随后又限令中共驻南京、上海、重庆三地的代表董必武、吴玉章及有关工作人员于3月5日前全部撤退。董必武在南京上飞机之前对送别的朋友说：“再见之期，当不在远。”

至此，国共两党的和谈终因国民党当局一意孤行、决意大打，以破裂而告终，国共关系彻底破裂，中国共产党只能以革命战争消灭反革命战争。

从 1947 年 3 月开始，国民党军队在全面进攻受挫的情况下，在晋冀鲁豫、晋察冀、东北等战场上转取守势，抽调兵力对陕北、山东两解放区实施重点进攻。人民解放军继续执行积极防御的作战方针，大量歼灭敌人有生力量。

在山东，华东野战军在陈毅、粟裕等指挥下，于5月中旬，在孟良崮战役中全歼美械装备的精锐主力整编第七十四师。国民党军队对山东解放区的重点进攻基本上被粉碎。

在陕北，国民党军队投入胡宗南等部25万人的兵力，向中共中央和人民解放军总部所在地延安发动进攻。陕北的人民解放军只有2万多人，他们在延安以南进行六昼夜的阻击战，掩护中央机关和人民群众安全转移后，于3月19日主动撤出延安，开始了转战陕北的艰苦斗争。在彭德怀指挥下，采取“蘑菇”战术与敌周旋，45天内在青化砭、羊马河、蟠龙镇三战三捷。而后转战西北方向，并在沙家店战役中全歼整编第三十六师。到8月间，国民党军队对陕北的重点进攻也被粉碎。

中共中央撤离延安后，决定以书记处书记刘少奇、朱德以及一部分中央委员组成中央工作委员会，到华北进行中央委托的工作；书记处多数成员毛泽东、周恩来、任弼时率中共中央和人民解放军总部的精干机关，继续留在陕北，指挥全国各战场的作战；叶剑英、杨尚昆主持的中央后方委员会，转移到晋西北统筹后方工作。

从1946年7月到1947年6月，经过人民解放军一年的作战，敌我力量对比和战争形势发生了重大的变化。1947年7月，国民党军队的总兵力已从战争开始时的430万人下降为373万人，其中正规军由200万人下降为150万人，而且士气低落，军心涣散；人民解放军的总兵力则由127万人增加为195万人，其中正规军近100万人，虽然数量不及国民党军队，但它士气高昂，并且得到人民群众的支持。正是在这种情况下，人民解放军结束战略防御阶段，以新的态势跨入人民解放战争的新阶段。

战略反攻

战争是智慧的较量。中共中央当机立断，作出英明决策：不等完全粉碎敌人的战略进攻，不等解放军在数量上占有优势，立刻举行全国性的反攻，即以主力打到外线去，将战争引向国民党区域，在外线大量歼敌，彻底破坏国民党将战争继续引向解放区、进一步破坏和消耗解放区的人力物力、使我不能持久的反革命战略方针。

中共中央选择地处中原的大别山区作为主要突击方向。当时，国民党正集中兵力于东西两翼战场，中央部分的兵力比较薄弱，只是凭借黄河天险，以少数兵力实施防御。大别山区曾经是革命老根据地，群众条件较好，利于解放军立足生根。解放军只要能占据大别山区，就可以东慑南京，西逼武汉，南扼长江，钳制中原，迫使蒋介石调动进攻山东、陕北的部队回援，同解放军争夺这块战略要地，由此从根本上改变战局，达到将战争从解放区引向国民党统治区域的战略目的。

1947年6月30日夜，刘邓大军12万人以出乎敌人意料的突然行动，一举突破黄河天险，揭开战略进攻的序幕，开始了千里跃进大别山的壮举。经过艰苦的行军和激烈的战斗，在8月末胜利到达大别山区。刘邓大军坚决依靠人民群众，奋勇作战，粉碎了国民党军队的轮番进攻，到11月，共歼敌3万余人，建立了33个县的民主政权，初步打开了大别山地区的局面。

在刘邓大军跃进大别山之际，由陈赓、谢富治率领的晋冀鲁豫野战军一部8万人在8月下旬渡过黄河，挺进豫西。由陈毅、粟裕率领的华东野战军主力，也在 9 月越过陇海铁路南下，进入豫皖苏平原。

至此，三路大军都打到外线，布成“品”字形阵势，纵横驰骋于黄河以南、长江以北、西起汉水、东迄大海的广大地区，把战线由黄河南北推进到长江北岸，使中原地区由国民党军队进攻解放区的重要后方，变成人民解放军夺取全国胜利的前进基地。三路大军的进攻，对调动和吸引国民党军队南线全部兵力 160 多个旅中约 90 个旅左右于自己的周围，迫使敌人处于被动地位，起了决定性的战略作用。仍在内线作战的人民解放军，也在同时加紧发起攻击，并渐次转入反攻。各个战场上的攻势作战，构成了人民解放军全国规模的战略进攻的总形势。

战争又是人力、物力的较量。人民解放军转入战略进攻的新形势，要求解放区普遍深入地开展土地制度改革运动。1947 年 7 月至 9 月，在刘少奇主持下，中共中央工作委员会在河北平山县西柏坡村召开全国土地会议，制定《中国土地法大纲》，并于同年 10 月 10 日由中共中央批准公布。这是一个彻底的反封建的土地革命纲领。它规定：“废除封建性及半封建性剥削的土地制度，实行耕者有其田的土地制度”；“乡村中一切地主的土地及公地，由乡村农会接收，连同乡村中其他一切土地，按乡村全部人口，不分男女老幼，统一平均分配，在土地数量上抽多补少，质量上抽肥补瘦，使全乡村人民均获得同等的土地，并归各人所有”。它还规定了农民大会及其选出的委员会为土改的合法执行机关，规定可以组织人民法庭来保证贯彻土改的政策法令，维护革命秩序。

全国土地会议以后，解放区各级党政领导机关派出大批土改工作队深入农村，开展发动农民群众、组织贫农团和农会、控诉地主、惩办恶霸、着手没收地主土地等工作，迅速形成土地制度改革的热潮。土改运动在一个时期内曾发生“左”的偏向，中共中央发现问题后，立刻采取措施加以纠正，逐步引导土改运动走上健康发展的轨道。

经过土地改革运动，到 1948 年秋，在 1 亿人口的解放区消灭了封建的生产关系。广大农民在政治和经济上翻身以后，政治觉悟和组织程度空前提高。

广大农民拥军支前

在“参军保田”的口号下，大批青壮年农民潮水般涌入人民军队。各地农民不仅将粮食、被服等送上前线，而且组成运输队、担架队、破路队等，随军担负战地勤务。他们还广泛建立与加强民兵组织，配合解放军作战，保卫解放区。人民解放战争获得了足以保证夺取胜利的取之不竭的人力、物力的源泉。

随着人民解放战争进入战略反攻阶段，1947 年 10 月 10 日，中国人民解放军总部发表宣言，响亮地提出“打倒蒋介石，解放全中国”的口号。为了制定“打倒蒋介石，解放全中国”的具体行动纲领，1947 年 12 月，中共中央在陕北米脂县杨家沟召开会议，毛泽东在会上作《目前形势和我们的任务》的报告。报告发出号召：“联合工农兵学商各被压迫阶级、各人民团体、各民主党派、各少数民族、各地华侨和其他爱国分子，组成民族统一战线，打倒蒋介石独裁政府，成立民主联合政府。”这是党的最基本的政治纲领。

报告总结人民军队的作战经验，提出了十大军事原则。这些原则是建立在人民战争的基础之上的，核心是“集中优势兵力，各个歼灭敌人”。报告还指出：“没收封建阶级的土地归农民所有，没收蒋介石、宋子文、孔祥熙、陈立夫为首的垄断资本归新民主主义的国家所有，保护民族工商业。这就是新民主主义革命的三大经济纲领。”“而新民主主义国民经济的指导方针，必须紧紧地追随着发展生产、繁荣经济、公私兼顾、劳资两利这个总目标。”

为了保证党的政治、军事、经济纲领的贯彻实施，报告强调，必须整顿党的队伍，解决在党的地方组织特别是农村基层组织中存在的成分不纯和作风不纯的问题，使党能够同最广大的劳动群众完全站在一起，并领导他们前进。

随着一些大中城市的先后解放，城市中许多新的问题摆到中国共产党的面前。1948 年 2 月，中共中央批发《中央工委关于收复石家庄的城市工作经验》，强调指出：我们在城市工作中的“方针是建设，而不是破坏”。6 月，中共中央又批发《东北局关于保护新收复城市的指示》，强调不能“还是以游击战争的观点，还是以农村的观点来看城市”。为此，决定“在新占领城市实行短期的军事管理制度”。12 月，中共中央批转陈云写的《接收沈阳的经验》，指出接管工作应“各按系统，自上而下，原封不动，先接后分”，做到“接收得快而完整”，“避免混乱和大的波动”。由于党采取一系列正确的政策，新解放城市的社会秩序都很快趋于稳定，生产及时得到恢复和发展，党同各阶层民众建立起良好的关系。这些新解放城市，对支援解放战争、繁荣解放区经济起了重要的作用。

战略决战

当 1947 年下半年人民解放军转入战略反攻后，国民党当局为了维护自己摇摇欲坠的统治，进一步加强了对国民党统治区人民的压榨和对爱国民主力量的镇压。国民党统治区的经济在 1948 年也陷于绝境，通货膨胀达到骇人听闻的天文数字，物价飞涨已似脱缰的野马。在城市，由于受到官僚资本和美国商品的掠夺和挤压，民族工商业者几乎完全破产，生活在最底层的工人更是悲惨，广大公教人员的生活也极度贫困。在农村，更是一幅凋零凄惨的景象。国民党大量征用壮丁，使农村劳动力损失惨重，以致一些地区出现了“土地荒芜，路断行人，家有饿妇，野无壮丁”的惨状。征粮摊派、苛捐杂税更把农民推向饥饿和死亡。国家的横征暴敛，地主的盘剥蹂躏，吞噬着农民的血汗和肉体。国民党统治区的经济走向总崩溃，人民无法照旧生活下去而奋起反抗，加速了国民党政权走向灭亡。

随着国民党统治基础的瓦解，在解放战争胜利发展形势的鼓舞下，在中国共产党的领导和影响下，国民党统治区的人民民主运动有了新的发展。广大学生越来越把中国的希望寄托在人民解放战争的胜利上，因而不再提“反内战”的口号，而是在“反迫害”的口号下展开斗争。各民主党派和广大无党派民主人士日益倾向于支持人民革命。曾在一部分民主人士和中间阶层中有过影响的“中间路线”即“第三条道路”的政治主张迅速走向破灭。

尽管民盟等一向主张“以民主的方式争取民主，以合法的行动争取合法的地位”，国民党当局还是不断地用暴力手段对它们施行迫害。继李公朴、闻一多之后，著名民主人士杜斌丞又在西安被杀害。民盟地方组织的许多成员被逮捕、绑架，所办的几家报社被捣毁或遭袭击。1947 年 10 月，国民党当局宣布民盟“为非法团体”。11 月 6 日，民盟总部在上海被迫发表公告，宣布解散。1948 年 1 月，民盟领导人沈钧儒等在香港召开民盟一届三中全会，宣布不接受解散民盟的任何决定，并恢复民盟总部。会议确认中国共产党“值得每个爱国的中国人赞佩”，表示“今后要与他们携手合作”。这次会议标志着民盟转向新民主主义革命的立场。

几乎与此同时，国民党的民主派开始实行革命的联合。1948 年 1 月 1 日，举行中国国民党革命委员会（简称民革）成立大会，推举宋庆龄为名誉主席，李济深为主席。会议宣布“当前之革命任务为推翻蒋介石卖国独裁政权，实现中国之独立、民主与和平”。民革坚持同共产党合作，赞成新民主主义纲领的基本原则。随着革命形势的发展和通过实际的教育，公开表示承认中国共产党的领导地位。其他民主党派，包括中国民主建国会、中国民主促进会、中国农工民主党、中国致公党、九三学社、台湾民主自治同盟等，也表示了参加新民主主义革命的立场。

1948 年 4 月 30 日，中共中央发布五一口号，号召召开没有反动分子参加的新的政治协商会议，筹备建立民主联合政府。这一号召，得到各民主党派和无党派民主人士的热烈响应。从 8 月开始，民主党派、民主阶层的代表人士陆续进入解放区，在中共的领导下积极参与筹备召开新政协、建立人民民主专政的新中国的工作。

历史的经验雄辩地证明，“资产阶级的共和国，外国有过的，中国不能有，因为中国是受帝国主义压迫的国家”。曾经持有这种主张的人，除了极少数走向反动以外，绝大多数在实际生活中逐步抛弃了这种主张，确认中国共产党关于通过建立人民共和国、走向社会主义的政治主张的正确性。正是在这个基础上，形成了中国共产党领导的多党合作和政治协商制度。

人民解放战争发展到 1948 年秋季的时候，决定中国前途和命运的战略大决战的时刻到来了。到这时，人民解放军已发展到 280 万人，其中野战军达到 149 万人，且武器装备已有很大改善。解放区面积已占全国总面积的 24.5%，人口有 1.68 亿人，占全国总人口的 35.3%，并且在大约 1 亿人口的地区实现了土地改革。人民解放军的后方进一步巩固。

与此相反，国民党军队已由战争开始时的 430 万人下降为 365 万人，可用于第一线的兵力仅 174 万人，而且士气低落。在这种情况下，它在军事上不得不放弃“全面防御”而实行“重点防御”。它的五个战略集团（即胡宗南集团、白崇禧集团、刘峙集团、傅作义集团、卫立煌集团）已被人民解放军分割在西北、中原、华东、华北、东北五个战场上，相互间难以取得配合。

以毛泽东为首的中共中央、中央军委审时度势，当机立断，正确选定战略决战的方向，抓住稍纵即逝的时机，连续组织了辽沈、淮海、平津三大战役，并使战略决战的三大战役之间、各战役的各个阶段之间有机地联系起来，一个胜利接着一个胜利地向前发展。

辽沈战役历时 52 天，歼敌 47.2 万人。人民解放军从此在数量上对国民党军队有了优势，使中国革命形势发展到一个新的转折点。东北的解放，不仅使近百万东北野战军成为一支强大的战略后备队，为以后解放平津和华北创造了有利的条件，而且使解放战争获得了一个巩固的、具有一定工业基础的战略后方。

淮海战役历时 66 天，共歼灭国民党军 55.5 万人。经过这一战役，南线国民党军队的精锐主力已被消灭，长江中下游以北的广大地区获得解放，并同华北解放区连成一片。解放军进到长江北岸，国民党政府首都南京已直接暴露在解放军面前。

平津战役历时 64 天，共歼灭和改编国民党军队 52 万余人，基本上解放了华北全境。在绥远，有意地保存下一部分国民党军队，经过一段时间，该部在董其武率领下于 1949 年 9 月通电起义，接受改编。此后，人民解放军解决国民党军队便有了北平、天津、绥远三种方式。

辽沈、淮海、平津三大战役，从 1948 年 9 月 12 日开始，至 1949 年 1 月 31 日结束，历时 4 个月零 19 天，共歼灭国民党军队 154 万余人，使国民党赖以维持其反动统治的主要军事力量基本上被摧毁，为中国革命在全国的胜利奠定了基础。三大战役是中国革命战争史上，也是世界战争史上惊天动地的壮举。

战略决战的伟大胜利震撼了世界。在 1948 年 12 月举行的保加利亚共产党第五次代表大会上，曾任共产国际总书记的保共中央领导人季米特洛夫盛赞中国三大战役“取得了一系列惊人的胜利”，并指出，这对于改变世界力量的对比具有“极大的重要性”。日本、意大利、英国、法国、德国和美国的工人阶级领袖和进步报纸，也同声赞扬和热烈祝贺中国人民取得的这些决定性胜利。美国、英国等资本主义国家的报刊，则以新闻和评论陆续报道中国战事的进展，惊呼由此引起的世界政治局势的变化。

筹备新中国

经过三大战役，中国革命已处在胜利的前夜，新中国的曙光已经出现在世界的东方了。

为迎接1949年元旦的到来，毛泽东在1948年12月30日为新华社撰写了新年献词，发出了“将革命进行到底”的伟大号召。他强调，必须“坚决彻底干净全部地消灭一切反动势力，不动摇地坚持打倒帝国主义，打倒封建主义，打倒官僚资本主义，在全国范围内推翻国民党的反动统治，在全国范围内建立无产阶级领导的以工农联盟为主体的人民民主专政的共和国”，并由此向社会主义社会发展。

两天后，蒋介石受到内外压力不得不发表“求和”声明。他在声明中提出要保存其“宪法”，保存其“法统”，保存其军队等，否则就要同共产党“周旋到底”。

1949年1月14日，毛泽东发表关于时局的声明，提出惩办战争罪犯、废除伪宪法和伪法统、改编一切反动军队等八项条件，作为同南京国民党政府及国民党地方政府和军事集团进行和平谈判的基础。到达解放区的李济深、沈钧儒、郭沫若、谭平山等55人于1月22日联名发表《对时局的意见》，坚决支持毛泽东的声明，表示“愿在中共领导下”，为推进革命、建设新中国而尽力。

蒋介石越来越孤立了。桂系首领李宗仁准备乘机代替蒋介石，出面同中国共产党方面谈判，争取喘息时间，实行“隔江而治”。1月21日，蒋介石宣告“引退”，其“总统”职务由“副总统”李宗仁代理。次日，李宗仁表示愿以中共所提八项条件为基础进行和平谈判。4月1日，以周恩来为首席代表的中共代表

渡江战役

团同以张治中为首席代表的国民党政府代表团在北平开始谈判。经双方多次交换意见、多方协商后，中共代表团在4月15日将《国内和平协定最后修正案》送交国民党政府代表团，并限国民党政府在4月20日前就协定表明态度。4月20日，李宗仁、何应钦电复国民党政府代表团，拒绝在《国内和平协定》上签字，谈判宣告破裂。

4月21日，毛泽东主席和朱德总司令发布向全国进军的命令。由刘伯承、邓小平等指挥的第二野战军（原中原野战军）和陈毅、粟裕、谭震林等领导的第三野战军（原华东野战军），在中原军区部队配合下，在西起湖口、东至江阴的千里战线上，分三路强渡长江，国民党苦心经营三个半月的长江防线顷刻瓦解。4月23日，人民解放军占领国民党的统治中心南京，宣告了延续22年的国民党反动统治的覆灭。随后，解放军各路大军分别以战斗方式或和平方式，迅速解决国民党军队残余部队，解放广大国土。

国民党反动统治的大厦倾覆，建立新中国的条件已经成熟。还在渡江战役之前，1949年3月5日至13日，党的七届二中全会在河北平山县西柏坡村举行。全会着重讨论了党的工作重心的战略转移，即工作重心由乡村转移到城市的问题。全会指出，党着重在乡村聚集力量、用乡村包围城市这样一种时期已经完结，从现在起开始了由城市到乡村并由城市领导乡村的时期。当然城乡必须兼顾，决不可以丢掉乡村，仅顾城市。但是工作重心必须放在城市，必须用极大的努力去学会管理城市和建设城市。在领导城市工作时，党必须全心全意地依靠工人阶级，吸收大量工人入党，团结其他劳动群众，争取知识分子，争取尽可能多的能够同共产党合作的民族资产阶级及其代表人物，以便向帝国主义者、国民党统治集团、官僚资产阶级作政治斗争、经济斗争和文化斗争，并向帝国主义者作外交斗争。同时，党要立即开始着手建设事业，一步一步地学会管理城市，并将恢复和发展城市中的生产作为中心任务，城市中的其他工作，都必须围绕着生产建设这个中心工作并为这个中心工作服务。

全会指出，革命在全国胜利并解决土地问题以后，中国还存在着两种基本的矛盾：国内是工人阶级和资产阶级的矛盾，国外是中国和帝国主义国家的矛盾。因此，工人阶级领导的国家政权不是可以削弱，而是必须强化。

全会强调中国的民主革命是伟大的，但是胜利以后的路程更长，工作更伟大、更艰巨。全会提醒全党要警惕骄傲自满、以功臣自居的情绪的滋长，警惕资产阶级用糖衣裹着的炮弹的攻击，全党同志务必继续地保持谦虚、谨慎、不骄、不躁的作风，务必继续地保持艰苦奋斗的作风。全会还根据毛泽东的提议，作出禁止给党的领导者祝寿和用党的领导者的名字作地名等规定。

在中国革命转折关头召开的党的七届二中全会，具有重大的历史意义。这次会议提出了促进革命取得全国胜利和组织这个胜利的方针，规定了党在全国胜利以后，在政治、经济、外交方面应当采取的基本政策，以及使中国由农业国转变为工业国、由新民主主义社会转变到社会主义社会的总任务和主要途径。这次会议为夺取全国胜利和建设新中国，在政治上、思想上和理论上作了充分的准备。党的七届二中全会后，3 月 25 日，中共中央及其所属机构由西柏坡迁至北平。

按照党的七届二中全会的精神，开始了新政治协商会议的筹备工作。6月，筹备会第一次会议在北平召开，成立以毛泽东为主任的新政协筹备会常务委

党的七届二中全会举行地——西柏坡

员会，全面展开筹建新中国政权的工作。毛泽东在会议开幕时豪迈地说："中国人民将会看见，中国的命运一经操在人民自己的手里，中国就将如太阳升起在东方那样，以自己的辉煌的光焰普照大地，迅速地荡涤反动政府留下来的污泥浊水，治好战争的创伤，建设起一个崭新的强盛的名副其实的人民共和国。" 6月30日，毛泽东发表题为《论人民民主专政》的重要文章，指出："总结我们的经验，集中到一点，就是工人阶级（经过共产党）领导的以工农联盟为基础的人民民主专政。"我们要经过人民共和国，由农业国进到工业国，由新民主主义社会进到社会主义社会和共产主义社会。

经过紧张的筹备，9月21日，中国人民政治协商会议第一届全体会议在北平中南海怀仁堂隆重开幕。人民政协是共产党领导的以工农联盟为基础的人民民主统一战线的组织形式。参加政协的有中国共产党、各民主党派、无党派人士、各人民团体、人民解放军、各地区、各民族以及国外华侨的代表，共662人。在普选的全国人民代表大会召开前，政协全体会议代行全国人民代表大会的职权。代表们个个兴高采烈，毛泽东更是掩饰不住内心的喜悦。他在开幕词中说出了一段至今令中国人民难以忘怀的话："诸位代表先生们，我们有一个共同的感觉，这就是我们的工作将写在人类的历史上，它将表明：占人类总数四分之一的中国人从此站立起来了。”

会议自始至终洋溢着热烈欢庆、团结协商的气氛。经过讨论，会议通过了《中国人民政治协商会议共同纲领》。关于国体和政体，《共同纲领》规定：“中华人民共和国为新民主主义即人民民主主义的国家，实行工人阶级领导的、以工农联盟为基础的、团结各民主阶级和国内各民族的人民民主专政。”“人民行使国家政权的机关为各级人民代表大会和各级人民政府”；“各级政权机关一律实行民主集中制”。关于经济建设方针，《共同纲领》规定“以公私兼顾、劳资两利、城乡互助、内外交流的政策，达到发展生产、繁荣经济之目的”。国家应多方面调剂国营经济、个体经济、私人资本主义经济等，“使各种社会经济成分在国营经济领导之下，分工合作，各得其所，以促进整个社会经济的发展”。关于民族政策，《共同纲领》规定国内“各民族一律平等，实行团结互助”。“各少数民族聚居的地区，应实行民族的区域自治”。关于外交政策，《共同纲领》规定，它的原则是，“保障本国独立、自由和领土主权的完整，拥护国际的持久和平和各国人民间的友好合作，反对帝国主义的侵略政策和战争政策”。《共同纲领》是中国人民的大宪章，在一个时期内起着临时宪法的作用。

会议通过了中央人民政府组织法，一致选举毛泽东为中央人民政府主席，朱德、刘少奇、宋庆龄、李济深、张澜、高岗为副主席，周恩来、陈毅等56人为中央人民政府委员。随后，中央人民政府委员会任命周恩来为政务院总理兼外交部长。

会议决定北平为中华人民共和国首都，将北平改名为北京；采用公元纪年；在中华人民共和国的国歌正式制定前，以《义勇军进行曲》为国歌；国旗为五星红旗，象征全国人民在共产党领导下的大团结。

9月30日，中国人民政治协商会议第一届全体会议胜利闭幕。在革命胜利的时刻，党没有忘记为革命而献身的先烈。当晚，各界人士在天安门广场举行了人民英雄纪念碑奠基礼。这是一个不眠之夜。在下一个黎明到来的时候，一个崭新的国家将同喷薄欲出的旭日一起，升起在东方的地平线上。中国历史将由此开始新的纪元，中国人民当家作主的时代已经到来。

第二章　CHAPTER TWO

社会主义革命和建设时期

从一九四九年中华人民共和国成立到一九七八年党的十一届三中全会召开，是社会主义革命和建设时期。在这一阶段，中国共产党团结带领中国人民进行不懈奋斗，艰苦创业，在重建国家过程中顺利实现了从新民主主义到社会主义的转变，确立社会主义基本制度，推进社会主义建设，完成了中华民族有史以来最为广泛而深刻的社会变革，为当代中国一切发展进步奠定了根本政治前提和制度基础，建立起独立的、比较完整的工业体系和国民经济体系，改变了一穷二白的落后面貌，为中国发展富强、中国人民生活富裕奠定了坚实基础，实现了中华民族由不断衰落到根本扭转命运、持续走向繁荣富强的伟大飞跃。

改变
一穷二白的面貌

开国奠基

1949.10.1 中华人民共和国宣告成立

1950.1-9 先后收回或征用美英法荷在北京、天津和上海的兵营，外国在华军事特权被全部取消

1950.2 中苏签署《中苏友好同盟互助条约》，用法律的形式把两国的同盟关系固定下来

1950.6 党的七届三中会在北京召开，为国民经济恢复时期党的工作规定了明确的行动纲领和策略路线

1951.5 中央人民政府同西藏地方政府达成十七条协议，和平解放西藏

土地改革

1950.6 《中华人民共和国土地改革法》正式公布实行

1950.10-1953 全国开展镇压反革命运动

1952年底 全国大陆除部分少数民族地区以外基本完成了土地制度的改革

1960.10 西藏地区民主改革基本完成

抗美援朝

- **1950.6.25** 朝鲜内战爆发
- **1950.9.15** 美军在朝鲜西海岸仁川登陆
- **1950.10.19** 中国人民志愿军跨过鸭绿江，入朝作战
- **1950.10-1951.6** 中朝军队发动五次战役，歼敌23万人，把战线稳定在三八线附近
- **1953.7** 中朝和美方在板门店正式签署《朝鲜停战协定》

恢复重建

- **1950.6** 全国各大中城市开始全面调整工商业
- **1951.2** 中共中央政治局提出『三年准备，十年计划经济建设』战略思想
- **1951.11** 中共中央决定在党政机关工作人员中开展『三反』运动
- **1952.1** 中共中央决定开展『五反』运动
- **1952年底** 我国整个国民经济得到全面恢复和初步发展

开国奠基

1949年10月1日，中华人民共和国宣告成立。这是中国有史以来最伟大的事件，也是20世纪世界最伟大的历史事件之一。

中华人民共和国宣告成立

这一天，新定为首都的北京有30万军民在天安门隆重举行庆祝中央人民政府成立典礼。毛泽东主席庄严宣告中华人民共和国中央人民政府为代表中华人民共和国全国人民的唯一合法政府。他亲自按动电钮，升起共和国的第一面五星红旗。

开国大典过后，中央人民政府各工作部门在原华北人民政府各机构的基础上，整建制地建立起来，并立即开始工作。政府机构负责人员的选定，都经过各方面的充分酝酿，反复协商，包括了中国共产党、各民主党派、各少数民族、海外华侨和其他爱国民主分子等许多方面的优秀代表人物、知名人士和专家，体现了中国共产党团结各民主党派、各民主阶级和国内各民族的统一战线政权的特点。

中华人民共和国成立之初，中国共产党面临着许多困难和考验。

军事上，解放战争还没有完全结束，国民党还有上百万军队在西南、华南和沿海岛屿负隅顽抗；在新解放区，大批国民党残余力量同当地恶霸势力相勾结，以土匪游击战争的方式破坏人民政权。

经济上，中华人民共和国继承的是一个十分落后的千疮百孔的烂摊子，工农业生产萎缩，交通梗阻，物资匮乏，民生困苦，旧社会遗留下来的恶性通货膨胀仍然困扰着经济生活。

随着中国人民革命的胜利，中国共产党成为在全国范围执掌政权的党，不仅要在全新的任务面前学会全新的本领，更重要的是在执政和从事和平建设的全新历史条件下，继续保持同人民群众的血肉关系，继续保持实事求是、谦虚谨慎和艰苦奋斗的优良传统，不被权力、地位和资产阶级的捧场所腐蚀，这对党的队伍是一个严峻的考验。

面对复杂形势和困难，中共中央和中央人民政府确定以恢复和发展生产为中心，领导全国人民团结一致，努力医治战争创伤，为巩固新生政权、建设新中国进行了卓有成效的斗争。

遵照《中国人民政治协商会议共同纲领》的要求和人民革命军事委员会的统一部署，中国人民解放军以穷追猛打的磅礴气势，向国民党残余军事力量展开了最后的围歼。到1950年6月，共歼灭残存的国民党正规军128万余人，收编改造170余万起义投诚人员，使整个人民解放战争消灭国民党军队的总数达到807万余人，实现了除西藏、台湾、香港、澳门和少数几个海岛以外的全部中国领土的解放。

1951年，中央人民政府同西藏地方政府签署《关于和平解放西藏办法的协议》（十七条协议），西藏获得和平解放。

西藏和平解放

随着人民解放军的胜利进军，在各新解放区迅速建立军事管制委员会作为临时的过渡性政权，接管国民党的一切公共机关、产业和物资，镇压反革命的破坏活动，组织恢复生产，并组建地方各级人民政府。新区地方人民政府一经建立，就与人民解放军一起进行了大规模的剿匪作战，到1950年6月，共歼灭国民党土匪武装近百万人，初步稳定了社会秩序。

中国革命的胜利，结束了百余年来旧中国的屈辱外交史，使中国以独立自主的崭新面貌出现于世界。1949年10月到1950年1月，中华人民共和国先后与苏联和欧亚十多个人民民主国家建立了外交关系。

1949 年 12 月至 1950 年 2 月，经毛泽东主席、周恩来总理访苏，同苏联签订《中苏友好同盟互助条约》，解决了两国重大历史遗留问题，并用法律的形式把两国的同盟关系固定下来。中苏结盟是中华人民共和国成立后采取的重大外交行动，对当时的国际格局产生了深远影响。

1950 年至 1951 年，中华人民共和国同印度等四个亚洲民族独立国家以及瑞典、丹麦、瑞士和芬兰四个欧洲资本主义国家建立了外交关系。通过与这些国家建交，中华人民共和国向周边国家传达了睦邻友好的信息，向世界昭示了“一个中国”的原则，迈出了打破美国遏制和孤立的重要一步。

在废除帝国主义与中国签订的不平等条约的基础上，中央人民政府在全国范围内有秩序地进行了取消帝国主义国家在中国的一切特权的工作。

首先收回了帝国主义国家曾拥有的海关管理权、在华驻军权和内河航行权。这三项权利对中国主权的损害最大，是中国半殖民地的象征。

中国海关总署成立

1949 年 10 月，中国海关总署成立。1950 年 3 月，中央人民政府公布《中华人民共和国暂行海关法》和新的海关税则，并由国家管制对外贸易，实行进出口许可证制度。中国海关由此完全掌握在中国人民自己手中。

1950 年 1 月至 9 月，北京、天津和上海先后收回或征用美国、英国、法国、荷兰在该地的兵营。外国在华军事特权被全部取消。

外国在华军事特权被全部取消

1950 年 7 月，中央财经委员会发布关于统一航运管理的指示，规定外轮一般不准在内河航行，同时对在华外轮公司实行逐步接管。中国领水主权也全部恢复。

对于外国政府、私人和团体在中国设立的宣传机构，城市一经接管即开始清理；随后，中国政府宣布不允许外国人继续在中国兴办报纸和杂志，停止与中国无外交关系的外国通讯社和记者的活动。

对于外国人经办或接受外国津贴的文化、教育、卫生、救济等机构，暂时允许它们在遵守中国政府法令的前提下继续存在。

为使新生人民政权在经济上从而在政治上站住脚跟，中华人民共和国成立伊始的一项紧迫任务，就是制止通货膨胀和物价上涨，稳定经济形势，建立新民主主义的经济秩序，形成各种经济成分在国营经济领导下分工合作、各得其所的基本经济格局。

随着对城市的接管，各地军管会采取“自上而下，原封不动，整套接收”的办法，共没收 2400 多家官僚资本银行和 2858 个官僚资本企业归国家所有，随之建立起社会主义性质的国营经济。凡属有关国家经济命脉和足以操纵国计民生的经济事业，已通过没收官僚资本基本掌握在国家手中，成为全体人民的公共财产。国营经济作为国民经济中的领导力量和人民民主国家主要的经济基础，为国家调节各种非公有制经济成分，组织恢复生产事业提供了有力的物质手段，并决定着社会经济的性质和发展前途。

中华人民共和国成立之初，新解放地区工矿企业大都遭到不同程度的破坏，给生产事业的恢复带来极大的困难。党要求全心全意地依靠工人阶级，动员一切社会力量为恢复生产而奋斗。国营工矿企业一经建立，就站到了恢复生产事业的第一线；具有光荣斗争传统的中国工人阶级，成为恢复工业生产的主力军，担负起建设新中国的重任。与此同时，党和人民政府精心领导了稳定物价和统一财经的重大斗争。进城之初，人民政府即发布以人民币为唯一合法货币，严禁金条、银圆、外币自由流通的法令，但许多投机资本家置若罔闻，继续扰乱金融市场。上海的投机商甚至扬言：解放军进得了上海，人民币进不了上海。为此，各新解放城市首先进行了取缔银圆投机的斗争，上海市军管会果断地查封了金融投机的大本营证券大楼；武汉、广州等城市也严厉取

党动员一切社会力量恢复生产

缔所谓银圆兑换店或地下行庄，沉重打击了破坏金融的非法活动。紧接着，不法投机商又大量囤积粮食、棉纱、棉布和煤炭，哄抬价格，扰乱市场。有的国民党特务叫嚣：只要控制了两白（米、棉）一黑（煤），就能置上海于死地。为此，中央人民政府精心部署了“米棉之战”，在全国范围内组织粮食、棉纱、棉布、煤炭的大规模集中调运，当物价上涨最猛的时候，全国各大城市按照中央的统一部署敞开抛售，使物价迅速下跌；同时收紧银根，使投机商因资金周转失灵而纷纷破产。由此，党和人民政府运用经济手段，取得了限制资产阶级和资产阶级反限制斗争的第一个回合的胜利。社会主义的国营经济初步取得稳定市场的主动权。

为了从根本上消除通货膨胀、稳定物价，1950 年 3 月，政务院颁布《关于统一国家财政经济工作的决定》，决定统一全国财政收入，统一全国物资调度，统一全国现金管理。同时，政府还采取紧缩编制、清理仓库、加强税收、发行公债、节约开支等措施。自 3 月以后，财政收支接近平衡，通货膨胀停止，物价日趋稳定。稳定物价和统一财经的工作是中华人民共和国成立后在财政

广大人民群众积极认购公债

经济战线上一个具有重大意义的胜利，为稳定人民生活，恢复和发展工农业生产，创造了有利条件。这个胜利，使国内外那些怀疑共产党能否搞好经济的人们不能不表示敬佩，叹为“奇迹”，从而证明中国共产党不仅在军事上、在政治上是坚强有力的，在经济上也是完全有办法的。

1950 年 6 月，中国共产党七届三中会在北京召开。毛泽东作了题为《为争取国家财政经济状况的基本好转而斗争》的书面报告，这也是中央向全党和全国人民提出的当前阶段的中心任务。会议指出，我国财政经济状况已经开始好转，但这还不是根本的好转，要获得根本的好转，要用三年左右的时间，创造三个条件，即土地改革的完成，现有工商业的合理调整，国家机构所需经费的大量节减。毛泽东在会上还作了《不要四面出击》的讲话。他指出：我们当前的总方针，就是肃清国民党残余、特务、土匪，推翻地主阶级，解放台湾、西藏，跟帝国主义斗争到底，面对这样复杂的斗争，必须处理好同民族资产阶级、各民主党派、知识分子和少数民族之间的关系，不要四面出击，树敌太多，造成全国紧张。

党的七届三中全会是中华人民共和国成立初期中共中央的一次最重要的会议，为国民经济恢复时期党的工作规定了明确的行动纲领和策略路线。

土地改革

按照党的七届三中全会的部署，从 1950 年下半年起，在广大新解放区有领导、有秩序地开展了大规模的土地改革运动。

旧中国以地主土地所有制占主导的土地制度，严重束缚社会生产力的发展，是造成国家贫困落后的主要根源，是中国实现工业化的根本障碍。为在中

农村土地改革运动

《中华人民共和国土地改革法》得到广大人民群众拥护

国彻底废除封建土地制度，1950 年 6 月《中华人民共和国土地改革法》正式公布实行。从中央到地方各级都组织了土改工作队，分批深入各地农村，发动和带领广大农民群众同地主阶级作坚决的斗争。在充分准备的基础上，一场历史上空前规模的土地改革运动，在涉及几亿人口的广大新区农村轰轰烈烈地展开。为了不影响农业生产的正常进行，各地的土改运动一般在冬春的农闲时节进行。

新区的土地改革大体分三个阶段进行：发动群众，划分阶级，没收和分配土地财产。最后是进行复查，动员生产。根据恢复和发展生产的中心任务和中华人民共和国成立后形势发生的重大变化，这次土地改革在政策上与中华人民共和国成立前有所不同：对富农，由过去征收富农多余的土地财产改为保存富农经济；对地主，限制了没收其财产的范围；对小土地出租者，提高保留其土地数量的标准。实行这些政策，为的是更好地保护中农，有利于分化地主阶级，减少土地改革运动的阻力，并有利于稳定民族资产阶级。归根到底，是为了有利于生产的恢复和发展。

到 1952 年底，全国大陆除部分少数民族地区以外基本完成了土地制度的改革。国家从经济上对翻身农民给予支持，宣布实行低农业税率，公粮一律按常年产量计征；组织国营贸易公司和农村供销合作社，及时收购农民生产的农副产品，供应农民急需的生产资料和生活资料，并向农民发放各种农业信用贷款。广大农民在确定地权，获得土地和生产资料后，掀起群众性的生产高潮。以农民个体所有制为基础的小生产，“像千年古树开新花”，一般在土地改革完成后的第一年就获得了丰收。如粮食、棉花、油料等主要农产品的产量，1951 年比 1950 年分别增长 8.6%、44.8%、21.8%；1952 年又比 1951 年分别增长 14.1%、26.5%、15.8%。增长幅度超过了以往的任何历史时期。

在约有 3000 万人口的少数民族地区，由于经济结构、政治状况和社会历史条件有许多不同于汉族地区的特点，土地关系中存在复杂的民族关系和宗教关系。中央分别不同情况，实行“坚持民主团结、慎重稳进”的方针以及更加缓和的步骤和政策，使少数民族地区陆续实现了民主改革。考虑到西藏地区历史与现实的复杂情况，中央决定由西藏地方政府自动进行改革，同意西藏在第二个五年计划期间（1958 — 1962 年）仍可以不进行民主改革。后来由于 1959 年西藏上层统治集团发动武装叛乱，中央在平叛过程中，应广大农奴和上层爱国人士的要求，才开始在西藏地区进行民主改革，于 1960 年 10 月基本完成，消灭了中国大陆上最后残留的封建制度。

西藏农奴翻身解放

全国范围内土地改革的基本完成，消灭了封建制度的经济基础和地主阶级，使广大农民获得了土地等生产资料，摆脱了千百年来封建宗法的人身束缚，极大地解放了农村生产力，促进了农村经济迅速走向恢复和发展。土地改革作为亿万人民群众争取民主的伟大运动，为中华人民共和国逐渐走向进步奠定了深厚的群众基础，这是近代以来中国人民反封建斗争的一个历史性界碑。

以土地改革为中心，党和人民政府还在全社会范围领导开展了包括社会生活许多方面的民主改革。

党和人民政府高度重视镇压反革命的工作。1950 年 10 月 10 日，中共中央发出《关于镇压反革命活动的指示》，要求各地全面贯彻“镇压与宽大相结合”的政策，对罪大恶极的反革命首要分子，坚决镇压。从 12 月开始，全国大张旗鼓地开展了一场镇压反革命的运动。运动打击的重点，是土匪（匪首、惯匪）、特务、恶霸、反动会道门头子和反动党团骨干分子。1953 年秋，镇压反革命运动全部完成，基本上扫除了国民党反动派留在大陆的反革命残余势力。曾经猖獗一时的匪祸，包括旧中国历代都未能肃清的湘西、广西土匪，以及许多城市的黑社会势力，基本被肃清。原来直接骑在人民头上的“东霸天”“西霸天”被彻底扫除，有力地调动了人民群众参加土地改革和生产建设的积极性。

随着国营企业陆续建立起党、团、工会组织，从 1950 年起，国营工矿交通企业逐步开展民主改革。各厂矿废除了工人群众深恶痛绝的封建把头制和侮辱工人的搜身制等，清除了隐藏在企业内部的反革命分子和封建残余势力，加强了工人阶级内部的团结，并吸收工人参加工厂管理，逐步实行企业管理民主化。通过民主改革，广大职工群众“搬掉了头上的石头”，真正翻身做了国家和企业的主人，大大提高了生产积极性。

中华人民共和国第一部法律《婚姻法》

涉及全社会的一项民主改革，是改革旧的婚姻制度。1950 年 5 月 1 日，中央人民政府颁布了新中国成立后第一部法律《中华人民共和国婚姻法》，废除包办强迫、男尊女卑、漠视子女利益的封建婚姻制度，实行保障男女婚姻自由的新民主主义婚姻制度。结合《婚姻法》的公布，全国城乡开展了广泛的宣传教育活动，封建包办婚姻和压迫摧残妇女的现象受到法律的制约和全社会的谴责。这是几千年来中国社会家庭生活的伟大变革，有效地推进了妇女的解放。

取缔旧社会遗留的卖淫嫖娼、贩毒吸毒、聚众赌博等各种丑恶现象，当时也带有民主改革的性质。经过两三年的努力，这类旧中国的不治之症、在西方国家也屡禁不绝的社会祸害，在中国共产党和人民政府的领导下，基本上被禁绝。新中国匡正社会风气、净化社会环境的有力举措和显著成绩，获得社会各界的拥护和称赞，称之为“古来稀事”。

经过民主改革，从农村到城市，从工厂、学校到社会各界、各阶层人民的精神面貌焕然一新，反映了中华人民共和国成立后的深刻社会变革，为恢复和发展国民经济创造了良好的群众基础和社会环境。

抗美援朝

正当中国人民努力为恢复国民经济而奋斗的时候，1950年6月25日，朝鲜内战爆发。美国总统杜鲁门立即作出强硬反应，宣布武装干涉朝鲜内政，并派遣美国海军第七舰队进入台湾海峡。未满周岁的中华人民共和国，面临着外部侵略的严重威胁。

6月28日，周恩来外长发表声明，强烈谴责美国对台湾的侵略，是对联合国宪章的彻底破坏。他代表中国政府宣布：“不管美国帝国主义者采取任何阻挠行动，台湾属于中国的事实永远不能改变。”中国人民“必能胜利地驱逐美国侵略者，收复台湾和一切属于中国的领土”。

9月15日，美军在朝鲜西海岸仁川登陆，截断南进的朝鲜人民军的后路，并准备越过三八线，吞并全朝鲜。9月30日，周恩来发出严正警告：“中国人民决不能容忍外国的侵略，也不能听任帝国主义者对自己的邻人肆行侵略而置之不理”，并通过印度驻华大使转告美国政府：朝鲜事件应该和平解决；如果美军企图越过三八线，扩大战争，中国决不能“坐视不顾”。但是，美国政府无视中国人民的决心和力量，令美军继南朝鲜军之后越过三八线，向朝鲜北方大举进犯，把战火燃向中国东北边境。在战争形势急剧恶化的情况下，朝鲜民主主义人民共和国首相金日成向中国党和政府提出“出兵援助”的请求。至此，中国人民同美帝国主义之间的一场武装较量已不可避免。

当时，中华人民共和国经济恢复刚刚开始，长期战争的创伤尚待养息，财政状况困难，人民政权还没有完全巩固，无论经济实力或武器装备都远不能同美国相比。但是，从维护国家主权和领土完整的根本原则出发，毛泽东主持中央政治局会议慎重讨论，反复权衡，一致得出“应当参战，必须参战，参战利益极大，不参战损害极大”的结论。10月8日，毛泽东主席发布命令，将东北边防军组成中国人民志愿军，任命彭德怀为司令员兼政治委员，待命出动。同日，周恩来赶赴苏联，向斯大林和苏共中央通报中国党讨论朝鲜战争问题的情况，并同苏方就武器供给和空中掩护等问题进行磋商。18日晚，毛泽东向志愿军下达入朝作战的正式命令。

1950年10月19日黄昏，中国人民志愿军隐蔽跨过鸭绿江。在入朝之初，志愿军果断捕捉战机，给长驱直入的敌军以出其不意的打击，将敌人从鸭绿江边赶到清川江以南，取得第一次战役的胜利。11月，“联合国军”司令麦克阿瑟发动所谓“圣诞节结束战争”的攻势，继续大规模北犯。志愿军同朝鲜人民军联合反击，包围歼灭和重创大批敌军，再战告捷。12月，中朝军队收复平壤及三八线以北敌占区，并进至三八线以南部分地区，扭转了朝鲜战局。此后，敌我双方又进行了互有进退攻守的三次大的战役：1951年初，中朝军队发起全线进攻，突破“联合国军”在三八线的设防，一度解放汉城，将敌驱逐至三十七度线附近，但第三次战役未能大量地歼灭敌人有生力量，战争的长期性、艰苦性已经显露出来。“联合国军”旋即发动反扑，重新进占汉城。中朝军队举行第四次战役，以坚守防御、战役反击和运动防御多种作战形式，将敌阻止于三八线。接着，中朝军队又举行第五次反击战役，至6月上旬，敌我双方在三八线附近均转入防御。中国人民志愿军在五次战役中共歼敌23万人，把战线稳定在三八线附近。

经过入朝后五次战役的作战实践，根据国际关系和战场形势发生的复杂变化，中共中央、毛泽东确定了“边打边谈”的基本方针，即：“充分准备持久作战和争取和谈，达到结束战争”。从1951年7月起，朝鲜战争进入边打边谈阶段。毛泽东代表中国政府和中国人民严正声明：“我们是要和平的，但是，只要美帝国主义一天不放弃它那种横蛮无理的要求和扩大侵略的阴谋，中国人民的决心就是只有同朝鲜人民一起，一直战斗下去。”

经过两年边谈边打的复杂斗争，战争双方终于就停战问题达成协议。1953年7月，在三八线以南新校正的军事分界线上的板门店，中朝和美方正式签署了《朝鲜停战协定》。在中朝人民同仇敌忾的坚决斗争下，美国自开国近200年来第一次在没有取得胜利的停战协议上签字。历时三年的抗美援朝战争，以美帝国主义企图霸占朝鲜全境的野心遭到破产而告结束。战争的结果雄辩地证明，西方侵略者几百年来只要在东方一个海岸上架起几尊大炮就可以霸占一个国家的时代，已经一去不复返了。

在志愿军入朝作战的同时，党领导全国人民开展了轰轰烈烈的抗美援朝运动。在中国人民抗美援朝总会的号召下，全国男女老少、各阶层人民普遍订立爱国公约，进行捐献飞机大炮运动。至1952年5月底，捐款达人民币5.565亿元，可购买飞机3710架。广大工人、农民通过开展增产节约运动和爱国丰产运动，保证以充足的物资支援朝鲜前线。祖国人民组织各种慰问团深入到朝鲜前后方，慰问志愿军、朝鲜人民军和朝鲜人民，大大鼓舞了中朝军队的战斗意志和保卫世界和平共同胜利的信念。在整个战争期间，全国人民

1952年10月到11月，中国人民志愿军经过艰苦卓绝的战斗，取得上甘岭战役胜利，粉碎美国以胜利在谈判桌上获取优势的企图

支援朝鲜前线的各种作战物资达560余万吨，为夺取战争的胜利作出了重大贡献。

伟大的抗美援朝战争，抵御了帝国主义的侵略扩张，捍卫了新中国的安全，保卫了中国人民的和平生活，稳定了朝鲜半岛局势，维护了亚洲和世界的和平。抗美援朝战争的伟大胜利，是中国人民站起来后屹立于世界东方的宣言书，是中华民族走向伟大复兴的重要里程碑，对中国和世界都有着重大而深远的意义。

恢复重建

在进行抗美援朝、土地改革和各项民主改革的条件下，党和政府领导开展了包括经济、政治、教育文化等多方面的新民主主义建设。

中华人民共和国成立前，我国经济本来就极其落后，多年的战争更使它遭受严重破坏。1949 年同历史上的最高水平相比，工业总产值减少一半，粮食减少约 25%，棉花减少约 48%。这种状况使恢复国民经济的任务十分紧迫。1951 年 2 月，中共中央政治局提出“三年准备，十年计划经济建设”战略思想，向全党、全国明确了当前所进行的一切工作，都是为即将实行的国家工业化直接做准备。

根据“边打、边稳、边建”方针，中央把扩大城乡交流放在财经工作的第一位，动员各种社会力量，公营、私营、合作社商业一起上，通力开辟流通渠道，打开农村土特产品的销路，拓展工业品在农村的市场。1951 年，中央推广了华北地区举行土产交流大会的经验，全国各种形式的物资交流大会此起彼应，盛极一时。在绥远一向不值钱的烂皮废骨，运到上海便成了适用的工业原料；两广的片糖、砂糖行销内蒙古；东北的土碱、黄烟畅销于关内；江西的瓷器、湖北的土布重新销往西北；更有猪鬃、茶叶、桐油、松香等许多土特产品远销到苏联和东欧国家，换回恢复经济所急需的机械设备。扩大农副土产品的收购，使农民手里有了钱，大大提高了农民的购买力。各地展销会上的新式农具，天津的暖水瓶、上海的自行车等日用工业品，深受农民的欢迎。“土产一动，百业俱兴”。“扩大农副土产品的购销，不仅是农村问题，而且也是目前活跃中国经济的关键”。

影响我国经济恢复和建设的另一个方面，是帝国主义的封锁禁运。中华人民共和国成立后，在实行对外贸易统制和保护民族工业的贸易政策下，首先同苏联和其他人民民主国家建立和发展经济贸易关系，同时也积极寻求同西方资本主义国家做生意。1950 年，我国对外贸易总额为 11.35 亿美元，超过了 1931 年九一八事变以来的任何一年。抗美援朝战争开始后，美国发动了对中国实施全面的封锁禁运，颁布有关管制对中国大陆、香港、澳门的战略物资输出等法令；宣布冻结中国政府在美的资产、中国人民在美的银行存款及其他财产。同时，操纵联合国通过提案，拉拢英、法、联邦德国、日本、菲律宾、加拿大等 36 个国家参加了对中国的封锁禁运行动。

封锁禁运给中华人民共和国的对外贸易上带来很大困难。但中国人民没有被这些困难吓倒，积极展开反封锁禁运的斗争，尽力弥补损失。一方面挖掘内部潜力，扩大国内交流，使一些物资不再依赖从西方国家进口；另一方面，将西方所禁运的各种战略物资，转为大部分从苏联等国进口。同时，充分利用香港、澳门进行转口贸易的特殊地位，把开展内地同港澳地区的贸易，作为反封锁禁运的一条重要战线。此外，积极发展已同我国正式建交的资本主义国家的贸易，继续保持与英、法、日等国的民间贸易往来，努力克服帝国主义封锁造成的种种困难。在西方“禁运”最猖獗的 1951 年，中国对外贸易总额达 19.55 亿美元，超过了中华人民共和国成立前的最高年份 1928 年的 15.53 亿美元，并继续呈增长势头，逐渐将我国的长期入超转变为进出口大体平衡的局面。

农业的恢复是国民经济一切部门恢复的基础。党和人民政府在土地改革解决农民土地问题的基础上，充分调动农民个体经济和劳动互助两方面的生产积极性，还采取减轻税负、动员群众兴修水利等一系列的政策和措施，促进农业生产恢复和发展。国家在财政仍还很困难的情况下，拨出大笔资金用于水利建设。著名的根治淮河工程、官厅水库工程、荆江分洪工程，都是这一时期开始动工和加紧进行的。 1952 年，我国粮食总产量为 3278.4 亿斤，比历史上最高年产的1936年增长9.3%。棉花总产量从1949年的888.8万担，增加到1952年的2607.7万担，增长193.4%，为历史上最高年产量的153.6%。

工业生产的恢复是在艰难境况中起步的。中国共产党强调：一要依靠工人阶级；二要依靠国营经济。首先重点恢复国计民生所急需的矿山、钢铁、动力、机器制造和主要化学工业，同时恢复和增加纺织及其他轻工业生产。国家除重点恢复和改造东北等地原有企业以外，还有计划地新建了一批急需的工业企业，如阜新海州露天煤矿，鞍山钢铁公司无缝钢管厂和大型轧钢厂，山西重型机械厂，武汉、郑州、西安、新疆的纺织厂，哈尔滨亚麻厂等。这批新建厂后来都成为我国工业战线上的骨干企业。

交通运输业是经济恢复的重点。三年中，国家用于交通运输建设的投资占全国基建投资总额的26.7%。1949年底，我国基本恢复了原有的铁路网，东西大干线陇海路全线通车，中断多年的京汉线和粤汉线也恢复运营。1950年6月，穿越巴蜀的成（成都）渝（重庆）铁路开始动工修筑，1952年6月即告完工。这条铁路是清朝末年就酝酿兴建的川汉铁路的一段，拖了近半个世纪未铺上一根钢轨，而中华人民共和国成立后仅用两年时间就建成通车。这一时期，通往"世界屋脊"的康藏、青藏公路也开始兴修。

在恢复和发展国民经济中，如何对待私营工商业是一个很重要的问题。私营经济有两面性，人民政府在发挥其积极作用的同时，又必须限制其消极的一面。1950年初稳定物价、统一财经后，私营工商业一度出现商品滞销、工厂关门、商店歇业、职工失业等情况。为了解决这些问题，从1950年6月起，全国各大中城市全面调整工商业。调整工作的基本方针是"公私兼顾、劳资两利"，主要是调整公私关系、劳资关系和产销关系，重点是调整政府和国营经济同私人资本主义经济之间的关系。调整的主要措施包括，一是加强对私营工厂的加工订货；二是增加货币投放，收购农副土产品，扩大城乡交流，活跃国内市场。经过半年的调整，私营工商业不仅渡过了难关，还得到很大发展。资本家为工商业调整所带来的丰厚利润深感振奋。武汉有资本家用一副对联表达自己的兴奋之情:“挂红旗五星(心)已定,扭秧歌稳步前进”;上海资本家称1951年是私人资本主义经济发展的“黄金时期”。

但是,资本家中的一些不法分子并不满足于用正常的方式获得的利润,而是试图用向国家干部行贿等非法手段获取高额利润。由于发现资本家腐蚀党政干部的严重情况,1951年11月中共中央决定在党政机关工作人员中开展一场反对贪污、反对浪费、反对官僚主义的“三反”运动;1952年1月决定在私营工商业者中开展一场反对行贿、偷税漏税、偷工减料、盗骗国家财产、盗窃国家经济情报(通称“五毒”)的“五反”运动。

“三反”斗争大张旗鼓、雷厉风行地展开,首先抓住重大典型案件,严肃处理。如中共天津地委前任书记刘青山、在任书记张子善堕落为大贪污犯,尽管他们在革命战争中有过功劳,但党和政府决不姑息,经人民法院判处他们死刑,执行枪决。这是中国共产党在全国执政条件下为保持廉洁向腐败打响的第一枪。“三反”运动历时半年多,清除了一批吞噬共和国大厦基石的蛀虫,有力地抵制了旧社会的恶习和资产阶级的腐蚀,树立了廉洁朴素、厉行节约、爱护国家财产的新的社会风气。

城市工商业界开展“五反”运动之初,发现“五毒”行为在资本家中不同程度地普遍存在。少数资本家“五毒”之严重,触目惊心。比如,用废烂棉花制造急救包,用变质牛肉、臭鸡蛋制造食品罐头等,这些东西送到朝鲜前线,使不少志愿军战士没有倒在敌人的枪口下,却因使用或食用后方送来的药品、食品而致残致死。这些情况激起了全国人民的公愤,“打退资产阶级的猖狂进攻”,成为全国上下强烈的呼声。全国范围的“五反”运动历时半年结束。这次运动有力地打击了不法资本家的“五毒”行为,在工商业者中普遍进行了一次守法经营教育,推动了在私营企业中建立工人监督和民主改革,使党和国家在对资产阶级进行限制和资产阶级反限制的斗争中,取得又一回合的胜利。

贯彻新民主主义建国纲领的一项重要内容,是加强民主建政。按照《共同纲领》的规定,中央人民政府发布省、市、县各界人民代表会议组织通则,规定凡具备条件的地方应抓紧召开各界人民代表会议，并促使其逐步代行人民代表大会职权，选举产生各该级的人民政府。党中央强调：我们国家的民主化，与新民主主义的经济建设及国家的工业化是不能分离的，“我们的基本口号是：民主化与工业化！”到1952年底，人民代表会议已经形成一项经常的制度，在全国范围内自下而上地建立起来，通过这一组织形式，原来缺乏民主训练的人民群众，开始逐步学会如何行使自己的民主权利，各级人民政府也在实施民主建政的过程中，逐步提高了行政效率和组织管理能力。

在民主建政的同时，中央要求进一步加强统一战线工作，积极争取知识分子、工商业界、宗教界、民主党派、民主人士，在反帝反封建的基础上将他们团结起来，吸引他们参加包括土地改革、镇压反革命在内的人民革命斗争和适当工作；加强政权机关和协商机关中党与非党人士之间的合作，做到使他们有职有权。

根据《共同纲领》关于国内各民族一律平等的政策，人民政府为加强民族团结互助进行了大量工作，协调解决民族间和民族内部存在的纠纷，并抽出必要的财力、物力帮助少数民族发展经济事业，改善少数民族群众的生活。1951年8月，《中华人民共和国民族区域自治实施纲要》公布实施。根据纲要对民族自治机关、自治权利、自治区内的民族关系、上级人民政府的领导原则等问题所作具体规定，到1953年3月，已在包括约1000万人口的少数民族聚居区，建立起一批县级和县级以上的民族自治区和相当数量的民族自治乡。经过三年多的努力，民族区域自治已成为国家的一项重要国策和基本制度，它对祖国统一、民族平等、民族团结和民族发展具有重大的意义。

新民主主义文化建设的基本方针，一是要适应和推进政治变革，二是要适应和推进经济建设。中华人民共和国成立以后，首先有步骤地对私营报纸、刊物、广播等事业进行改造，把作为舆论宣传、大众传播重要工具的这部分文化事业，完全置于党和国家的统一领导之下，确立马克思列宁主义、毛泽东思想在全国一切工作中的指导思想的地位。同时，谨慎地对旧有学校教育事业和旧有社会文化事业进行改革。教育改革的内容，主要是实行国家对学校的领导，废除原来的反动政治教育，建立和加强革命的政治教育；教育向广大人民群众敞开大门；在全国范围进行高等学校的院系调整，大幅度扩大招生，以适应有计划建设和工业化发展对人才的急迫需要。在科学工作方面，成立中国科学院和调整科学研究机构，培养与合理地分配科学人才；提出科学研究为人民服务的方向，学术研究与实际需要密切配合的方针。在文艺工作方面，提倡文艺为工农兵服务，为人民服务，还提出“百花齐放，推陈出新”的方针。在医药卫生工作方面，提出“面向工农兵”“预防为主”“团结中西医”三大方针。在这些方针的指导下，科学、教育、文化、卫生事业的改革和发展，都取得显著成绩。

知识分子的思想改造，是我国在各方面彻底实现民主改革和逐步实现工业化的重要条件之一。中华人民共和国成立之初，广大知识分子爱国热情很高，学习热情也很高。他们希望深入了解革命，了解共产党，了解新社会，以适应形势的巨大变化和发展。1951 年 9 月，北京大学十二位教授发起北大教员政治学习运动，由此推广到北京、天津各高等学校的教师中开展了一个比较集中的思想改造学习运动。周恩来受中央委托，向京津两市高校教师学习会作了《关于知识分子的改造问题》的报告。此后，学习运动逐渐扩展到整个知识界，发展成为全国规模的知识分子思想改造运动，到 1952 年秋基本结束。这次学习运动，是知识分子为适应新形势的要求而进行的自我教育和自我改造，主要解决分清革命与反革命、树立为人民服务的观点问题，对帮助从旧社会过来的知识分子初步接受马克思主义起了促进作用。

中华人民共和国成立后，中国共产党十分重视在全国执政条件下党组织自身的建设。1950 年，针对党内一部分人在革命胜利的形势下滋长了居功自傲情绪和官僚主义、命令主义作风，全党进行了一次历时半年的整风学习。1951 年下半年起，又在全国范围开展了一次整党运动，主要是整顿党的基层组织，对党员进行关于共产党员必须具备的八项条件的教育。据 1953 年 6 月底统计，在总数为630余万的党员中，90%以上是合于或基本合于共产党员标准的；同时，有32.8万人被开除出党或被劝告退党。通过整风整党，纯洁了党的队伍，为顺利完成恢复国民经济的任务提供了组织和领导上的保证。

经过三年的努力，我国整个国民经济得到全面恢复和初步发展。1952年，全国工农业总产值810亿元，比1949年增长73.8%，比中华人民共和国成立前最高水平的1936年增长20%。其中，工业总产值比1949年增长149%；钢产量达到134.9万吨，比1949年增加7.54倍，比历史最高水平增加46.3%；生铁产量比1949年增加6.72倍，比历史最高水平增加7.2%；原油、水泥、电力、原煤等都超过历史最高产量。棉纱、棉布、食糖等主要轻工业产品也超过历史最高水平。1952年，我国农业总产值比1949年增长41.4%；粮、棉、大牲畜、生猪等主要农产品的产量，均超过中华人民共和国成立前的最高水平。按可比价格计算，1952年的国民收入比1949年增长64.5%。国家财政收入有了成倍增加，1952年比1950年增长181.7%，并且收大于支，连年结余。在财政总支出中，用于经济建设的支出逐年上升，社会文化事业支出不断增长。城乡人民收入逐年增长，生活普遍得到改善。

中华人民共和国成立头三年国民经济的增长，虽然带有明显的战后恢复性质，但从世界范围来看，与二次大战后欧亚各国经济恢复到战前水平的情况相比，我国经济恢复之快，增长幅度之大，是举世瞩目的。国民经济的全面恢复和初步发展，为国家开始进行大规模的经济建设和沿着新民主主义轨道逐步走向社会主义奠定了良好的基础。

提前向社会主义过渡

酝酿过渡

1953.6

中共中央政治局会议正式讨论和制定了党在过渡时期的总路线

1954.2

党的七届四中全会通过决议，正式批准了中央政治局确认的总路线

1955.3

第一届全国人民代表大会第二次会议上正式审议通过『一五』计划

三大改造

1956

社会主义改造的基本完成，在中国实现了生产资料所有制的深刻变革

1953

国家对农业、手工业和资本主义工商业的社会主义改造迈开了步伐

保驾护航

1954.9.15-28

第一届全国人民代表大会在北京隆重召开并通过第一部《中华人民共和国宪法》

1953.12.31

周恩来接见印度谈判代表团时首次系统地提出了和平共处五项原则

1953.1

党和政府提出『整顿巩固、重点发展、提高质量、稳步前进』的文教工作方针

酝酿过渡

从 1953 年起，我国开始实行“三年准备、十年计划经济建设”设想的第二步发展战略，即进行以实现国家工业化为目标的大规模经济建设，并采取实际的步骤向社会主义过渡。为此，中国共产党提出了过渡时期的总路线。

当时，我们国家发展面临的形势是：大规模土地改革的任务在全国大陆基本完成；朝鲜停战谈判在主要问题上达成协议，战争可望不久结束；恢复国民经济的工作进展顺利，基本实现了预计的目标，各项生产都恢复到或超过了历史上的最高水平。这种情况表明我国已经有了进行大规模经济建设的条件。

与此同时，我国社会生活中也出现和积累了一些新的矛盾：在农村，土地改革后农民分散的个体经济难以满足城市和工业对粮食与农产原料不断增长的需要；农村贫富差距一定程度拉开，引起党内对两极分化的担忧，关注个体经济朝哪个方向发展的问题。在城市，工人阶级和国营经济同资产阶级之间限制和反限制的斗争经历了几个回合，“三反”“五反”运动中私人资本主义经济的消极面突出地暴露出来，但斗争并未结束而是时起时伏。这些问题和矛盾，都需要明确的方针和系统的政策来逐步加以解决。

在这样的背景下，中共中央经过将近一年的反复酝酿，形成和提出了过渡时期的总路线，明确地向全国人民提出了建设社会主义的伟大任务。1952 年 9 月，毛泽东在中共中央书记处会议上指出：我们现在就要开始用十到十五年的时间基本上完成到社会主义的过渡，而不是十年或者更长时间以后才开始过渡。这是酝酿提出总路线的开始。

1953年6月，中共中央政治局会议正式讨论和制定了中国共产党在过渡时期的总路线，即："从中华人民共和国成立，到社会主义改造基本完成，这是一个过渡时期。党在这个过渡时期的总路线和总任务，是要在一个相当长的时期内，逐步实现国家的社会主义工业化，并逐步实现国家对农业、对手工业和对资本主义工商业的社会主义改造。这条总路线是照耀我们各项工作的灯塔，各项工作离开它，就要犯右倾或'左'倾的错误。"1954年2月，中国共产党七届四中全会通过决议，正式批准了中央政治局确认的这条总路线。

党在过渡时期总路线的特点，是社会主义工业化与社会主义改造同时并举，体现了发展生产力和变革生产关系的统一。其中，国家工业化处在主体地位；对个体农业、手工业的改造和对资本主义工商业的改造，处于两翼的配合地位。主体和两翼之间是彼此联系、相互促进的。过渡时期总路线提出以后，中国共产党党内迅速统一了认识，并在全社会进行了广泛深入的宣传教育工作，获得全国各阶层人民的支持和拥护，成为团结和动员全体人民共同为建设一个伟大的社会主义国家而奋斗的新的纲领。

1953年，我国开始执行国家建设的第一个五年计划。全党和全国人民把注意力迅速地转移到社会主义工业化的任务上来。"一五"计划的编制，从1951年开始着手，由周恩来、陈云等主持，具体工作由中央财经委员会负责。计划一方面初步编制和开始执行，一方面不断讨论修改，草案于1954年9月基本确定。1955年3月，"一五"计划草案获得中国共产党的全国代表会议同意，同年7月，在第一届全国人民代表大会第二次会议上正式审议通过。

第一个五年计划确定的指导方针和基本任务是：集中主要力量发展重工业，建立国家工业化和国防现代化的初步基础；相应地发展交通运输业、轻工业、农业和商业；相应地培养建设人才；有步骤地促进农业、手工业的合作；继续进行对资本主义工商业的改造；保证国民经济中社会主义成分的比重稳步增长，同时正确地发挥个体农业、手工业和资本主义工商业的作用；保证在发展生产的基础上逐步提高人民物质生活和文化生活的水平。“一五”计划规定，五年内国家用于经济和文化建设的投资总额将达 766.4 亿元，全部基本建设投资的 58.2% 用于工业基本建设，其中又把 88.8%用于重工业的建设，这在我国历史上是空前的。

“一五”计划的制定和实施，得到苏联政府的很大帮助，苏联一共帮助中国兴建了 156 个项目。对于这些项目，苏方不仅提供贷款，而且从资源勘探、厂址选择、技术设计、机器设备、建筑安装到人员培训、试车投产，都将给予具体的指导和帮助。与此同时，党和政府注意坚持独立自主、自力更生的方针，强调凡能自己解决的绝不依赖外援。在“一五”计划期间，国家财政中来自国外的贷款，只占国家总收入的 2.7%。1956 年，中共中央进一步明确提出建立独立完整的工业体系的方针。这些方针和做法，对于后来我国在国际关系剧烈变化中能够坚持独立自主的立场，具有深远意义。

第一个五年计划一开始执行，全国城乡便迅速形成参加和支援国家工业化建设的热烈景象。工人阶级是国家的领导阶级，又是工业化战线的主力军，他们一马当先，以国家主人翁的态度投入到生产建设当中。农民用增加生产，积极交纳农业税和交售粮棉的实际行动支援工业建设。大批高等学校和各类专业技术学校的毕业生自觉服从国家分配，奔赴祖国各地工业建设的最前线。各级党委像战争年代选派大批干部到军队中去一样，抽调优秀干部充实到工业战线上去。

“一五”计划头三年，工业化建设取得很大成就。我国现代工业在工农业总产值中的比重，由 1952 年的 26.7% 上升到 1955 年的 33.6%。1953 年 12 月，鞍山钢铁公司三大工程举行开工生产典礼，这是我国重工业建设中首批竣工投入生产的重要工程，是社会主义工业化起步时具有代表性意义的胜利。我国不仅新建了许多工业企业，而且采用了当时比较先进的苏联的技术装备。比如，机械工业有哈尔滨量具刃具厂、沈阳第一机床厂、长春第一汽车制造厂；电力工业有已建成的富拉尔基热电站、抚顺火力电站及丰满水电站，新建的煤矿矿井等。尤其是机械制造工业有了长足的发展，已经能够生产火车机车、大型机床、电机、现代采煤机械、地质钻探机械等大型设备，并成功制造了第一架飞机（军用）。从 1953 年开始酝酿的第一座横跨长江天堑的武汉长江大桥已正式动工兴建；全长 2255 公里的康藏公路建成通车；兰新铁路黄河大桥建成通车。到 1955 年底，公路建设已提前完成“一五”计划，成为最早完成“一五”计划的部门。

中华人民共和国制造的第一辆解放牌汽车

中华人民共和国制造的第一架喷气式飞机

武汉长江大桥建成

康藏公路建成通车

保驾护航

围绕实现过渡时期的总路线和总任务，大规模经济建设开始后，国家其他方面的建设也亟待相应地发展。尤其是加强政治法律上层建筑领域的建设，以便更好地为建立社会主义经济基础服务。

1952 年秋，鉴于一届政协任期已满，中共中央向全国政协常委会提出召开全国人民代表大会的提议。全国政协常委会举行扩大会议就此交换意见，认为在三年来取得的伟大胜利的基础上，在开始大规模经济建设的同时，召开全国人民代表大会和地方各级人民代表大会，是符合全国人民要求的。为此，中央人民政府决定分别成立以毛泽东为主席的中华人民共和国宪法起草委员会；以周恩来为主席的中华人民共和国选举法起草委员会，领导进行宪法和选举法的起草工作。根据 1953 年 2 月公布的《中华人民共和国选举法》，全国各地经过一年多的紧张工作，在 21 万余个基层选举单位，3.23 亿登记选民中进行了基层选举，共选出基层人民代表大会的代表 566 万余名。接着，县、市、省相继召开人民代表大会，选举产生了 1226 名出席全国人民代表大会的代表。

1954 年 9 月 15 日至 28 日，第一届全国人民代表大会在北京隆重召开。大会的首要任务，是制定国家的根本大法—— 宪法。大会通过了第一部《中华人民共和国宪法》，史称“1954 年宪法”。这部宪法用根本大法的形式，把中国共产党在过渡时期的总路线作为国家在过渡时期的总任务确定下来。坚持社会主义道路和人民民主原则，从此成为中华人民共和国遵循的基本原则。依照宪法规定，全国人民代表大会完全统一地行使最高国家权力，国家行政机关从国务院到地方各级人民委员会，都由全国人民代表大会和地方各级人民代表大会产生，受它们的监督，并可由它们罢免。国家行政机关不能脱离人民代表大会或者违背人民代表大会的意志而进行活动。一切重大问题都应当经过人民代表大会讨论，并作出决定。由此，确立了人民代表大会制为中华人民共和国的根本政治制度。

大会依据宪法和有关组织法，选举和决定了国家领导工作人员。毛泽东当选为中华人民共和国主席，朱德为副主席。刘少奇当选为全国人民代表大会常务委员会委员长，宋庆龄等13人为副委员长。根据中华人民共和国主席毛泽东的提名，大会通过决定以周恩来为国务院总理。根据周恩来的提名，决定任命陈云、林彪、彭德怀、邓小平等10人为国务院副总理。新成立的国务院作为最高国家行政机关，统一领导全国地方各级国家行政机关的工作。

由于全国人民代表大会的召开，中国人民政治协商会议全体会议代行全国人民代表大会职权的任务已经结束。1954年12月，中国人民政治协商会议举行二届一次会议，推举毛泽东为第二届全国政协名誉主席，选举周恩来为主席，宋庆龄等15人为副主席。会议还通过新的《中国人民政治协商会议章程》。人民政协作为全中国人民民主统一战线的组织形式继续存在，体现了中国共产党领导的多党合作和政治协商制度的特点。

《中华人民共和国宪法》的重要内容之一，是确立中国国内各民族之间平等友爱互助的关系，保障各少数民族的自治权利；正式确认民族区域自治是一项国家制度，并把自治地方划为自治区、自治州、自治县三级。内蒙古自治区是最早成立的省级自治区 。1955年10月1日，新疆维吾尔自治区宣告成立。西藏自治区筹备委员会于1956年4月成立。广西壮族自治区和宁夏回族自治区于1958年3月和10月相继成立。这样，到1958年底，在全国15个省、区已建立民族自治地方87个，除省级自治区外，有自治州29个、自治县（旗）54个，包括35个民族成分。实行自治的民族人口，已占全国有条件建立自治地方的少数民族人口的绝大多数。

在国防建设方面，根据中华人民共和国成立后人民解放军的任务已由进行军事战争夺取政权，转变为巩固人民民主专政、防御外敌入侵、保卫社会主义革命和建设、保卫国家安全和领土主权的完整。中共中央、毛泽东提出必须建设一支现代化、正规化的革命军队的新的历史任务。据此，人民解放军通过精简整编，逐步适应大规模经济建设和军队现代化正规化建设的需要，压缩军队定额，减少军费开支，向国家各方面的建设输送了大批骨干力量。为适应现代化战争的要求，人民解放军开始实行由单一兵种向多军兵种的转变，先后组建了空军、海军、防空军、公安军等军种，炮兵、装甲兵、工程兵、铁道兵、通信兵、防化学兵等兵种的领导机关及所属部队，由过去单一步兵组成的军队向诸军兵种合成的军队发展，为实现军队的现代化正规化奠定了基础。在此期间，国家还加强了军事国防工业的建设，1955 年、1956 年中央先后成立了领导航空、导弹、原子能事业的领导机构及研究机构，开始研制发展包括导弹、原子弹在内的尖端武器，提高我国军队的现代化水平。1951 年解放军军事学院的创办以及后勤学院、军事工程学院、政治学院、各军兵种学院的相继建立，形成了比较完整的军队院校体系，培养出大批军事指挥和军事技术人才，对军队现代化、正规化的建设作出了重大贡献。

在实行过渡时期总路线的过程中，发生了高岗、饶漱石分裂党的重大事件。1952 年底至 1953 年初，高岗由中共中央东北局第一书记调任国家计划委员会主席；饶漱石由中共中央华东局第一书记调任中共中央组织部部长。他们到中央工作后，出于个人野心在党的领导层制造分裂，进行阴谋活动。1954 年 2 月，中共七届四中全会揭发批判了高岗、饶漱石的反党分裂活动。1955 年 3 月，中国共产党全国代表会议通过决议，开除高岗、饶漱石的党籍，撤销他们所担任的一切职务。

经济建设高潮的到来，为我国的文化、教育、科学事业的发展提出新的任务和要求。在文艺方面，主要是加强党对文艺创作（包括文学、戏剧、电影、美术、音乐等）的领导，引导作家按照为工农兵服务的政治方向和社会主义现

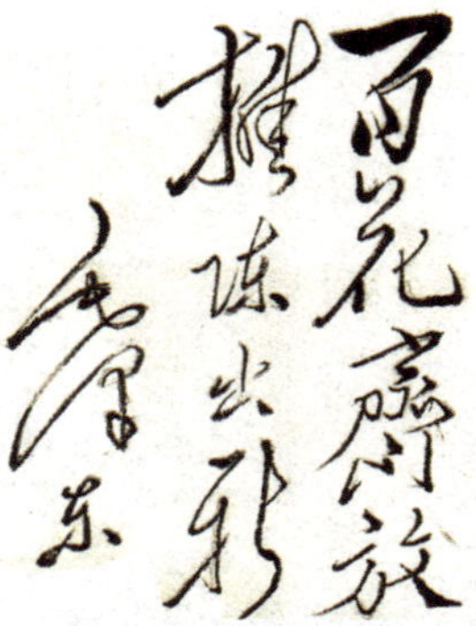

毛泽东同志“百花齐放，推陈出新”手迹（临摹）

实主义的创作原则前进；同时克服在领导创作上的简单行政方式和粗暴态度。在“百花齐放，推陈出新”方针指导下，我国的文化工作出现欣欣向荣的景象。电影《白毛女》、评剧《刘巧儿》、昆曲《十五贯》、小说《暴风骤雨》等许多新创作和改编的优秀文艺作品，深受广大群众的欢迎，丰富了人民的文化生活。

《白毛女》

教育方面，1953 年 1 月，党和政府提出“整顿巩固、重点发展、提高质量、稳步前进”的文教工作方针，强调教育工作的重点是高等教育，中心是培养人才，特别是培养高、中级技术人才，并在全国范围进行了高等学校的院系调整；同时，打好普通教育的基础，整顿巩固中小学，积极做好扫盲工作；注重提高教学质量，给学生以“智、德、体、美”的全面教育。到 1956 年，全国高等学校发展到 194 所，在校学生由 1952 年的 19.1 万人上升到 40.3 万人；各类中

党和政府积极做好扫盲工作

等学校在校学生由1952年的441.7万人上升到763.3万人。普通中小学教育、成人教育和工农群众的业余文化教育事业也都有了很大的发展。

科学工作方面，中共中央强调：我国科学基础薄弱，而科学研究干部的成长和科学研究经验的积累，都需要相当长的时期，必须发愤努力急起直追，否则就会由于科学落后而阻碍国家建设事业的发展；科学家是国家和社会的宝贵财富，必须重视和尊敬他们，争取和团结一切科学家为人民服务；大力培养新生的科研力量，扩大科学研究工作的队伍，是发展我国科学研究事业的重要环节。1954年中国科学院成为国务院领导下的国家最高学术机关之后，实行组织形式的调整，于1955年成立了数理化学、生物学地学、技术科学、哲学社会科学四个学科性的学部，逐渐形成全国科学研究体系，为全面发展科学事业，制定科学长远规划奠定了基础。

在推动文化建设高潮的同时，党在思想文化领域领导进行了宣传历史唯物主义、反对资产阶级唯心主义思想的斗争。继1951年批判电影《武训传》后，1954年至1955年，在毛泽东的支持下，先后进行了对古典文学名著《红楼梦》研究中唯心观点的批判；在整个文学艺术界，直到哲学、历史学、教育学、政治学、心理学等诸多领域对胡适派唯心论思想的批判，对胡风文艺思想的批判等。由于过分强调思想文化领域的阶级斗争，对胡风文艺思想的批判，后来演变为揭露“胡风反革命集团”的斗争，胡风本人被逮捕遭长期监禁，同他有联系的一批文艺工作者也被株连受到不公正处理，造成错案，直到党的十一届三中全会后的 80 年代才得到全面平反。

为了给我国开始的大规模经济建设创造良好的国际和平环境，朝鲜战争结束后，中国政府在外交方面展开了积极的活动和斗争。1954 年 4 月，美、苏、英、法、中及其他有关国家在日内瓦召开外长会议，讨论朝鲜问题和印度支那问题。这是中华人民共和国首次以五大国之一的地位和身份参加讨论重大国际问题，也是第一次尝试通过大型国际会议和平解决国际争端。会议期间，周恩来率领的中国代表团展开了积极的外交活动。虽然由于美国的阻挠，会议未能就政治解决朝鲜问题达成协议，但达成了恢复印度支那和平协议，迫使法国从印度支那三国撤军。通过这次会议，中国巩固了南部边陲的安全，扩大了国际和平统一战线，为国内建设创造了有利的周边环境。

1953 年 12 月 31 日，周恩来在北京接见印度谈判代表团时，首次系统地提出了和平共处五项原则，其内容是：互相尊重主权和领土完整、互不侵犯、

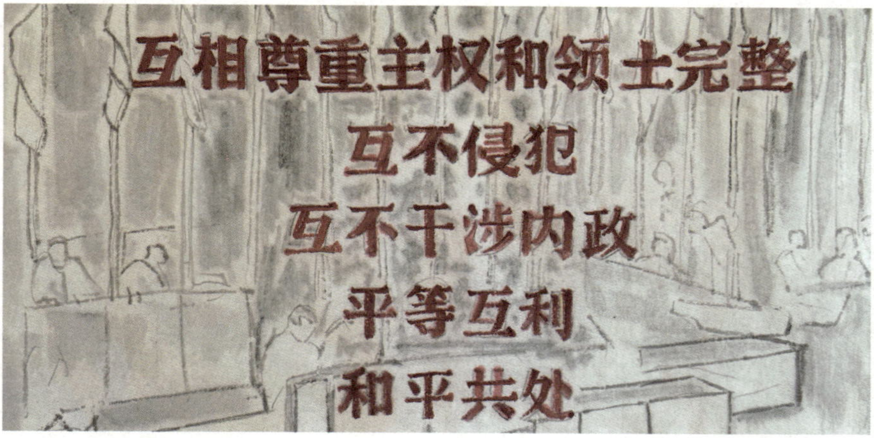

和平共处五项原则

互不干涉内政、平等互利、和平共处。1954 年 6 月，周恩来分别与印度和缅甸两国总理发表联合声明，一致同意以和平共处五项原则作为指导相互关系的基本原则，并倡议将和平共处五项原则作为处理国际关系的准则，在世界上产生了广泛而深远的影响。

1954 年 4 月 18 日，有共同遭遇的亚非 29 个国家的政府首脑第一次在印度尼西亚万隆举行大型国际性会议（即亚非会议，也称万隆会议）。周恩来率领中国代表团出席了会议。面对帝国主义对会议的破坏阴谋以及与会各国之间矛盾分歧错综复杂的情况，周恩来鲜明地提出“求同存异”方针，为大会的圆满成功作出了巨大贡献。通过万隆会议，中国打开了与亚非国家广泛交往的大门。

亚非会议后，中华人民共和国迎来以亚非拉美新兴民族国家为主要对象的第二次建交高潮，尼泊尔、埃及、叙利亚、也门、锡兰、柬埔寨、伊拉克、阿尔及利亚、苏丹和几内亚等一批国家相继与中国建交。

三大改造

1953年，伴随大规模经济建设的展开，国家对农业、手工业和资本主义工商业的社会主义改造，也迈开了步伐。

在农业社会主义改造方面，中共中央于1951年9月制定了《关于农业生产互助合作的决议（草案）》。决议草案提出：要重视农民在土地改革基础上发扬起来的个体经济和劳动互助两种生产积极性；批评了农业互助合作问题上存在的消极态度和急躁态度这两种错误倾向，要求根据生产发展的需要和可能，引导个体农民沿着互助合作的道路前进。这个决议草案经过一年多的试行，于1953年2月由中共中央作为正式决议下达。

由于工业建设的全面铺开，从1952年下半年起，全国粮食购销开始呈现出紧张形势。1953年，粮食紧张情况有增无减，哄抬物价的风潮随时可能发生。面对这种严峻情况，1953年10月，中共中央紧急作出一项重大决策：计划收购，计划供应，由国家严格控制粮食市场和中央对粮食实行统一管理（即"统购统销"）。11月，政务院下达《关于实行粮食的计划收购和计划供应的命令》。统购统销政策的实行，很快缓解了粮食供求紧张的矛盾，但不能根本改变农业生产落后于工业发展的状况。中央认为，解决粮食紧张的根本出路在于依靠农业合作化并在此基础上适当进行技术改革。

为进一步推动农业合作化运动的发展，1953年12月中央又公布了《关于发展农业生产合作社的决议》，把逐步实行农业合作化作为农村工作中最根本的任务，要求把发展初级社作为领导互助合作运动继续前进的重要环节。

农业合作化运动

1954年底，全国互助组增加到近1000万个，初级社增加到48万个，参加互助合作的农户增加到7000万户，占全国农户总数的60.3%。

粮食统购统销以后，跟着实行油料的统购和食油的统销，1954年又实行棉花的统购和棉布的统购统销。统购统销政策与农业互助合作相互联系、相互促进，实际上使国家掌握了私营工商业的原料供给和销售市场，从而直接推动了对资本主义工商业的社会主义改造进程。

1953年6月，中央确定经过国家资本主义改造资本主义工商业的方针。在1953年底以前，以加工订货、经销代销为主的初级国家资本主义形式，在私营工商业中已有较大发展。随着粮棉油统购统销制度的实行，从1954年起，国家转入重点发展公私合营这种高级形式的国家资本主义。私营工商业由国家资本主义的低级形式向高级形式的发展，事实上也就是逐步改造其生产关系，使企业逐步走向社会主义的过程。1954年到1955年，扩展公私合营的工作取得很大进展，公私合营企业数量不断增加。1954年12月，中央提出统筹兼顾、归口安排、按行业改造的方针。1955年，北京、上海、天津等地一部分行业先后实行了全行业公私合营。

1955 年夏季以后，围绕农业合作化速度问题，中央领导层发生了一场严重的争论。在此之前，整个社会主义改造总的来说是按计划、有步骤地稳步前进的，争论之后，社会主义改造的步伐猛烈地加快了。7 月 31 日至 8 月 1 日，省、市、自治区党委书记会议在北京举行，毛泽东在会上作了《关于农业合作化问题》的报告。报告严厉批评了邓子恢和他领导的中央农村工作部的所谓“右的错误”，认为“在全国农村中，新的社会主义群众运动的高潮就要到来”，而我们的某些同志却落后于群众，“象一个小脚女人，东摇西摆地在那里走路”，对合作化运动有“过多的评头品足，不适当的埋怨，无穷的忧虑，数不尽的清规和戒律”，这是“错误的方针”。报告强调农村中“将出现一个全国性的社会主义改造的高潮”，为此，必须实行“全面规划，加强领导”的方针。这次会议定下了加快农业合作化步伐的基调，助长了在农业合作化问题上的急躁冒进情绪，成为农业社会主义改造进程的一个转折点。

同年 10 月，中共七届六中全会（扩大）在北京举行。全会根据毛泽东《关于农业合作化问题》的报告，讨论和通过了《关于农业合作化问题的决议》。《决议》把邓子恢和中央农村工作部的“错误”性质进一步升级，确定为“右倾机会主义”；并对不同地区规定了合作化的进度，绝大部分地区都规定了很高的指标。六中全会结束后，各地再次修订加快合作化步伐的规划，使合作化运动形成异常迅猛的发展浪潮。到 12 月下旬，全国已有 60% 以上的农户加入了合作社。这时，毛泽东主持编选的《中国农村的社会主义高潮》一书出版。他为这本书写了序言和 104 条按语，主导思想是“批右”，不仅对合作化运动中的所谓“右倾机会主义”给予更尖锐的批评，而且认为在其他许多方面的工作中也有“右倾保守思想”在“作怪”。由于激烈批判“右倾”所形成的政治压力，以及一再提出超前的发展计划，农业合作化运动像海啸一般席卷中国大地。

1956 年 1 月，入社农户由上年 6 月占全国总农户的 14.2%，猛增到 80.3%，基本上实现了初级社化。6 月，毛泽东以国家主席名义公布《高级农业生产合作社示范章程》，刚刚建立的初级社随之向高级社转变，各地并社升级的浪潮愈发不可遏制，许多单干农民直接参加高级社，被喻为“一步登天”。到1956年底，加入合作社的农户已达全国总农户的96.3%，其中入高级社的农户占87.8%。在短短几个月的群众运动高潮中，骤然完成由半社会主义合作社到全社会主义合作社的转变，全国基本上实现了高级社化。

在农业合作化运动迅猛发展的推动下，资本主义工商业全行业公私合营的浪潮也很快席卷全国。1956年1月底，全国50多个大中城市相继宣布实现全市的全行业公私合营；当年底，全国私营工业户数的99%，私营商业户数的82.2%，分别纳入了公私合营或合作社的轨道。原定用三个五年计划基本完成资本主义工商业社会主义改造的计划一再提前，结果在1956年内就实现了。

手工业的合作化，在总路线提出以后采取“积极领导、稳步前进”的方针。组织形式是手工业生产合作小组、手工业供销合作社和手工业生产合作社，步骤是从供销入手，由小到大，由低到高，逐步实行社会主义改造和生产改造。农业合作化的猛烈发展，也影响了手工业的合作化速度。1955年底中央提出要求：在两年内基本完成手工业合作化。实际上，到1956年底，参加合作社的手工业人员已占全体手工业人员的91.7%。

由于在指导思想上急于求成，1955年夏季以后的社会主义改造出现了要求过急，改变过快，工作过于粗糙，组织形式过于单一等偏差。中央针对这些问题采取了一些补救措施，提出“大部不变、小部调整”的方针，要求纠正公私合营的面过宽、合并改组过多；手工业盲目集中生产、统一经营；农业合作社并社升级过快、入社的生产资料作价不合理等缺点，使改造高潮中的紊乱状况得到一定程度的缓解。

1956年社会主义改造的基本完成，在中国实现了生产资料所有制的深刻变革。农民、手工业者个人所有的小私有制，基本上转变为劳动群众集体所有制；资本家所有的资本主义私有制，基本上转变为国家所有制即全民所有制。在整个国民经济中，全民所有制和劳动群众集体所有制这两种社会主义公有制形式，已占居绝对优势地位。尽管改造后期实际工作中出现了一些偏差，但从改造的方向和全过程来看，基本上是符合我国工业化初期经济发展的客观需要的，在我国实现对农业、手工业、资本主义工商业的社会主义改造，可以说是一件有伟大历史意义的事情。

伴随着社会主义经济基础的建立，我国人民民主专政的国家制度也逐步健全起来。社会主义改造在新的基础上巩固了工农联盟以及工人阶级同其他劳动人民的联盟。普选的人民代表大会制在全国的实行，共产党领导的多党合作的政治协商制度的发展，为进一步建立健全社会主义民主与法制开辟了道路。以社会主义工业化建设为中心，国家在科学、教育、文化和国防建设等方面都取得显著的成绩。马克思主义在意识形态领域指导地位的确立，促使社会主义的思想意识和社会道德规范在人民中间逐渐树立起来。鉴于此，中国共产党在 1956 年确认：社会主义的制度在我国已经基本建立起来了。社会主义基本制度的建立，为我国今后的一切进步和发展奠定了最重要的基础。

从社会历史发展的总进程看，我国在 1956 年只是进入了很不成熟的社会主义，即社会主义初级阶段的开始。中国还要经历一个继续实现国家工业化和生产的商品化、社会化、现代化的相当长的历史阶段，即社会主义初级阶段，才能把我国建设成为伟大的社会主义强国。在这个长的历史过程中，还会有原来根本没有遇到过的艰难和曲折，还需要党和人民付出巨大的努力。

私营工商户实现公私合营

探索中国社会主义道路

良好开端

1956.4.25 毛泽东在中央政治局扩大会议上作《论十大关系》的报告

1956.9.15-27 党的八大召开，正确分析了国内形势和国内主要矛盾的变化

1957.2 毛泽东发表《关于正确处理人民内部矛盾的问题》的讲话

1957年底 『一五』计划各项指标大幅度地超额完成，取得令人瞩目的成就

一波三折

1957.4.27 党中央作出《关于整风运动的指示》

1958.5 党的八大二次会议召开，通过了『鼓足干劲，力争上游，多快好省地建设社会主义』的总路线

1959.7 党中央在庐山召开政治局扩大会议，会议由初期纠『左』转而反右

全面调整

- **1960.11** 党中央发出紧急指示信，要求全党用最大努力来纠正『共产风』
- **1961.1** 召开八届九中全会，决定对国民经济实行『调整、巩固、充实、提高』的八字方针
- **1962.1.11-2.7** 『七千人大会』召开
- **1962.8** 全国已有六百多万党员、干部和群众得到平反

两个趋向

- **1963.2** 党中央决定在全国城乡发动一次普遍的社会主义教育运动，开展大规模的阶级斗争
- **1964.7-1965.4** 文艺界开展范围更大的整风
- **1964.12.20-1965.1.4** 三届全国人大一次会议上召开，宣布调整国民经济的任务已经基本完成

严重曲折

- **1966.5.4-26** 中央政治局扩大会议召开，是『文革』正式发动的标志
- **1976** 周恩来、毛泽东等党和国家领导人相继逝世
- **1976.10** 中央政治局果断采取措施，一举粉碎『四人帮』

良好开端

中国是在国际形势发生重大变化的情况下进入社会主义初级阶段的。

在1956年2月召开的苏联共产党第二十次代表大会上，赫鲁晓夫作了题为《关于个人崇拜及其后果》的秘密报告，尖锐地揭露了斯大林在领导苏联社会主义建设中的严重错误。这个报告在社会主义阵营和国际共产主义运动内部引起极大震动。

中共中央政治局、书记处多次开会研究苏共二十大及其影响，并将讨论结果以人民日报编辑部的名义发表《关于无产阶级专政的历史经验》的文章。毛泽东指出，赫鲁晓夫的报告一是揭了盖子，二是捅了娄子。它一方面表明苏联、苏共、斯大林并不都是一切正确，这就破除了迷信，不要再硬搬苏联的一切了，有利于反对教条主义；另一方面报告无论在内容上和方法上都有严重错误。

在批评苏共领导全盘否定斯大林的错误，肯定斯大林"功大于过"的同时，毛泽东着重指出，对于苏共二十大，重要的问题在于我们从中得到什么教益。最重要的是要独立思考，把马克思主义的基本原理同中国革命和建设的具体实际相结合。民主革命时期我们在吃了大亏之后才成功地实现了这种结合，取得了中国新民主主义革命的胜利。现在是社会主义革命和建设时期，我们要进行第二次结合，找出在中国怎样建设社会主义的道路。

就在这一年，中国共产党开始了对中国自己建设社会主义道路的探索。1956年2月中旬至4月下旬，毛泽东等中央领导人分别听取党中央和国务院34个部门关于工业生产和整个经济工作的汇报。4月25日，毛泽东在中央政治局扩大会议上作《论十大关系》的报告，经过讨论后得到政治局的赞同。5月2日他又在最高国务会议上作报告。报告提出了一个基本方针，即把国内外一切积极因素调动起来，为社会主义事业服务。它所论述的十大问题（即十大关系），一方面是从总结我国经验、研究我国的实践提出来的；另一方面，是借鉴苏联的经验教训提出来的。鉴于苏联忽视农业、轻工业，片面注重重工业，造成农、轻、重发展不平衡的教训，报告提出今后我国应该适当调整，更多地发展农业、轻工业，更多地利用和发展沿海工业，降低军政费用的比重，多搞经济建设。报告还论述了国家、生产单位和生产者个人的关系，中央和地方的关系，开始涉及经济体制的改革。报告同时阐述了汉族和少数民族、党和非党、革命和反革命、是非及中国和外国等方面的关系。这样就初步提出了中国社会主义经济、政治建设的若干新方针。

这一年1月，党中央还召开了关于知识分子问题会议，周恩来代表党中央肯定我国知识界的面貌已经发生根本改变，绝大部分已经成为工人阶级的一部分。会议分析世界科学技术发展的形势，号召全党努力学习科学技术知识，提出了“向现代科学进军”的任务。中央政治局扩大会议在讨论《论十大关系》报告时，又针对我国科学文化领域受苏联学术批评中粗暴作风和教条主义的影响，把毛泽东提出的“百花齐放，百家争鸣”作为发展科学和文化的基本方针。党在知识分子问题和发展科学文化上作出的这些决策，初步提出了中国社会主义文化建设的若干新方针。

在前一阶段探索的基础上，9月15日至27日，党召开了第八次全国代表大会。大会正确分析了国内形势和国内主要矛盾的变化，强调在社会主义改造基本完成的情况下，国家的主要任务是在新的生产关系下保护和发展生产力，全党要集中力量发展生产力。大会确定了经济、政治、文化、外交和党的建设等方面的方针。在党的建设方面，强调坚持集体领导原则，健全党的民主集中制，发展党内民主，反对个人崇拜。大会选出了新的中央委员会，随后又选出了新的中央领导机构。毛泽东为中央委员会主席，刘少奇、周恩来、朱德、陈云为副主席，邓小平为总书记。毛泽东会前就提出准备适当时候不再当党的主席，可以当名誉主席，还提出他不再担任下一届国家主席，并建议修改宪法，规定国家主席、副主席连选只得连任一届。这是酝酿废除领导职务终身制的很有意义的一个设想。

八大之后，党沿着八大确定的正确方向继续探索。这主要集中在两个问题上：一个是按照八大的方针，调整若干方面的经济关系和编制1957年建设计划；另一个是准备全党整风，正确处理日渐突出的人民内部矛盾。

按照“三个主体，三个补充”的方针，八大以后调整经济关系有了初步进展，并产生了一些新思路。1956年秋冬，自由市场渐又活跃，个体工商户明显增长，其中还出现了较大的手工业和手工工场，人们称之为“地下工厂”，也出现了“地下商店”。对社会主义改造后出现的这种情况，党中央领导人提出了十分开明的主张。1956年12月毛泽东同全国工商联负责人和中央统战部负责人谈话，认为地下工厂要使它成为地上、合法化。只要有市场、有原料，这样的工厂还可以增加。毛泽东甚至说，可以消灭了资本主义，又搞资本主义。刘少奇、周恩来等也表示，在社会主义建设中搞一点私营的，活一点有好处。同八大相比，这些思路又有新的发展，即不仅允许一定数量的个体经营作为补充，而且允许一定限度的私人资本主义经营存在和发展，使之在国家领导下作为社会主义经济主体的补充。

党中央还开始酝酿经济管理体制的改革。1956年10月，中共中央、国务院发出有关改进国家行政体制的文件草案，要求各地讨论。以陈云为组长的中央经济工作小组，着手拟定这一方面改革的方案。这一改革的主要精神是改变权力过多集中于中央而地方和企业权力太少的状况，重新划分中央、地方和企业的权限，下放一部分权力给地方和企业。中央设想的改革涉及计划、财政、基本建设到工业、运输、邮电等十八个方面，先从工业、商业、财政三个方面展开。1957年9月，党的八届三中全会通过改进工业、商业、财政管理体制的规定。这三个文件是对党的八大关于经济体制改革思想的具体化。

八大以后，党在指导编制第二个五年计划的过程中，坚持八大肯定的既反保守又反冒进的经济建设方针，注意继续解决前一阶段得到初步遏止的急躁冒进问题。在1956年11月召开的党的八届二中全会上，刘少奇、周恩来等强调应当把工业建设的速度放在稳妥可靠的基础上，1957年的计划应当是在继续前进的基础上"保证重点，适当收缩"。在这个方针指导下，陈云主持制定1957年国民经济计划，压缩了基本建设投资规模。经过全党和全国人民的努力，到1957年底，第一个五年计划的各项指标都大幅度地超额完成，取得令人瞩目的成就。

党在探索经济体制改革和经济建设方针的同时，根据八大的精神，针对党内存在的主观主义、官僚主义和宗派主义的思想作风，准备全党整风。

1957年2月，毛泽东在最高国务会议第十一次（扩大）会议上发表《关于正确处理人民内部矛盾的问题》的讲话。他特别分析了社会主义社会存在着敌我之间和人民内部两类性质根本不同的矛盾，指出前者需要用强制的、专政的方法去解决，后者只能用民主的、说服教育的、"团结——批评——团结"的方法去解决，决不能用解决敌我矛盾的方法去解决人民内部的矛盾。这表明党把正确处理人民内部矛盾作为国家政治生活的主题，并且从理论上提出了社会主义社会矛盾的新学说。这个学说发展了马克思主义的科学社会主义理论，是党和毛泽东探索社会主义政治建设的一个重要的理论和思想成果。

从1956年到1957年春，党对中国自己的建设社会主义道路作了多方面探索。这些探索虽然是初步的，但却是整个探索过程的一个良好开端。

一波三折

毛泽东的《关于正确处理人民内部矛盾的问题》的讲话及不久以后他在全国宣传工作会议上的讲话，很快在广大干部和知识分子中作了传达，引起热烈反响。在传达和讨论这两篇讲话的过程中，党实际上已经开始进行整风。1957年4月27日，党中央作出《关于整风运动的指示》。这次整风运动采取"开门”的形式，既在党内开展批评与自我批评，也欢迎党外人士参加，对党和政府及党员、干部工作中的缺点错误予以批评。党中央特别重视邀请党外人士帮助共产党整风，专门发出了指示。从中央到地方和各个单位的党组织纷纷召开各种座谈会，听取党外人士意见。

随着整风运动的迅猛展开，广大党外人士提出许多批评意见，同时也出现了一些复杂情况，不少意见涉及对共产党的领导、社会主义制度、中华人民共和国成立以来历次政治运动的根本评价。原来主要从人民内部矛盾的角度来观察国内政治形势和思想动向的毛泽东，开始更多地从阶级斗争的角度来看待整风中提出的意见。5月中旬，他写了一篇题为《事情正在起变化》的文章，印发党内高级干部。文章认为当时的形势已经是“右派猖狂进攻”，但他们还没有达到顶点，还要让他们猖狂一个时期。这表明党中央的指导思想发生了变化，运动的主题由正确处理人民内部矛盾转向对敌斗争，由党内整风转向反击右派。

6月8日，《人民日报》发表社论《这是为什么》，指出少数右派分子想推翻共产党的领导，推翻社会主义制度，广大的人民是决不许可的。同一天，党中央作出《组织力量反击右派分子的猖狂进攻》的党内指示，对反击右派作出进一步安排。以此为标志，一场群众性急风暴雨式的反右派斗争在全国正式开展起来。反右派斗争运用了大鸣、大放、大字报、大辩论的方法，战场被认为既在党外，也在党内，而民主党派和知识分子集中的教育界、文艺界、新闻界、工商界、科技界被当做主战场。

随着反右派斗争的全面展开以及此前社会主义改造的基本完成，党中央认为，经济战线上和政治思想战线上的社会主义革命都已经取得了伟大胜利，广大人民群众热情高涨，经济建设应当搞得更快一些。1957年九十月间党召开八届三中全会。毛泽东在会上批评经济工作中的反冒进。他联系反右派斗争，认为反冒进给右派进攻提供了口实，整风反右把劲鼓起来了。会后，党中央公布了全会通过的1956年至1967年“全国农业发展纲要”，要求全民讨论，掀起一个生产高潮。10月27日《人民日报》为此发表社论，要求农业和农村工作“实现一个巨大的跃进”，在党中央机关报上提出了“大跃进”的口号。各地区、各部门纷纷召开会议，批判“右倾保守”思想，制定跃进计划。11月，在莫斯科举行各国共产党和工人党代表会议，毛泽东率领中共代表团参加。在苏联提出在主要工业产品产量方面15年赶超美国之后，毛泽东在会上提出了15年赶超英国的目标。12月刘少奇代表党中央向中国工会八大致辞，公开宣布了这个目标。这年冬季，各地批判右倾保守思想，掀起以兴修水利、养猪积肥和改良土壤为中心的农业生产高潮，揭开了“大跃进”的序幕。

为了进一步发动“大跃进”，1958年1月和3月，毛泽东先后在杭州、南宁和成都召开中央会议，更加严厉地批判反冒进，说反冒进是泄了六亿人民的气，犯了政治方向的错误。毛泽东还号召破除迷信，独立思考，反对教条主义，探索中国自己的建设路线。

1958年5月，在北京召开党的八大二次会议。会议根据毛泽东的倡议，通过了“鼓足干劲，力争上游，多快好省地建设社会主义”的总路线。这条总路线忽视了客观的经济发展规律，夸大了主观意志和主观努力的作用。会议通过的“二五”计划指标，比八大一次会议建议的指标，工业方面普遍提高一倍，农业方面提高20%－50%。

八大二次会议后，“大跃进”运动全面展开起来，主要标志是片面追求工农业生产和建设的高速度，不断大幅度提高和修改计划指标。农业提出“以粮为纲”的口号，要求五年、三年以至一两年达到十二年农业发展纲要规定的粮食指标。工业提出“以钢为纲”的口号，要求七年、五年以至三年内实现原定十五年钢产量赶上和超过英国的目标。高指标带来高估产。1958年夏收期间，各地兴起虚报产量、竞放高产“卫星”的浪潮。报刊舆论大加宣扬，亩产几千斤到十几万斤的消息层出不穷，还有“人有多大胆，地有多大产”的口号。文化、教育、体育、卫生、科技等各个方面也纷纷制定跃进计划，投入“大跃进”浪潮。

生产建设上的高指标和浮夸风，推动着生产关系急于向更高一级形式过渡，认为农业合作社的规模越大，公有化程度越高，就越能促进生产发展。1958 年 4 月，党中央发出把小型农业社并为大社的意见，各地办了一些大社。七八月间，报刊公开宣传毛泽东关于把工、农、商、学、兵组成为一个大公社的思想。河南、山东等地闻风而动，开始在农村建立人民公社。

1958 年秋冬，“大跃进”和人民公社化运动的消极后果已经凸显出来。党中央和毛泽东觉察经济生活出了不少乱子，开始通过调查研究努力加以解决。1958 年 11 月至 12 月，党中央先后在郑州、武昌召开工作会议、政治局扩大会议和八届六中全会。毛泽东强调需要让大家冷静下来，联系中国社会主义经济革命和经济建设，去读一些马克思主义的理论著作。党的八届六中全会通过的关于人民公社的决议强调指出不能混淆集体所有制和全民所有制的界限，不能混淆社会主义和共产主义的界限，人民公社目前基本上仍然是集体所有制；决议还强调今后一个时期内，商品生产和商品交换必须有一个很大的发展。

党的八届六中全会后，各地普遍对人民公社进行整顿。1959 年二三月间，党中央在郑州召开政治局扩大会议，根据前段整顿公社中提出的问题，从公社内部所有制分级的问题入手，进一步纠正“共产风”。会议根据毛泽东的提议，形成十四句话作为整顿公社的方针：“统一领导，队为基础；分级管理，权力下放；三级核算，各计盈亏；分配计划，由社决定；适当积累，合理调剂；物资劳动，等价交换；按劳分配，承认差别。”各省市区分别召开五级或六级干部会，落实会议精神。在贯彻会议精神的过程中，党中央又根据社员群众的要求，把以公社为基本核算单位改为以生产队为基本核算单位，把不算旧账的决定改为清算公社成立以来的账目，退赔平调的资金物资。这受到社员群众的极大欢迎。

在解决农村人民公社化运动问题的同时，党中央还注意解决工农业生产高指标的问题。到 1959 年第一季度，高指标引起的比例失调、原材料供应紧张的问题，更加严重地困扰国民经济各行业。4 月，党中央在上海召开八届七中全会，将当年的基建投资再作压缩。此后，党中央、毛泽东决定进一步降低生产高指标，把当年钢产量指标降到1300万吨，大力抓农业生产，恢复社员自留地，允许社员饲养家畜家禽，同时大抓副食品和日用工业品的生产。为了落实上述一系列政策措施，党中央决定于7月在江西庐山召开政治局扩大会议，以很好地总结“大跃进”以来的经验教训，统一思想，提高认识。

从1958年秋冬开始，经过九个月的紧张努力，“共产”风、浮夸风、高指标、强迫命令、瞎指挥得到初步遏止，形势开始向好的方向转变。这一段的初步纠“左”，是全党“从自己的错误中学习”的过程，也是对建设社会主义道路进行一些新的探索的过程，这期间提出的一些正确的理论观点和政策主张具有长远意义。

1959年7月，党中央在庐山召开政治局扩大会议。会议初期是继续纠“左”，但是政治局委员彭德怀在会议期间给毛泽东写了一封信之后，会议由纠“左”转而反右，展开对彭德怀、黄克诚、张闻天、周小舟等人进行批判。根据毛泽东的建议，党又召开八届八中全会，在更大范围内批判彭黄张周。全会决定把彭德怀等人调离国防部、外交部和省委第一书记的岗位，并决定把“反右倾”作为党当前的主要任务。

庐山会议后，全党展开“反右倾”斗争，一大批党员干部遭到错误批判。反右倾斗争使反右派斗争以后阶级斗争扩大化的错误在理论上和实践上进一步升级，并且延伸到党内和党的领导层来，还打断了经济上的纠“左”进程，国民经济比例失调的严重局面继续加剧，农业生产遭到极大破坏，农副产品产量急剧下降。

庐山会议旧址

全面调整

在“大跃进”导致的严重挫折面前，全党和中央逐步清醒起来，决心认真调查研究，纠正错误，调整政策。1961年1月，党中央召开八届九中全会，正式决定从1961年起对国民经济实行“调整、巩固、充实、提高”的八字方针。

政策的调整首先从农村开始。还在八届九中全会前，1960年11月，党中央就发出了关于人民公社当前政策问题的紧急指示信，要求全党用最大努力来纠正“共产”风，重申彻底清理“一平二调”，坚决退赔，加强生产队的基本所有制，实行生产小队的小部分所有制，允许社员经营少量自留地和小规模家庭副业，恢复农村集市。党的八届九中全会上，毛泽东号召大兴调查研究之风，使1961年成为实事求是年、调查研究年。会后，毛泽东、刘少奇、周恩来、朱德、陈云、邓小平等中央领导人带头到地方搞调查研究。各地方和各部门的负责人也纷纷下去搞调查。针对调查中反映出来的最突出的平均主义问题，党中央先后于1961年3月和5月在广州和北京召开工作会议。毛泽东主持制定了《农村人民公社工作条例（草案）》，即“农业六十条”。文件规定，人民公社各级规模不宜过大，以避免在分配上将经济水平不同的社队拉平。党中央将“农业六十条”发给全体农村社员讨论，得到广大基层干部和社员群众的热烈拥护。党中央在充分调查研究的基础上，根据群众要求还取消了公共食堂和供给制，明确将生产队作为人民公社的基本核算单位。“农业六十条”虽然维护了人民公社的框架，但是纠正了公社化以来农村实际工作中的若干突出的错误，解决了当时群众意见最大最紧迫的问题，对于重新调动农民群众的积极性、恢复农业生产发挥了积极作用。

当时粮食供应紧张是城乡经济生活中最为突出的矛盾。党中央采取压缩城镇人口、减少城镇粮食销量的紧急措施，动员城镇人员到农村安置。广大干部、职工和城镇居民顾全大局，体谅国家困难，听从政府安排，纷纷返乡或下乡。到年底，职工比年初减少 820 万，城镇人口减少 1000 万左右。

党的八届九中全会后，党中央还对工业进行了调整。工业调整不仅在计划指标方面，而且在企业秩序方面。针对“大跃进”给企业管理带来的许多混乱现象，党中央制定了《国营工业企业工作条例（草案）》，即“工业七十条”。这个文件不仅恢复了在“大跃进”中被废弛和搞乱了的企业规章制度，而且建立健全了一些以前不曾建立的制度。“工业七十条”的贯彻执行，使企业出现一些新气象。

同经济工作相配合，文化工作的各个领域也开始进行调整。这方面的调整是从制定科学、教育、文艺等方面的工作条例着手的。1961 年到 1962 年春，在党中央领导下，中央有关部门分别制定出“科学十四条”“高教六十条”“文艺八条”等条例。这些条例总结中华人民共和国成立以来特别是“大跃进”以来的经验教训，调整党同知识分子的关系，贯彻落实科学和文化工作中的“百花齐放，百家争鸣”的方针，规定必须保证科研工作的稳定性，学校以教学为主，文艺为政治服务不能理解得过于狭窄。这些条例的贯彻执行，使党同知识分子的紧张关系得到缓解，工作秩序得到恢复，大多数知识分子心情较为舒畅，工作热情重新焕发出来。

经过一年多的调整，三年“大跃进”造成的严重经济困难的局面开始有了转变。1962 年 1 月 11 日至 2 月 7 日，党中央在北京召开扩大的中央工作会议，进一步总结 1958 年“大跃进”以来的经验教训，统一和提高全党的认识，增强团结，动员全党更坚决地执行调整方针，为战胜严重困难而奋斗。参加这次工作会议的有七千余人，通常称“七千人大会”。

刘少奇代表中央作了书面报告和讲话，比较系统地初步总结了“大跃进”

以来经济建设工作的基本经验教训，分析了近几年产生缺点错误的原因。刘少奇特别指出，过去我们经常把缺点错误和成绩，比作一个指头和九个指头的关系，现在恐怕不能到处这样套。从全国讲，恐怕是三个指头和七个指头的关系。有些地区，缺点错误还不止是三个指头，也可能是七个指头。由于工作中的失误，有的地方是“三分天灾，七分人祸”。关于“三面红旗”，我们现在都不取消，继续保持，继续为“三面红旗”而奋斗。现在，有些问题还看得不那么清楚。但是经过五年、十年以后，再来总结经验，那时就可以进一步地作出结论。

中央几位主要领导人在会上讲了话。1月30日，毛泽东在大会上发表讲话，中心是讲民主集中制，强调不论党内党外都要有充分的民主生活，让群众讲话，并作了自我批评。他还强调，在社会主义建设上，我们还有很大的盲目性。社会主义经济对我们来说，还有许多未被认识的必然王国。今后要下苦功夫调查它，研究它，在实践中逐步地加深对它的认识，弄清楚它的规律。邓小平、周恩来在大会上讲话，分别代表中央书记处和国务院作了自我批评。

中央领导人带头认真总结几年来的经验教训，尤其是带头对几年来发生的问题作自我批评，使与会者解除了不少顾虑，勇于当面提出批评意见。一些省的分组讨论中，与会者面对面地向省委主要负责人提出了尖锐的批评，畅所欲言，直抒己见；而不少被批评者也坦诚接受，恳切道歉，真诚作自我批评，一时间洋溢着几年来少见的宽松气氛。

七千人大会取得了在当时的历史条件下所能取得的重要成果。会议发扬党内民主，实质上是党内关系的一次调整。七千人大会后，经济的调整和政治关系的调整都有新的进展，在某些方面还从上到下进行了大胆探索。

七千人大会估计，经济上最困难的时期已经渡过。会后党中央首先从财政赤字和通货膨胀方面发现对困难仍然估计不足。1962年2月和5月，中央政治局常委两次召开扩大会议，认为现在处于“非常时期”，如不采取果断措施，国民经济将进一步恶化。陈云讲了系统的意见，主张国民经济安排一个恢复阶段，从1960年算起大约要五年。他提出恢复阶段的任务是克服困难，恢复农业，恢复工业，争取财政经济状况的根本好转，还要大规模减少城市人口，争取一切办法制止通货膨胀。陈云的意见得到党中央赞同。

在实行调整的岁月里，虽然面临严重困难，但是领袖和人民、干部与群众休戚与共。毛泽东、刘少奇、周恩来等领导人以身作则，节衣缩食。经过全国人民的艰苦奋斗，调整工作到1962年底取得明显成效，农业生产开始回升，粮食总产量和农业总产值均比上年增加，结束了连续三年下降的局面。当年财政收支平衡，并有结余，结束了连续四年赤字的状况。市场商品供应方面有所缓和，城乡人民生活开始略有上升。

随着国民经济调整的深入，党对知识分子政策作了进一步调整。1962年二三月间，在全国科技工作会议和全国话剧、歌剧、儿童剧创作座谈会上，周恩来毅然从实质上恢复了1956年知识分子会议上党对我国知识分子状况所作的基本估计，肯定知识分子的大多数已经属于劳动人民的知识分子。陈毅讲话宣布给广大知识分子"脱帽加冕"。随后周恩来又在全国人大二届三次会议作政府工作报告，重申了这一论断。这一报告是经党中央批准的。广大知识分子感到心情更加舒畅。

党中央对在政治运动当中受到伤害的党外人士进行了甄别平反，并接续1959年就已开始的摘掉"右派分子"帽子的工作，到1962年大部分被划为"右派分子"的人都已摘去帽子。七千人大会后，党中央加快对几年来在"反右倾"运动中受过批判和处分的党员、干部的甄别平反工作，对全国县以下的干部来一个一揽子解决，对过去搞错了的干部统统平反，除个别有严重问题外，都不留"尾巴"。到1962年8月，全国有600多万党员、干部和群众得到平反。

在调整经济、克服困难的过程中，人民群众自身也寻找多种途径渡过难关。其中最为突出的是农业生产责任制的出现和推行。1961年，安徽省委主张对这种责任制加以支持和引导，在保证土地等生产资料集体所有和生产计划等几个"统一"的条件下，实行"定产到田，责任到人"的制度。除了安徽以外，甘肃、浙江、四川、广西、福建、贵州、广东、湖南、河北、辽宁、吉林、黑龙江等省区也都实行了各种形式的生产责任制。凡是实行了包产到户的地方，效果大都较好，很受基层干部和群众拥护。

两个趋向

经过七千人大会后半年多时间的进一步调整，国内形势逐步好转。但是党的指导思想的“左”倾错误并没有从根本上纠正，对形势和政策的许多看法在党内尤其是党的领导层中实际上还存在分歧。在严重的困难面前，这些矛盾和分歧暂时潜伏下来。形势逐步好转以后，随着国内政策调整的进一步深入，再加上当时中苏争论的进一步激化，以及与部分周边国家和地区的紧张关系加剧，党内对形势估量和工作指导上的分歧又逐渐发展起来。党对中国自己的建设社会主义道路探索的进程，又发生了新的波折。

1962 年七八月间党中央在北戴河召开工作会议。会议原定议题是讨论农业、粮食、商业和工业支援农业等问题。会议一开始，毛泽东就提出阶级、形势、矛盾问题，于是会议的重点就转为讨论阶级斗争问题。9 月，党中央又召开八届十中全会。这两次会议上，毛泽东多次讲话，他把党内一些认识上的分歧，当作阶级斗争的反映，把他所不同意而实际上是符合客观实际情况的一些意见，看成是右倾机会主义即修正主义的表现，把当时对严重困难形势的冷静估计和把困难估计够的要求斥之为“黑暗风”，把当时各地出现的“包产到户”和党内邓子恢等人对“包产到户”的支持斥之为“单干风”，把彭德怀向中央递交的长篇申诉书斥之为“翻案风”。毛泽东联系对苏联赫鲁晓夫观点的批评和对国内形势的观察，反复地提出阶级、矛盾和阶级斗争问题，强调无产阶级和资产阶级之间的阶级斗争，社会主义和资本主义这两条道路的斗争，存在于由资本主义过渡到共产主义的整个历史时期，阶级斗争和资本主义复辟的危险性问题，我们从现在起，必须年年讲、月月讲。党的八届十中全会上，毛泽东把社会主义社会中一定范围内存在的阶级斗争扩大化和绝对化，发展了他在 1957 年反右派斗争以后提出的无产阶级同资产阶级的矛盾仍然是我国社会的主要矛盾的观点。这标志着在阶级斗争问题上的“左”的观点进一步系统化，为党在这个问题上“左”倾错误的再度发展，作了理论准备。会议按照毛泽东对形势的估计和定下的基调，错误地开展了对所谓“黑暗风”、“单干风”和“翻案风”的批判。

党的八届十中全会后，1963 年 2 月党中央在北京召开工作会议，决定在全国城乡发动一次普遍的社会主义教育运动，开展大规模的阶级斗争。5 月，毛泽东在杭州召开会议，讨论和制定了《关于目前农村工作中若干问题的决定（草案）》。这个决定草案共十条，它与同年 9 月中央工作会议制定的《关于农村社会主义教育运动中一些具体政策的规定（草案）》（内容亦有十条），后来被分别简称为“前十条”和“后十条”。“前十条”对我国国内政治形势作了过分严重的估计，认为我国已经出现严重的尖锐的阶级斗争的情况。“后十条”在充分肯定“前十条”关于阶级斗争形势和社教运动性质的论断的基础上，进一步提出了运动要“以阶级斗争为纲”的方针。此后，社教运动经过试点，在全国较大范围内开展起来。

1964 年五六月间，毛泽东、刘少奇对整个国内政治形势作出了更为严重的估计，认为全国有三分之一左右的基层单位，领导权不在我们手里，而在敌人和它的同盟者手里，要求从反修防修和防止世界大战的总体战略来部署工作。9 月中旬，“后十条”修正草案正式下发。“后十条”修正草案对形势作了更加不符合当时我国实际情况的严重估计，认为阶级敌人拉拢腐蚀干部，“建立反革命的两面政权”，是“敌人反对我们的主要形式”；认为“这次运动，是一次比土地改革运动更为广泛、更为复杂、更为深刻的大规模的群众运动”；

规定“整个运动都由工作队领导”，这就把基层组织和基层干部撇在了一边。这是导致社教运动扩大打击面的一个严重步骤。“后十条”修正草案的下发，以及在此前后党中央采取的一系列重大措施，使1964年下半年社教运动的“左”倾错误得到迅速和严重的发展。到1964年下半年，城乡社会主义教育运动严重地混淆两类不同性质的矛盾，打击了许多干部和群众，在相当大的范围内造成了日益紧张的气氛。

1964年12月15日至1965年1月14日，中央政治局在北京召开工作会议，讨论社会主义教育运动中出现的问题，制定一个解决这些问题的文件。在毛泽东主持下，会议制定了《农村社会主义教育运动中目前提出的一些问题》，即“二十三条”。这个文件虽然肯定干部的大多数是好的或比较好的，要尽快解脱他们，但在指导思想上却更加发展了阶级斗争问题上“左”的错误理论。它不但片面强调社教运动的性质是解决社会主义和资本主义的矛盾，而且把解决无产阶级和资产阶级两个阶级的斗争、社会主义和资本主义两条道路的斗争，上升为十几年来党的一条基本理论和基本实践。特别是正式明确地规定运动的重点“是整党内那些走资本主义道路的当权派”。

党的八届十中全会之后，政治上的“左”倾错误进一步发展，但总体上还没有对经济调整工作产生重大干扰。中央一线的领导人的主要精力，还是集中抓经济调整。全党上下仍然在贯彻调整国民经济的八字方针，努力恢复和发展生产。1962年底国民经济出现全面好转的形势后，一种忽视经济生活的严重问题依然存在，要求上基建、上速度的倾向再度抬头。1963年9月党中央召开工作会议，冷静地指出了仍然存在的问题，认为农业生产还没有全面恢复到1957年的水平，整个工业和交通运输业特别是基础工业还很薄弱，在提高质量、增加品种、填平补齐、技术改造、设备更新等方面，还需要进行大量工作，许多企业的经营管理，还要花大力进行整顿，外债还没有全部偿还。会议决定从1963年起，再用三年时间，继续进行调整工作，作为第二个五年计划（1958—1962年）到第三个五年计划（1966—1970年）之间的过渡阶段。

到1965年，调整任务全面完成。全党和全国人民比较圆满地实现了1963年9月中央工作会议所提出的继续调整的目标。工农业总产值超过1957年的水平，工农业生产中农轻重的比例关系实现了在新的基础上的协调发展，国民经济生活中积累与消费的比例关系已基本恢复正常，财政收支平衡，市场稳定，虽然1965年全国人均粮食、食油、棉布的消费量仍略低于1957年，但由于整个经济恢复，国民收入的增长，人民生活水平仍有所改善。1965年，我国提前还清全部外债。

1964年12月20日至1965年1月4日，在三届全国人大一次会议上，周恩来宣布：调整国民经济的任务已经基本完成，工农业生产已经全面高涨，

科研人员庆祝第一颗原子弹爆炸成功

整个国民经济已经全面好转。周恩来提出从1966年开始执行第三个五年计划，全国人民要努力奋斗，把我国逐步建设成为一个具有现代农业、现代工业、现代国防和现代科学技术的社会主义强国。这是第一次在这样庄严的场合郑重地向全国人民提出实现四个现代化的任务。这个宏伟任务由于“文化大革命”的发生而未能按计划付诸实施。

严重曲折

从1966年5月起，开始了为期十年的“文化大革命”时期。这是一个特殊的时期，是一个史无前例的年代，但它从反面为孕育新的历史时期做了各种准备。

“文化大革命”实际上是一场政治运动，之所以叫“文化大革命”，是因为运动从文化领域批判《海瑞罢官》开始点燃导火索的。

1966年5月4日至26日召开的中央政治局扩大会议通过的“五一六通知”要求全党“高举无产阶级文化革命的大旗，彻底揭露那批反党反社会主义的所谓‘学术权威’的资产阶级反动立场，彻底批判学术界、教育界、新闻界、文艺界、出版界的资产阶级反动思想，夺取在这些文化领域中的领导权”。

为了正式制定“文化大革命”的方针和措施，排除在党内遇到的“运动的阻力”，8月1日至12日，毛泽东主持召开党的八届十一中全会。会议期间，毛泽东写了《炮打司令部——我的一张大字报》，矛头直指刘少奇，点明了发动这次“大革命”的主要矛头所向。全会通过的《关于无产阶级文化大革命的决定》，对于运动的对象、依靠力量、方法等根本性问题作出了有严重错误的规定。党的八届十一中全会后，红卫兵组织迅速发展，形成席卷全国的红卫兵运动。红卫兵运动最初是破“四旧”（即所谓旧思想、旧文化、旧风俗、旧习惯），随后发展为“炮打”当地党政领导机关的暴烈行为。

1968 年 10 月 13 日至 31 日，党的八届扩大的十二中全会在北京召开。会议在党内生活极不正常的状况之下，批准了关于刘少奇问题的“审查报告”，给刘少奇加上“叛徒、内奸、工贼”的罪名，作出完全错误的政治结论和“永远开除出党，撤销其党内外一切职务”的决议。这是“文化大革命”中制造的最大一起冤案。

1969 年 4 月 1 日至 24 日，党的九大在北京举行。林彪代表党中央作政治报告。党的九大使“文化大革命”的理论和实践合法化。此后，“斗、批、改”运动在全国展开。

1971 年九一三事件发生后，随着林彪集团的罪行材料陆续发出并逐步传达到基层，全国开展了“批林整风”运动。

在“批林整风”运动中，周恩来把批判林彪反革命集团的罪行和批判极左思潮结合起来，多次提出批判极左思潮的问题。周恩来指出：极左思潮“就是空洞、极端、形式主义、空喊无产阶级政治挂帅”。在毛泽东的支持下，周恩来加快了落实干部政策和知识分子政策的进程，使一大批被打倒的党政军领导干部重新走上重要领导岗位。

针对极左思潮对经济工作的破坏，周恩来指示国务院采取果断措施，对国民经济的若干比例关系进行调整，强调加强统一计划，解决“三个突破”的问题。在工业上，整顿企业管理，反对无政府主义，把产品质量问题放到第一位等，对恢复和发展生产起了推动作用。1970 年至 1973 年，我国进出口总额由 45.9 亿美元上升到 109.8 亿美元，回升之快，为中华人民共和国成立后少见。工业交通、基本建设和科学技术方面取得了一批重要成就，其中包括一些新铁路和南京长江大桥的建成、一些技术先进的大型企业的投产、氢弹实验和人造卫星发射回收的成功、第一艘核潜艇“长征一号”下水、籼型杂交水稻育成和推广等。

南京长江大桥建成

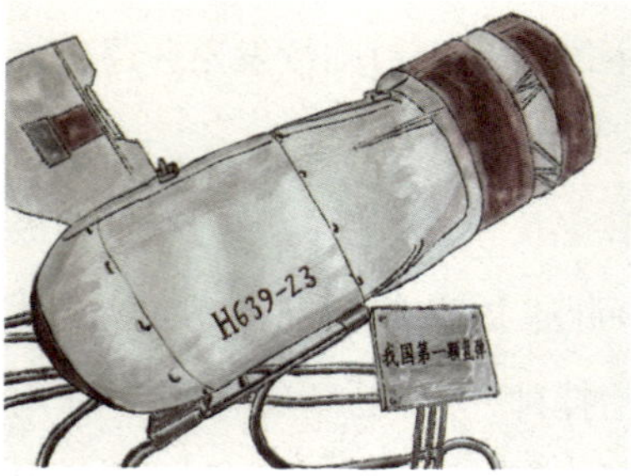

氢弹试验模型

第一颗人造卫星

我国第一艘核潜艇“长征一号”下水

在农村，党中央发出关于农村人民公社分配问题的指示，开始纠正一些“左”的经济政策，重申必须兼顾国家、集体和个人三者利益，坚持按劳分配原则，要求各地不要照搬照抄大寨大队的劳动管理办法和分配办法，而要从实际出发，注意农业的全面发展，不能把政策允许的多种经营和家庭副业当成资本主义的东西加以否定等。

周恩来还抓了落实党的科教、民族、统战等政策的工作，强调认真清理教学和科研工作中的极左思潮，提高基础理论水平，办好综合大学的理科；提倡为革命刻苦钻研业务技术；提高质量，勇敢攻关。在此期间，一度受到严重破坏的民族关系得到初步改善。

林彪事件后产生了一些重大的组织问题，其中最迫切的是修改载有林彪为接班人的党章和选举新的中央委员会，成立新的中央领导机构，党中央决定提前召开十大。1973 年 8 月 24 日至 28 日，党的十大在北京召开。党的十大继续肯定“文化大革命”，肯定“无产阶级专政下继续革命”的学说，坚持“党在整个社会主义历史阶段的基本路线和政策”。

1975 年 1 月 13 日至 17 日，四届全国人大一次会议在北京举行。周恩来在《政府工作报告》中，重新提出在 20 世纪内全面实现农业、工业、国防和科学技术四个现代化的宏伟目标，把全国各族人民的注意力再次引到发展经济、振兴国家的事业上来。

四届人大一次会议闭幕后，病重的周恩来继续住院治疗。邓小平在毛泽东、周恩来的支持下，实际上开始主持中央工作。邓小平提出四化建设是大局的思想和要全面整顿的任务，与“四人帮”批判“唯生产力论”和反对所谓“经验主义”的活动进行了坚决斗争，果断地对被搞乱了的各条战线进行整顿。在经济方面，邓小平首先抓了铁路整顿。经过整顿，到 4 月底，堵塞严重的几个铁路局全部疏通，全国 20 个铁路局中有 19 个超额完成计划。接着，钢铁工业开始了整顿。邓小平强调：把钢铁生产搞上去，最重要的是建立一个坚强的领导班子，坚决同派性作斗争，认真落实政策，建立必要的规章制度。工业交通部门经过几个月的整顿，形势明显好转。科技工作也开始了整顿。文艺领域进行了政策调整。教育战线的整顿也在积极着手。军队整顿，作为各方面整顿中至关重要的一环，继2月取消军委办公会议，成立由叶剑英主持的中央军委常务委员会后，于6月至7月召开中央军委扩大会议。会后，对军队各大单位的领导班子进行了调整，对于抵制"四人帮"夺取军队领导权的阴谋起了重要作用。在整顿的过程中，邓小平领导起草了《关于加快工业发展的若干问题》（简称《工业二十条》）、《关于科技工作的几个问题（汇报提纲）》（后来修改为《科学院工作汇报提纲》）等重要的文件和文章。这些文件和文章针对整个工业和科技领域存在的问题，以实现四个现代化为目标，提出了加快工业和科技发展的一系列措施。这些工作实际上是系统地纠正"文化大革命"的错误，恢复党的正确的和比较正确的方针、政策，开始了当时条件下所能进行的拨乱反正。整顿在短时间内收到显著成效，得到了广大干部和群众的支持。1975年邓小平主持的全面整顿，是"文化大革命"期间代表正确和比较正确的发展趋向的党内力量与"四人帮"的一场重大斗争。经过整顿，一些地区的武斗逐步减少，大部分地区社会秩序趋于稳定，国民经济由停滞、下降迅速转向回升。

1976年1月8日，党和国家的重要领导人周恩来逝世。他的逝世引起全党全军和全国人民的无限悲痛。2月2日，经毛泽东提议，由华国锋任国务院代总理，同时主持党中央的日常工作。

9月9日，党和国家的主要领导人毛泽东逝世。"四人帮"加紧了夺取党和国家最高领导权的阴谋活动。作为党中央第一副主席、主持中央日常工作的华国锋同叶剑英、李先念以及汪东兴反复研究，决定对"四人帮"进行断然处置。10月粉碎"四人帮"以后，广大干部和群众以极大的热情投入各项革命和建设工作，党和国家组织的整顿、冤假错案的平反开始部分地进行，工农业生产得到比较快的恢复，教育科学文化工作也开始走向正常。

科学认识"文化大革命"，需要将其理论和实践同"文化大革命"时期这段历史区别开来，因为广大干部群众和党内健康力量对极左思潮进行了各种形式的抵制和抗争，我们党没有被摧毁并且还能维持统一，我国社会主义制度的根基仍然保存着，社会主义经济建设还在进行。我国国民经济虽然遭到巨大损失，仍然取得了进展。粮食生产保持了比较稳定的增长。工业交通、基本建设和科学技术方面取得了一批重要成就。在国家动乱的情况下，人民解放军仍然英勇地保卫着祖国的安全，对外工作也打开了新的局面，我们的国家仍然保持统一并且在国际上发挥重要影响。历史再一次表明，我们的人民是伟大的人民，我们的党和社会主义制度具有伟大而顽强的生命力。

第三章　CHAPTER THREE

改革开放和社会主义现代化建设新时期

从一九七八年党的十一届三中全会到二〇一二年党的十八大，是改革开放和社会主义现代化建设新时期。在这一阶段，中国共产党团结带领中国人民不懈奋斗，进行改革开放，破除阻碍国家和民族发展的一切思想和体制障碍，极大激发广大人民群众的创造性，极大解放和发展社会生产力，开辟了中国特色社会主义道路，形成了中国特色社会主义理论体系，确立了中国特色社会主义制度，发展了中国特色社会主义文化，人民生活显著改善，综合国力显著增强，国际地位显著提高，中国大踏步赶上时代，实现了中国人民从站起来到富起来的伟大飞跃。

伟大的历史转折

解放思想

1977.2.7 《人民日报》、《红旗》杂志和《解放军报》发表社论，提出『两个凡是』

1977.8.12-18 党的十一大召开，提出建设社会主义现代化强国的任务

1978.5.11 《光明日报》发表《实践是检验真理的唯一标准》

重心转移

1978.7-9 国务院召开务虚会，研究如何加快我国现代化建设速度问题。

1978.11.10-12.13 中共中央工作会议召开

1978.12.18-22 党的十一届三中全会召开

拨乱反正

1979.1.18-4.3

理论工作务虚会召开，邓小平作《坚持四项基本原则》重要讲话

1981.6

党的十一届六中全会审议通过《关于建国以来党的若干历史问题的决议》

1982年底

大规模平反工作基本结束

解放思想

经过长达十年的“文化大革命”，积累下许多严重的政治问题和社会问题，整个局面可以说是百废待兴。党面临着拨乱反正、使党和国家在动乱后重新走向振兴的艰巨任务。完成这一任务，首先必须在指导思想上纠正过去的“左”倾错误，重新确立正确的指导思想。解放思想首当其冲。

1977 年 2 月 7 日发表的《人民日报》、《红旗》杂志和《解放军报》两报一刊社论，提出“凡是毛主席作出的决策，我们都坚决维护；凡是毛主席的指示，我们都始终不渝地遵循”。“两个凡是”的提出，不仅压制了广大干部群众的正当要求，也为纠正“左”倾错误和拨乱反正设置了禁区。为冲破这个禁区，以邓小平为代表的党内一批老一辈革命家带领广大人民群众进行了艰巨而富有成效的努力。

1977 年 4 月 10 日，邓小平在致党中央的信中有针对性地提出了“用准确的完整的毛泽东思想来指导我们全党、全军和全国人民”的观点，并很快得到党内干部的热烈拥护。在党内外的强烈呼吁声中，1977 年 7 月，党的十届三中全会终于全部恢复了“反击右倾翻案风”时邓小平被撤销的全部职务；同时追认了关于华国锋任中共中央主席、中央军委主席的决定。

1977 年 8 月 12 日至 18 日，中国共产党第十一次全国代表大会在北京召开。大会宣告“文化大革命”的结束，并提出建设社会主义现代化强国的任务，但对“文化大革命”的错误理论和实践仍然作了充分肯定。在党的十一届一中全会上，华国锋被选为中共中央主席，叶剑英、邓小平、李先念、汪东兴为副主席，并由以上五人组成中央政治局常务委员会。

邓小平复出后，首先从抓教育和科技入手，通过否定曾得到毛泽东批准的"两个估计"（即"文化大革命"前的十七年教育战线是资产阶级专了无产阶级的政，是"黑线专政"；知识分子的大多数世界观基本上是资产阶级的，是资产阶级知识分子），开始教育和科技领域的拨乱反正，突破"两个凡是"的

作为邓小平在教育领域拨乱反正的重要举措，1977 年高考得到恢复

禁区，进而又影响到平反冤假错案和经济、文艺等领域的拨乱反正。但是，这些拨乱反正，开展得十分艰难，几乎每前进一步，都会遇到"两个凡是"思想的阻碍，都有人搬出毛泽东的批示或"语录"进行诘难。

1978 年 5 月 11 日，《光明日报》发表了多人参与并经胡耀邦审定的《实践是检验真理的唯一标准》一文。《人民日报》《解放军报》等报刊于次日转载。文章鲜明地提出：社会实践不仅是检验真理的标准，而且是唯一的标准。马克思主义的理论宝库并不是一堆僵死不变的教条，对"四人帮"设置的禁锢人们思想的禁区，我们要敢于去触及，敢于去弄清是非。

尽管文章只是对马克思主义的基本常识作正面阐述，但实际却批判了"两

个凡是”，并触及盛行多年的属于现代迷信的个人崇拜。因此，立即引起“两个凡是”同实事求是两种思想主张的激烈争论，由此引发了关于真理标准问题的讨论。

1978 年 6 月 2 日，邓小平在全军政治工作会议上讲话时，着重阐述了毛泽东关于实事求是的观点，批评了在对待毛泽东和毛泽东思想问题上的“两个凡是”态度，指出：我们一些同志天天讲毛泽东思想，却往往忘记、抛弃甚至反对毛泽东同志的实事求是、一切从实际出发、理论与实践相结合这样一个马克思主义的根本观点、根本方法。实事求是，是毛泽东思想的出发点、根本点。他号召“一定要肃清林彪、‘四人帮’的流毒，拨乱反正，打破精神枷锁，使我们的思想来个大解放”。

邓小平的讲话使坚持实事求是，主张讨论真理标准问题的同志受到鼓舞。《人民日报》《解放军报》《光明日报》等有影响的大报继续发表讨论真理标准问题的文章；中央、地方和军队的理论工作者、新闻工作者先后举办了多次关于真理标准问题的讨论会，甚至科技界也积极参与这一理论问题大讨论；罗瑞卿、谭震林等一批老同志也以不同方式支持并参与这场讨论；从 1978 年 7 月底开始，各省、市、自治区及各大军区、各军兵种、军委各直属单位的主要负责人相继发表讲话或文章，公开表明支持关于真理标准问题讨论的立场和主张。在许多同志的共同努力下，这场讨论迅速冲破重重阻力，蓬蓬勃勃地在全国开展起来。

这场大讨论极大地促进了人们的思想解放，通过确立实践标准，人们开始摆脱“两个凡是”的束缚，实事求是地认识和处理拨乱反正中遇到的问题。组织工作部门开始提出以事实为根据，大胆地平反冤假错案的要求，而不管是什么人定的、批的；经济领域开始从实际出发，坚决贯彻按劳分配原则，恢复了一些过去曾遭批判的行之有效的做法；特别是在农村工作中，一些地方的领导从本地的实际情况出发，大胆地对农村政策进行调整、探索，而不顾多年来某些“本本”、教条或“禁令”的束缚。从而，不仅在思想上，而且在实践中；

不仅使思想理论界，而且使党内许多干部，都冲破了“两个凡是”设置的禁区，为重新确立实事求是的指导思想，纠正长期以来的“左”倾错误，实现历史性转折奠定了思想基础。

重心转移

真理标准问题讨论带来的思想解放，加快了历史转折实现的进程。

在平反冤假错案问题上，“两个凡是”的禁区开始被打破。到 1978 年底，中央和国家机关 6000 多名待分配的干部已有 5000 多名得到了安置，一大批老干部重新走上了领导工作岗位。

党内不少同志在树立实践标准、破除“两个凡是”的过程中，对我国二十多年来的社会主义建设进行了反思，开始改变了以往对于社会主义的传统认识。1978 年 7 月 6 日至 9 月 9 日，国务院召开了为期两个月的务虚会，研究如何加快我国现代化建设速度问题。与会同志在认真总结中华人民共和国成立以来经验教训的基础上，纷纷提出了改革经济管理体制，积极引进国外先进技术和资金的建议。其后不久，国务院召开的全国计划会议又提出，经济工作必须实行三个转变：一是从上到下都要把注意力转到生产斗争和技术革命上来；二是把管理制度和管理方法转到按照经济规律办事的科学管理的轨道上来；三是从闭关自守或半闭关自守状态转到积极引进国外先进技术，利用国外资金，大胆进入国际市场的开放政策上来。这些思想酝酿，又从方针政策上为实现历史转折作了准备。

这期间，邓小平也在不少场合多次讲到，社会主义就是要加快发展生产力，要认真学习、积极引进国外的先进技术和管理经验，大胆改革我们的经济管理体制。1978年9月，他在东北三省视察时，再次强调要解放思想、实事求是，批评“两个凡是”的观点，指出：“我们现在要实现四个现代化，有好多条件，毛泽东同志在世的时候没有，现在有了，中央如果不根据现在的条件思考问题、下决心，很多问题就提不出来、解决不了。”他还提出，揭批“四人帮”的群众运动要适时地结束，把工作重点转到建设上来。这一建议，很快得到了中央政治局常委的赞同。

在上述思想基础上，经过一系列准备，中共中央工作会议于1978年11月10日在北京召开。华国锋在开幕会上宣布，这次会议议题：一是讨论《关于加快农业发展速度的决定》和《农村人民公社工作条例（试行草案）》；二是商定1979年、1980年两年国民经济计划安排；三是讨论李先念在国务院务虚会上的讲话。在讨论这些议题之前，中央政治局决定，先讨论一下结束全国范围的揭批“四人帮”的群众运动，从1979年起把全党工作着重点转移到社会主义现代化建设上来的问题。

11月12日，陈云在东北组发言，首先提出了解决历史遗留问题的意见，引起了与会同志热烈响应。11月25日，在与会同志强烈要求下，中央政治局终于作出了为天安门事件平反，为“薄一波等六十一人叛徒集团”案平反等项决定，解决了一批重大的历史遗留问题。在实事求是方针的指导下，与会同志又先后讨论了工作重点转移的指导思想、农业长期落后的根本原因、经济工作面临的任务以及党和国家的民主建设等问题。很多同志在讨论经济问题时，都提出了改革经济管理体制、引进国外先进技术设备的建议。

根据大家的讨论情况，12月13日，邓小平在闭幕会上作了题为《解放思想，实事求是，团结一致向前看》的重要讲话。这篇讲话对半年来热烈开展的真理标准大讨论作了总结，批评了“两个凡是”和个人崇拜，提出了解放思想和打破僵化的迫切任务。这篇讲话受到大家热烈拥护，成为随后召开的党的十一届三中全会的主题报告。

经过中央工作会议的充分准备，1978年12月18日至22日，党的十一届三中全会在北京召开。全会认真讨论了邓小平的上述讲话，一致同意从1979年起把党和国家的工作重点转移到社会主义现代化建设上来，确认了中央工作会议的各项重大决定，顺利完成了各项议程。全会增选陈云为中央政治局委员、中央政治局常委、中央委员会副主席；增选邓颖超、胡耀邦、王震为中央政治局委员；增补黄克诚等九人为中央委员；选举了以陈云为第一书记的中央纪律检查委员会。虽然华国锋仍担任党中央主席，但就体现党的正确指导思想和决定现代化建设的重大方针政策来说，邓小平实际上已成为中央领导集体的核心。

这次全会取得了一系列具有历史意义的伟大成果：彻底否定了“两个凡是”方针，恢复和重新确立了解放思想、实事求是的指导思想，实现了思想路线的拨乱反正，这是一切拨乱反正的先导；停止使用以阶级斗争为纲的口号，作出工作重点转移的决策，实现了政治路线的拨乱反正；形成了以邓小平为核心的中央领导集体，取得了组织路线拨乱反正的最重要成果；作出了实行改革开放的新决策，开始了中国从阶级斗争为纲到以经济建设为中心，从僵化到改革，从封闭到开放的历史性转变；在作出一系列加强农业的措施的同时，强调必须关心农民的物质利益，保障农民的民主权利，从而为启动农村改革提供了支持和保证。

这些具有决定意义的重要成果，不但结束了粉碎“四人帮”后两年来党在徘徊中前进的局面，而且实现了党和国家历史性的伟大转折，开辟了中国发展的新道路。从此，我国进入了改革开放和社会主义现代化建设的新时期。

拨乱反正

党的十一届三中全会结束后，全党立即在各个领域进行全面拨乱反正，主要集中在思想、政治、经济和清理重大历史是非四个方面。

一是坚持四项基本原则，澄清思想混乱。按照党中央的部署，1979 年 1 月 18 日至 4 月 3 日在北京召开了理论工作务虚会。胡耀邦在会议开始时宣布：召开这次会议的目的，一是要总结理论宣传战线的基本经验教训，把思想理论上的重大原则问题讨论清楚，统一到马克思列宁主义、毛泽东思想的基础上来。二是要研究全党工作重心转移之后理论宣传工作的根本任务，把马克思列宁主义、毛泽东思想同新的实践密切结合起来。中央宣传部根据讨论中提出的意见，决定停止使用“无产阶级专政下继续革命”和“以阶级斗争为纲”等口号。

这时，社会上有极少数人利用党纠正“左”倾错误的机会，打着“民主自由”“解放思想”的旗号，散布怀疑和否定共产党的领导、反对社会主义制度和毛泽东思想，主张资产阶级自由化的言论。一些地方出现了少数人闹事的现象，破坏了刚刚出现的安定团结和社会稳定。

邓小平及时洞察到这股资产阶级自由化思潮的严重危害性。3 月 30 日，他在理论务虚会上代表中共中央作了题为《坚持四项基本原则》的讲话，明确提出：我们要在中国实现四个现代化，必须在思想上政治上坚持四项基本原则：第一，必须坚持社会主义道路；第二，必须坚持人民民主专政；第三，必须坚持共产党的领导；第四，必须坚持马列主义、毛泽东思想。邓小平指出，这四项基本原则，是同三中全会以来党中央实行的方针政策一致的。这篇讲话既是对资产阶级自由化思潮的有力批判，又是对党的十一届三中全会路线的进一步阐述。从此，四项基本原则同改革开放和现代化建设一起，构成了党的十一届三中全会路线的基本内容。

在击退了资产阶级自由化思潮后，1979 年 5 月，首先从部队开始，全国各地陆续进行了关于真理标准讨论的补课，使这场讨论得到继续深入。在补课中，各地广大干部群众认真领会党的十一届三中全会精神，解放思想，破除僵化，进一步端正了思想路线。这次补课不但巩固了思想路线拨乱反正的成果，而且推动了解放思想和拨乱反正的深入，保证了党的十一届三中全会路线的正确贯彻。

二是全面复查平反冤假错案，解决历史遗留问题。党的三中全会刚一结束，党中央就为彭德怀、陶铸公开平反，隆重举行了追悼大会。此后，中央又陆续为在“文化大革命”中遭受迫害的贺龙、乌兰夫、彭真、谭震林、罗瑞卿、陆定一、杨尚昆，还有在“文化大革命”前受到错误批判的习仲勋、黄克诚、邓子恢等一批老革命家进行了平反。1980 年 2 月，党的十一届五中全会作出决定，为刘少奇平反昭雪，撤销党的八届十二中全会强加给刘少奇的一切罪名和所作出的错误决议，恢复刘少奇作为伟大的马克思主义者和无产阶级革命家、党和国家主要领导人之一的名誉。在此前后，一大批曾惨遭迫害的党政军负责同志，一些蒙冤多年的党的早期领导人，如瞿秋白、李立三、张闻天等，先后得到平反昭雪；一批久经考验的老干部重新回到领导岗位；一些在“文化大革命”中被错误批判或遭受诬陷的党政军领导部门，如中宣部、文化部、总政治部等也被恢复了名誉；一批曾在“文化大革命”中乃至“文化大革命”前产生过全国性重大影响的冤假错案，如“三家村”“胡风反革命集团”等，也先后得到平反昭雪。

在中央的要求和督促下，各地和各部门也加快了对冤假错案的复查和平反。1979 年 1 月，中央纪律检查委员会第一次全体会议曾特别提出：要坚持实事求是，有错必纠。会议要求各级纪律检查委员会要抓紧处理积压的案件，首先抓紧做好冤假错案的平反和错划右派的改正工作。按照中央纪委的要求，各地和各部门的党组织排除干扰，努力工作。到 1980 年 6 月，全国共有 54 万多名错划右派得到了改正，被落实政策，得到妥善安置。到 1982 年底，大规模的平反工作基本结束。

在大规模平反冤假错案的同时，党中央对一些历史遗留问题也进行了实事求是的处理。1979 年 1 月 11 日，中共中央作出《关于地主、富农分子摘帽问题和地富子女成分问题的决定》，宣布对多年来遵纪守法的地主富农分子以及反革命分子、坏分子，一律摘掉帽子，给予农村人民公社社员待遇。地主、富农家庭出身的子女，他们本人的成分和家庭出身，一律为公社社员，不得歧视。这一决定使至少 2000 万人结束了政治上被歧视的处境，开始了新的生活。同年 11 月 12 日，中共中央批转了中央统战部等六部门《关于把原工商业者中的劳动者区别出来问题的请示报告》。根据这一文件，全国共有 70 多万名小商、小贩、小手工业者及其他劳动者被从原资产阶级工商业者中区别出来，恢复了劳动者成分。此外，党中央还认真检查和纠正了民族、宗教等工作中的“左”的错误，落实了党的各项政策。

根据广大人民的意志，1980 年 11 月 20 日至翌年 1 月 25 日，最高人民法院特别法庭对林彪、江青两个反革命集团的十名主犯进行了公开审判，伸张了正义，恢复了社会主义法制的尊严。各地方的人民法院也陆续对江青反革命集团的其他余党进行了审判。

三是实行“调整、改革、整顿、提高”的八字方针。鉴于国民经济中一些重大比例关系严重失调的状况，党的三中全会结束后，党中央和国务院立即着手对国民经济进行调整。与 20 世纪 60 年代的经济调整不同，这次调整除纠正严重失调的国民经济比例关系外，更着重于纠正经济建设指导思想上的“左”的错误，树立实事求是的指导方针。实际是在经济领域进行拨乱反正。

首先是加强农业，理顺农业与工业的关系。根据党中央的建议，国务院陆续颁布了一系列加快恢复和发展农业生产的政策措施，包括绝对不许征购过头粮；缩小工农业产品的差价；提高主要农副产品的收购价格等等。1979 年 9 月党的十一届四中全会正式通过《中共中央关于加快农业发展若干问题的决定》，其中的 25 项政策规定充分体现了从实际出发、按照群众利益办事、尊重和保护农民民主权利的精神。这些政策措施极大地调动了广大农民的积极性，促进了农业生产的恢复和发展，也为人们进一步解放思想，进行农村改革创造了条件。

在其他方面的调整中，党中央针对“左”的思想阻力和急于求成的习惯心理，做了大量艰苦细致的工作。1980 年 12 月，中共中央召开工作会议对中华人民共和国成立以来经济建设的经验教训和比例失调的根本原因进行了深刻分析。这次会议比较彻底地清理了经济工作中的“左”的错误，进一步统一了全党的思想认识。会后，调整方针得到了切实贯彻。到 1981 年底，各项主要经济比例关系趋于协调，国民经济一度面临的困难局面有了根本改变。

更为重要的是，通过经济调整，全党对“左”的指导思想和经济体制中的弊端有了更加清醒的认识。在此基础上，国务院提出了新的经济发展指导方针，这就是：切实改变长期以来在“左”的思想指导下的一套老的做法，真正从我国实际情况出发，走出一条速度比较实在、经济效益比较好、人民可以得到更多实惠的新路子。这是经济领域拨乱反正的最重要成果。

四是解决中华人民共和国成立以来的重大历史是非。完成这个任务的关键，在于必须彻底打破属于现代迷信的个人崇拜的束缚，既要如实地指出并纠正毛泽东晚年的错误，又要正确维护毛泽东的历史地位，坚持毛泽东思想。1981 年 6 月，党的十一届六中全会审议通过《关于建国以来党的若干历史问题的决议》，对中华人民共和国成立 32 年来的重大历史问题作出了正确的结论，清理和纠正了“左”的错误；对“文化大革命”作出了彻底否定的结论，指出它是“一场由领导者错误发动，被反革命集团利用，给党、国家和各族人民带来严重灾难的内乱”；对毛泽东的功过作出了实事求是、恰如其分的评价；对

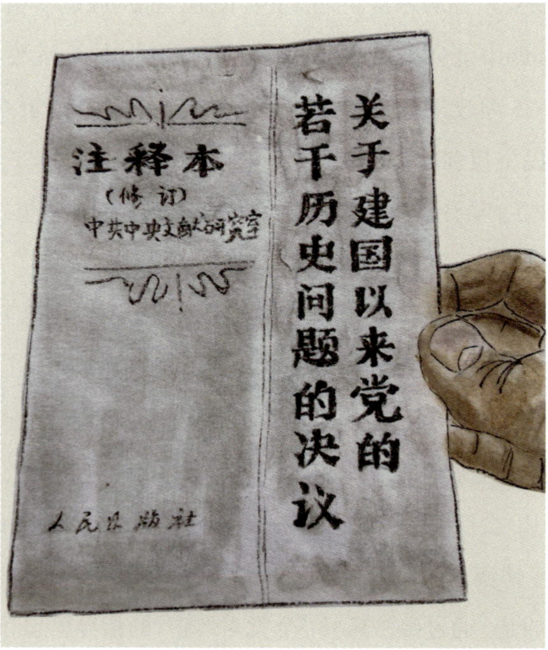

《关于建国以来党的若干历史问题的决议》注释本

毛泽东思想作了充分阐述，庄严宣告：毛泽东思想是我们党的宝贵的精神财富，它将长期指导我们的行动。《关于建国以来党的若干历史问题的决议》的通过，标志着党在指导思想上拨乱反正的任务已经胜利完成。此后，全党又继续努力，胜利完成了各个领域拨乱反正的历史任务。

在认真清理和纠正“左”倾错误的同时，党的自身建设也得到加强。党的十一届三中全会后不久，各省、市、自治区和各部门的党委很快成立了纪律检查委员会。根据中央纪律检查委员会的要求，各级纪委都把维护党规党法，切实搞好党风作为根本任务。1980 年 2 月，党的十一届五中全会通过了《关于党内政治生活的若干准则》，为加强党的建设提供了重要法规。全会还决定重新设立中共中央书记处，选举胡耀邦为中央书记处总书记，加强了党的集体领导。1980 年 11 月，陈云提出了“执政党的党风问题是有关党的生死存亡的问题”的著名论断，进一步引起了全党对党的建设的重视。

改革开放起步和全面展开

改革起步

- **1978** 农村改革起步
- **1980.8** 中央政治局扩大会议召开，邓小平发表《党和国家领导制度的改革》的重要讲话
- **1980-1981** 创办经济特区
- **1982.1.1** 中共中央发布一号文件，高度评价家庭联产承包责任制

全面改革

- **1982.9** 党的十二大召开，提出『建设有中国特色社会主义』重大命题
- **1984.10.20** 党的十二届三中全会召开，讨论通过《关于经济体制改革的决定》
- **1986.9.28** 党的十二届六中全会召开，通过了《中共中央关于社会主义精神文明建设指导方针的决议》
- **1986.11** 中共中央、国务院正式批准『八六三计划』
- **1987.10.25-11.1** 党的十三大召开，提出了『三步走』的经济发展战略

治理整顿

1988.4

七届全国人大一次会议通过了设立海南省和建立海南经济特区的决定

1988.9.26-30

党的十三届三中全会召开，批准了中央政治局提出的治理整顿的指导方针和政策措施

1989.6.23-24

党的十三届四中全会召开，旗帜鲜明地提出继续贯彻执行党的十一届三中全会以来的路线和基本政策

1989.11

党的十三届五中全会通过了《中共中央关于进一步治理整顿和深化改革的决定》

1990.4

中共中央和国务院决定在上海浦东实行经济技术开发区和某些经济特区的政策

改革起步

在全面开展拨乱反正的同时，改革开放也在党的十一届三中全会后开始起步，并先后在农村改革、搞活企业和城市经济、对外开放、党和国家领导制度改革四个方面取得明显效果。在此基础上，党的十二大制定了全面开创社会主义现代化建设新局面的纲领。

改革首先在农村取得突破。安徽和四川率先在农村政策上进行拨乱反正，走在了农村改革前面。

早在 1978 年秋，面对百年不遇的特大旱灾，中共安徽省委就作出了把土地借给农民耕种，不向农民征统购粮的大胆决策。这一决策不但有效调动了全省农民的生产积极性，战胜了特大旱灾，而且还直接诱发了一些地区的农民索性干起包产到户。安徽省委对农民的尝试没有阻止，而是鼓励干部群众坚持以实践为标准，大胆探索。这年冬，安徽凤阳县梨园公社小岗村的 18 户农民又采取了更为大胆的举动。他们冒着坐牢的风险，订了秘密协定，把土地分到各户，规定在完成国家和集体的上缴任务后，剩余多少全归个人。小岗人没有意识到，他们的这种包干到户的尝试，不仅将使他们自己彻底告别贫困，而且还开启了全国农村改革大潮的闸门，成为日后风靡全国的家庭联产承包制的开端。

就在安徽酝酿实行包产到户、包干到户的同时，四川省的农民也在省委领导的支持下向“一大二公”的人民公社体制发起挑战。从 1978 年春开始，全省不少地方就搞起了包产到组的农业生产责任制。党的十一届三中全会以后，

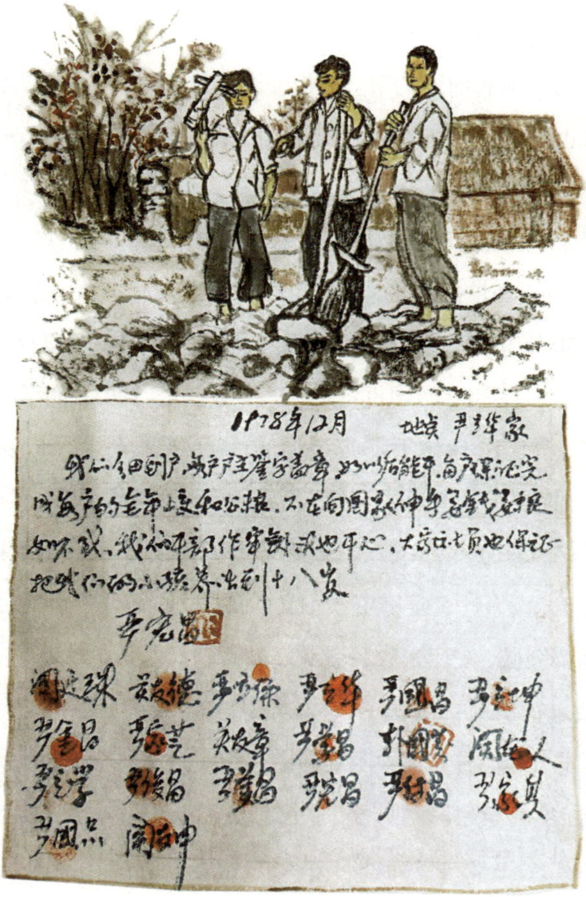

小岗村农民签订秘密协定，将土地承包到各户

随着广大干部群众的思想不断解放，包产到组或包产到户的范围迅速扩大，并立即收到明显效果，原有的人民公社领导体制显得越来越不适应。在这种形势下，四川广汉县向阳公社于1980年率先对人民公社的政社合一体制进行改革，撤销人民公社，恢复建立乡政府，成立了乡农工商联合总公司。中共四川省委给予支持，并逐步进行推广。

在安徽和四川两省的影响下，贵州、云南、甘肃、广东、内蒙古、湖北等省区的一些地方也先后实行了不同形式的农业生产责任制，并都在党的十一届三中全会后得到迅速发展。

与此同时，党中央也积极鼓励广大农民对各种形式的生产责任制进行探索，不设禁区，也不匆忙做定论，而是让广大农民大胆实践，让实践来回答人们的疑问。1980年9月，中共中央在《关于进一步加强和完善农业生产责任制的几个问题》的文件中，明确肯定了三中全会以来各地建立的各种形式的农业生产责任制，要求在不同的地方、不同的社队，要根据实际情况，采取各种不同形式，不可拘泥于一种模式。同时指出，根据群众的要求，可以包产到户，也可以包干到户。在生产队领导下实行的包产到户是依存于社会主义，不会脱离社会主义轨道，没有什么复辟资本主义的危险，因而并不可怕。这是党在农村政策上的重要突破，使广大农民受到了鼓舞。

实践的结果很快就为农民的改革探索作出了结论。1982年1月1日，中共中央在当年发布的一号文件中明确指出：目前实行的各种责任制，包括小的包工定额计酬，专业承包联产计酬，联产到劳，包产到户、到组，包干到户、到组，等等，都是社会主义集体经济的生产责任制。这是党中央对包产到户和包干到户的性质第一次作出明确肯定。从此，全国农村的广大干部群众彻底甩掉了“包产到户不是社会主义”的“紧箍咒”。“双包”责任制迅速在全国农村推广开来，并且都取得了出乎意料的好效果。到1982年6月，全国农村实行“双包”责任制的生产队已经达到71.9%，其中实行包干到户的占总数的67%，包干到户已经成为农业生产责任制的主要形式。

1982年，我国农业取得大丰收，其中粮食的产量比上年增加2948万吨，这是多年来少有的。“双包”责任制的威力已经毋庸置疑了。1983年1月，中共中央在当年下发的一号文件《当前农村经济政策的若干问题》中，把“双包”责任制统称为家庭联产承包责任制，并给予了高度评价，指出这是“在党的领导下我国农民的伟大创造，是马克思主义农业合作化理论在我国实践中的新发展。”文件还为进一步推动和引导农村改革规定了一系列政策，其中明确提出：要改革人民公社体制，实行联产承包责任制，实行政社分设。此后，家庭联产承包制很快在全国普及，撤销人民公社、实行政社分设的改革也逐步展开，长久被压抑的农村生产力得到迅速解放。我国沿用了二十多年的计划经济的传统模式，首先被农村改革成功地突破了。

城市经济体制改革也开始了试点。首先是扩大企业自主权。早在1978年10月，中共四川省委就选择宁江机床厂、重庆钢铁公司、成都无缝钢管厂、四川化工厂、新都县氮肥厂、南充丝绸厂六个企业，开始进行扩大自主权的试点。经过几个月实践，这项改革很快有了成效。到1979年8月，参加试点的企业的产值和实现利润分别比去年同期增长了14.1%和21.8%，企业和职工的积极性也比过去明显提高。

继四川扩权试点之后，1979年4月，国家经济委员会又决定在北京、天津、上海选择首都钢铁公司、天津自行车厂、上海柴油机厂等8个企业进行扩权试点，允许他们在完成国家计划的前提下，可以根据市场需要安排生产，并在人、财、物方面拥有相应的自主权。为了加强领导，1979年7月，国务院发出了《关于扩大国营工业企业经营管理自主权的若干规定》等5个文件，对扩权企业进行指导。到1980年6月，全国进行试点的企业已发展到6600个。

随着企业扩权试点的发展和农村广泛实行生产责任制的影响，一些企业也开始采用经济责任制的办法，围绕国家与企业、企业与职工之间的责、权、利关系，贯彻联产承包、按劳分配的原则，克服企业之间和企业内部吃“大锅饭”的现象。1981年10月，国务院颁布了《关于实行工业企业生产责任制若干问题的意见》，要求各工业企业研究执行。文件下达后，经济责任制很快在工业企业中推广，并涌现出一批先进企业，取得了初步经验。如第一批进行扩权试点的首都钢铁公司，从1981年起，在国务院和北京市政府的支持下，改变国家与企业之间利润分成的办法，实行利润定额包干，全年上缴利润2.7亿元，超过部分全部留给企业。1982年，又确定以2.7亿元为基数，每年上缴利润递增6%，包死基数，确保上缴，超包全留，歉收自补，国家不再投资；企业内部则实行全员承包，责、权、利到人。到1983年，全国绝大多数国有工业企业和商业企业都实行了经济责任制。与此相适应，一些企业还开始试行厂长负责制。

1980年8月，为解决多年来积压的大批待业青年的就业问题，中共中央专门召开全国劳动就业工作会议，制定了"解放思想，放宽政策，发展生产，广开就业门路"的方针。根据这一方针，各级政府和部门对发展城镇集体和个体经济放宽了政策，鼓励和扶持待业人员组织起来就业或自谋职业。结果，不但逐步解决了待业青年的就业问题，而且还使我国的所有制结构开始得到改善。

在新出现的所有制形式中，引人注目的是一批首次在中国出现的中外合资、中外合作企业。而更引人注目的，则是以吸引外资为主、外商直接投资办企业为主的经济特区的创办。

1979年4月，在中共中央召开工作会议期间，邓小平听取了广东省委负责人关于在毗邻港澳的深圳、珠海和侨乡汕头开办出口加工区的建议，他当即表示："还是办特区好，过去陕甘宁就是特区嘛，中央没有钱，你们自己去搞，杀出一条血路来！"会后，中央和国务院立即组织有关部门前往广东、福建进行考察。7月15日，中央和国务院批转了广东和福建省委关于在对外经济活动中实行特殊政策和灵活措施的报告，决定对广东、福建两省的对外经济活动给以更多的自主权，充分发挥两省的优势，扩大对外贸易，把经济尽快搞上去。同时决定，先在深圳、珠海划出部分地区试办出口特区，待取得经验后，再考虑在汕头、厦门设置特区。这一重大决策使两省的对外经济活动很快呈现出蓬勃发展势头，特区也进入筹建阶段。1980 年 5 月，中共中央正式决定将“出口特区”改名为“经济特区”，并要求经济特区的管理，在坚持四项基本原则和不损害主权的条件下，可以采取与内地不同的体制和政策。特区主要实行市场调节。8 月，全国人大常委会批准了在广东的深圳、珠海、汕头，福建的厦门设置经济特区的决定和《广东省经济特区条例》。经过一系列充分准备，从 1980 年下半年到 1981 年下半年，四个特区的建设先后全面启动。来自全国各地的建设大军陆续开赴这些僻静的边陲小镇、荒滩渔村，顿时引起祖国大陆和港澳同胞、海外侨胞的极大关注。

在特区建设者的艰苦努力下，经济特区的面貌迅速发生变化，尤其是先行一步的深圳，更是成就惊人。到 1983 年，深圳的工农业总产值比 1978 年增长了 11 倍，和外商签订了 2500 多个经济合作协议，成交额 18 亿美元，引进设备 2500 多台。不过四年工夫，这个昔日只有十几家手工业作坊的荒凉小镇，就变成了高楼大厦矗立、基础设施完备的初具规模的现代化城市。这新奇的变化，强烈吸引着外资的流入和外商的到来。同时，作为中国的一种新事物，也引起了一些人的疑虑和担忧，有人联想起旧中国的租界，对特区的性质产生了疑问或动摇。特别是 1982 年发生了沿海走私和经济犯罪活动的干扰后，经济特区遇到了种种责难和攻击。在这关键时刻，邓小平给予了及时而有力的支持。1984 年 1 月 24 日至 2 月 15 日，邓小平先后视察了深圳、珠海、厦门和上海宝山钢铁总厂，并相继为深圳、珠海、厦门特区题词。回到北京后，他专门就办好特区和增加开放沿海城市问题同中央几位负责同志谈话，指出：“我们建立经济特区，实行开放政策，有个指导思想要明确，就是不是收，而是放。”“特区是个窗口，是技术的窗口，管理的窗口，知识的窗口，也是对外政策的窗口。”“除现在的特区之外，可以考虑再开放几个港口城市，如大连、青岛。”根据邓小平的意见，中央书记处和国务院于 1984 年 3 月召开了沿海部分城市工作座谈会，5 月，中央正式决定，再开放沿海十四个港口城市，即大连、秦皇岛、天津、烟台、青岛、连云港、南通、上海、宁波、温州、福州、广州、湛江、北海。

在种种阻力面前，党的对外开放方针没有动摇，特区建设没有停步，新的对外开放格局正开始形成。

在经济体制改革逐步展开的同时，政治体制改革也提上日程。在 1980 年 8 月的中央政治局扩大会议上，邓小平发表了《党和国家领导制度的改革》的重要讲话，深刻分析了党和国家领导制度中的主要弊端，充分论证了政治体制改革的必要性，明确了改革方向。邓小平还为党的干部队伍建设提出了革命化、年轻化、知识化、专业化的要求。这“四化”要求后来成为全党培养和选拔接班人的标准。

8 月 31 日，中央政治局高度评价了这篇讲话。它实际上成为我国政治体制改革的纲领。按照中央部署，我国的政治体制改革逐步展开，并首先在克服权力过分集中、废除实际存在的领导职务终身制、实现干部队伍年轻化等方面取得了进展。

1980 年，在五届全国人大三次会议上，邓小平、陈云、李先念、徐向前、聂荣臻、刘伯承等一批老同志主动辞去了自己所兼任的国务院副总理或全国人大常委会副委员长的职务。1982 年 2 月，党中央作出《关于建立老干部退休制度的决定》；7 月，党中央决定设立顾问委员会，作为废除领导职务终身制的过渡办法。同时，一批年富力强的同志相继走上党中央和国务院的领导岗位。

全面改革

1982 年 9 月 1 日到 11 日，中国共产党第十二次全国代表大会在北京召开。出席大会的正式代表 1545 人，候补代表 145 人，代表着中国共产党 3900 多万党员。

邓小平在大会上致开幕词时，第一次提出了“建设有中国特色的社会主义”重大命题。他说：“把马克思主义的普遍真理同我国的具体实际结合起来，走自己的道路，建设有中国特色的社会主义。这就是我们总结长期历史经验得出的基本结论。”从此，建设中国特色社会主义，就成为我国改革开放和社会主义现代化建设的主题和主线。

胡耀邦代表党中央在大会上作了《全面开创社会主义现代化建设的新局面》的报告。报告总结了党的十一届三中全会以来的历史性伟大转变，提出了党在新时期的总任务，即团结全国各族人民，自力更生，艰苦奋斗，逐步实现工业、农业、国防和科学技术的现代化，把我国建设成为高度文明、高度民主的社会主义国家。

在开创新局面的各项任务中，首要的是经济建设。报告提出，到 20 世纪末，我国经济建设总的奋斗目标是：在不断提高经济效益的前提下，力争使全国工农业的年总产值翻两番，即由 1980 年的 7100 亿元增加到 2000 年的 28000 亿元左右，使人民的物质文化生活达到小康水平。在部署上要分两步走：前十年主要是打好基础，积蓄力量，创造条件，后十年要进入一个新的经济振兴时期。这是党中央全面分析了我国经济情况和发展趋势之后作出的重要决策。

大会通过了新的《中国共产党章程》。根据新党章规定，大会选出了第十二届中央委员会、中央纪律检查委员会和中央顾问委员会。

在农村改革的推动下，我国城市经济体制改革的试点也逐步扩大领域和范围。一是继续推行和完善企业内部的经济责任制，探索充分发挥职工积极性的具体制度和办法。二是从 1983 年开始，在国营企业逐步推行利改税的改革，将国营企业应当上交的收入，按国家设置的税种以向国家交税的方式上交，由“利税并存”逐步过渡到“以税代利”，税后利润归企业自己安排使用，把国家和企业的分配关系用税的形式固定下来，以解决企业吃国家“大锅饭”的问题。三是国务院先后选择了沙市、常州、重庆、武汉、沈阳、南京、大连等城市进行经济体制综合改革试点，要求这些城市加快步伐探索新的管理体制，并允许一些中心城市实行计划单列。这些改革措施，调动了企业和广大职工的积极性，但是也遇到不少困难和问题，其中最主要的是同传统的计划经济体制发生的矛盾和冲突。形势要求党必须进一步解放思想，摆脱传统观念束缚，为加快改革步伐提供新的理论指导和政策支持。

1984 年国庆群众游行时，北京大学学生打出横幅“小平您好”，体现人民对邓小平开创改革开放时代的情感认同

1984年10月20日，中共中央在北京举行十二届三中全会，讨论通过了《关于经济体制改革的决定》。这个《决定》突破了把计划经济同商品经济对立起来的传统观点，明确提出我国社会主义经济是“公有制基础上的有计划的商品经济”，强调“商品经济的充分发展，是社会经济发展的不可逾越的阶段，是实现我国经济现代化的必要条件”。《决定》还规定了改革的各项基本方针政策，成为指导经济体制全面改革的纲领性文件。

这个文件的公布和实施，标志着我国原来的计划经济体制开始向有计划商品经济体制转变，实际也是向社会主义市场经济转变迈出的重要一步。

一是在搞活企业方面，充分借鉴农村改革的成功经验，广泛推行承包经营责任制。到1987年，全国已有9270家国有大中型工业企业实行了多种形式的承包经营责任制。上海第二纺织机械厂1987年实行全员承包后，当年便实现利润24919万元，比1986年增长19.49%，全员劳动生产率增长18.83%，创机械行业同类指标的最高纪录。同时，小型企业则广泛采取了租赁制的改革措施，实行所有权与经营权的高度分离。到1986年12月，全国已有6万余家国有商店实行了租赁制。不过，这些承包制也逐渐暴露出一些缺陷，主要是由于产权不明和责权利关系不确定，容易引起企业的“短期行为”。为此，一些企业在扩大自主权，实行承包经营的基础上，又开始试行股份制，进行产权改革的尝试。1984年，新中国第一个股份公司——北京天桥百货股份有限公司成立。几个月后，上海飞乐音响公司、上海豫园商场也试行股份制，向社会公开发行股票。其中飞乐音响的股票被美国纽约证券交易所作为中国第一张比较规范的股票样品摆

1984年，北京天桥百货股份有限公司成立

进了陈列室。股份制的试行，不仅开辟了民间融资和吸引外资的渠道，而且也规范了投资各方的权利、义务，有效地转变了企业经营机制，对搞活国有大中型企业的积极作用已初见端倪。

二是适应发展有计划商品经济的要求，改变过去比较单一的所有制结构，积极培育社会主义市场体系。党的十二届三中全会后，集体经济、个体经济，以及中外合资、中外合作和外商独资的“三资”企业得到迅速发展。这种变化改善了我国的所有制结构，对于发展经济，方便人民生活起了积极作用。

从 1984 年到 1987 年，国务院陆续改革了从中央到地方的商品批发体制，把供销社由官办的全民所有制改成民办的集体合作商业；积极发展多功能的贸易中心和批发交易市场；大量增设农贸市场、零售商店、服务网点，拓宽了流通渠道，活跃了城乡经济。1985 年，国务院对价格体系进行改革，对粮食棉花实行合同定购，其余农副产品价格逐步放开，实行市场调节；对重要生产资料，计划分配部分价格基本不动，企业自销部分，实行市场调节。由此出现了

尹盛喜大碗茶

“双轨制”价格体系，即国家行政定价的平价商品和市场调节价格的议价商品两种价格形式，在有些情况下还有国家指导价作为补充形式。这是由计划经济向市场经济转轨中的过渡性价格形态，是我国改革中的一种特有现象。这种“双轨制”在一段时期对我国的市场发育和经济发展起了促进作用，但由于管理工作跟不上等原因也出现了一些弊病。

三是进一步扩大对外开放。1985 年 1 月，中共中央和国务院决定再把长江三角洲、珠江三角洲和闽南厦（门）漳（州）泉（州）三角地区开辟为沿海经济开放区，继而再将辽东半岛、胶东半岛开辟为经济开放区，以加速沿海经济的发展，从而带动内地经济开发。至此，我国从南到北形成了由 4 个经济特区、14 个沿海开放城市、3 个开放的三角洲和三角地区、2 个开放的半岛构成的辽阔的开放地带。

在 1983 年全国已经普遍实行家庭联产承包制的基础上，1984 年 1 月 1 日，中共中央又发出第三个关于农村改革的“一号文件”，要求将土地承包期一般延长到十五年以上，以鼓励农民增加投资，培养地力，实行集约经营。各种专业人才有了发挥专长的可能，一批有文化、有技术、有经营能力的专业户、重点户很快涌现出来。1985 年 1 月 1 日发出的《关于进一步活跃农村经济的十项政策》，提出了改革农产品统购派购制度，在国家计划指导下，扩大市场调节，促进农村产业结构合理化的任务。以此为标志，我国农村开始了以改革农产品统购派购制度、调整产业结构为主要内容的第二步改革。1986 年 1 月 1 日，中共中央和国务院在关于农村工作的部署中肯定了农村第二步改革的方针政策，要求继续深入改革，改善农业生产条件，推动农村经济持续稳定协调发展。

家庭联产承包制的推行和农村产业结构的调整，为大批劳动力从农业解放出来并转向第二、第三产业提供了条件，于是，以集体经营为主并有个体、私人经营的乡镇企业迅速发展起来。1984 年到 1988 年，乡镇企业平均每年增长 50% 以上。1987 年乡镇企业的产值达到 4764 亿元，已占农村社会总产值的 50.4%。这是农村经济的一个历史性大变化，是中国农民的又一个伟大创造，为农村剩余劳动力从土地上转移出来，为农村致富和逐步实现现代化，促进整个经济的改革和发展，开辟了一条新路。

在全面推进改革开放和经济建设的同时，社会主义精神文明建设也不断得到加强。党的十二大提出了建设高度文明、高度民主的社会主义国家的奋斗目标。在全社会开展了“五讲四美三热爱”活动，进行了做“四有”新人的教育，一大批具有时代特点的英雄模范人物涌现出来。

与此同时，在社会主义民主和法制建设方面，以1982年五届全国人大五次会议通过的新的《中华人民共和国宪法》为依据，逐步制定和完善了各项基本法律；普遍成立了村民委员会这一群众自治组织，扩大了人民民主；开展了依法严厉打击经济犯罪和刑事犯罪的斗争；在全社会广泛开展了普法教育；保障了改革开放和现代化建设的顺利进行。此外，党还克服了资产阶级自由化思潮的干扰，维护了安定团结的政治局面。

在领导改革开放和现代化建设的同时，党注意加强了自身建设。从1983年10月到1987年春，全党分三期进行了整党。经过这次整党和对错误倾向的批判，全党在思想、作风、纪律、组织四个方面有了进步，同时积累了一些在新形势下正确处理党内矛盾、加强党的建设的重要经验。

1986年9月28日，党的十二届六中全会回顾和讨论了几年来精神文明建设的成就和面临的问题，通过了《中共中央关于社会主义精神文明建设指导方针的决议》。

其他领域的改革也相继迈出步伐。1985年3月，《中共中央关于科学技术体制改革的决定》公布实施。根据《决定》要求，从同年4月开始，我国陆续开放了科技市场；允许流通环节中多种所有制共存；改革科技管理体制，促进科研与生产紧密结合。5月，中共中央、国务院批准实施促进科技振兴农业的“星火计划”，推动科学技术与农村经济紧密结合。1986年3月3日，王大珩、王淦昌等四位科学家上书中共中央，提出发展高技术的建议。这一建议后来被称为“八六三计划”，并于11月得到中共中央、国务院的正式批准，开始

八六三计划标志物

启动实施。

1985 年 5 月，《中共中央关于教育体制改革的决定》颁布实施。通过改革，调动和发挥了地方和社会各界办教育的积极性；初步调整了中等教育结构；扩大了高等学校办学自主权；发展了成人教育；为教育事业的发展注入了活力。

随着国际形势的发展变化和我国外交工作新局面的出现，国防建设的重点也根据国家建设的大局进行了调整，实现了国防建设指导思想的战略性转变，即军队建设服从国家建设的大局，积极支援和参加国家的现代化建设。1985 年 6 月，我国政府宣布减少军队员额 100 万。

与此同时，祖国的统一大业也有了实质性进展。经过多轮谈判，1984 年 12 月 19 日，中英两国政府终于正式签署了关于香港问题的联合声明，宣布中国政府将于 1997 年 7 月 1 日对香港恢复行使主权。“一国两制”的构想得到了成功实践。

1987 年 10 月 25 日至 11 月 1 日，中国共产党第十三次全国代表大会在北京召开。大会第一次提出了我国正处于社会主义初级阶段的理论，明确了党在社会主义初级阶段的基本路线。大会提出了“三步走”的经济发展战略：“第一步，实现国民生产总值比 1980 年翻一番，解决人民的温饱问题；第二步，到本世纪末，使国民生产总值再增长一倍，人民生活达到小康水平；第三步，到下个世纪中叶，人均国民生产总值达到中等发达国家水平，人民生活比较富裕，基本实现现代化。”

大会高度评价了党的十一届三中全会以来党在总结正反两方面经验和研究国际经验及世界形势的基础上，开始找到的建设有中国特色的社会主义的道路，认为它是在党的历史上把马克思主义与我国实践相结合的两次历史性飞跃中的第二个历史性飞跃，开辟了中国社会主义建设的崭新阶段。大会还从指导思想、历史阶段、根本任务、发展动力、必要条件、总体布局、国际环境等方面勾画了建设有中国特色的社会主义理论的轮廓。大会还对《中国共产党章程》的部分条文作了修正，选举产生了新的中央委员会、中央顾问委员会和中央纪律检查委员会。

从 1984 年到 1988 年的五年间，在改革开放全面开展的推动下，我国的经济建设经历了一个加速发展的飞跃时期，展现了农业和工业、农村和城市、改革和发展相互促进的生动局面，国民经济和综合国力都上了一个台阶，从而为改革的深化和战胜可能遇到的困难奠定了必要的物质基础。

治理整顿

20 世纪 80 年代中期以后，生产、建设、流通领域均发生了不同程度的混乱现象。特别是在流通领域，混乱现象已非常严重。一些官商不分的公司利用价格双轨制从流通中转手倒卖重要生产资料，牟取暴利，严重扰乱了经济秩序，引起人民群众强烈不满。

面对这些矛盾和问题，党的十三大后召开的中央工作会议，确定了稳定经济，深化改革的方针。进入 1988 年，一系列重大改革措施相继出台，其中影响最大的就是价格改革。这年 8 月，中共中央政治局召开第十次全体会议，讨论并通过了《关于价格、工资改革的初步方案》。会议决定将这个方案在党外人士和有关专家中继续征求意见。但始料未及的是，方案通过的消息一经传开，立即引起一场几乎波及各大中城市的凶猛的抢购风潮。

为此，从 8 月底开始，党中央和国务院采取一系列措施治理经济环境，整顿经济秩序。9 月 26 日至 30 日，中共中央召开十三届三中全会，批准了中央政治局提出的治理整顿的指导方针和政策措施。全会确定，在坚持改革开放总方向的前提下，把 1989 年和 1990 年两年改革和建设的重点突出地放到治理经济环境和整顿经济秩序上来，以扭转物价上涨幅度过大的态势，创造理顺价格的条件，使经济建设持续、稳步、健康地发展。会后，治理整顿工作逐步展开。

第一步的重点是压缩投资需求和消费需求，为过热的经济降温。为此，国务院采取了一系列措施，加强了对物价的调控和管理。经过一年左右的治理整顿，取得了明显效果。1989 年物价上涨的幅度明显低于 1988 年。不过，以压缩社会需求为重点的治理整顿，由于刹车过猛，也带来一些负面效应，主要是市场疲软、企业效益下滑。根据这一情况，中央对于治理整顿的侧重点和压缩力度及时作了调整，治理整顿也开始进入新的阶段。

正当治理整顿工作进入新阶段时，改革开放和经济建设受到了严重干扰，治理整顿工作也被迫中断。1989 年春夏，在国际反华势力和国内主张全盘“西化”的代表人物煽动下，由于党在领导工作中的某些失误，资产阶级自由化思潮再度泛滥起来，并利用胡耀邦逝世的时机，在北京制造了一场反党反社会主义的政治动乱，直至发展成反革命暴乱。中央政治局根据邓小平关于旗帜鲜明地反对动乱的重要意见，及时果断地作出决策，坚决制止动乱，并一举粉碎了反革命暴乱，捍卫了中国共产党的领导和社会主义制度。

1989 年 6 月 23 日至 24 日，党中央召开十三届四中全会，总结北京政治风波的教训。江泽民在会上旗帜鲜明地宣布：“这次中央领导机构作了一些人事调整，但是，党的十一届三中全会以来的路线和基本政策没有变，必须继续贯彻执行。在这个最基本的问题上，我要十分明确地讲两句话：一句是坚定不移，毫不动摇；一句是全面执行，一以贯之。”

1989 年 9 月 4 日，邓小平给中央政治局写信，正式提出了辞去中共中央军事委员会主席职务的请求。11 月 6 日至 9 日，中共十三届五中全会召开，讨论通过了《中国共产党十三届五中全会关于同意邓小平同志辞去中共中央军事委员会主席职务的决定》。全会在充分酝酿的基础上，决定江泽民为中共中央军事委员会主席，杨尚昆为第一副主席，刘华清为副主席。党的十三届四中全会后，以江泽民为核心的新的中央领导集体总结和吸取了以往的经验教训，加强党的建设和思想政治工作。

在平息了政治风波、稳定了社会局面后，党继续把一度被延误的治理整顿、深化改革的工作提上重要日程。1989 年 11 月，党的十三届五中全会通过了《中共中央关于进一步治理整顿和深化改革的决定》，提出包括 1989 年在内，用三年或者更长一点的时间，努力缓解社会总需求超过社会总供给的矛盾，逐步减少通货膨胀，使国民经济基本转上持续稳定协调发展的轨道，为到20世纪末实现国民生产总值翻两番的战略目标打下良好的基础。

在治理整顿的同时，改革开放并没有停步。1988年4月，七届全国人大一次会议通过了设立海南省和建立海南经济特区的决定。海南岛成为我国最大的经济特区。1990年4月，中共中央和国务院决定在上海浦东实行经济技术开发区和某些经济特区的政策。浦东的开发，成为90年代我国改革开放进一步深化和取得显著成就的重要标志。

建立社会主义市场经济体制

明确目标

1992.1.18-2.21 邓小平视察南方，发表重要谈话

1992.10.12-18 党的十四大召开，明确我国经济体制改革的目标是建立社会主义市场经济体制

1993.11.14 党的十四届三中全会通过了《关于建立社会主义市场经济体制若干问题的决定》

宏观调控

1993.4.1 中共中央召开经济情况通报会

1993.6.24 中共中央、国务院下发《关于当前经济情况和加强宏观调控的意见》

1996年底 我国经济成功地实现『软着陆』

发展战略

1994.3 国务院常务会议讨论通过《中国二十一世纪议程》，作为中国发展问题的指导性文件

1995.5.6 中共中央、国务院作出《关于加速科学技术进步的决定》，首次明确提出实施科教兴国战略

加快发展

1995.9.25-28 党的十四届五中全会召开，审议并通过了《中共中央关于制定国民经济和社会发展『九五』计划和二〇一〇年远景目标的建议》

1996.2. 江泽民提出依法治国、建设社会主义法治国家的奋斗目标

1996.4 中俄宣布建立『平等信任、面向二十一世纪的战略协作伙伴关系』

1996.10.7-10 党的十四届六中全会召开，审议通过《中共中央关于加强社会主义精神文明建设若干重要问题的决议》

祖国统一

1990.4.4 七届全国人大三次会议审议通过《中华人民共和国香港特别行政区基本法》

1993.4 汪辜会谈举行

1997.7.1 中国对香港恢复行使主权

1999.12.20 中国对澳门恢复行使主权

跨越世纪

1997.2.19 邓小平逝世

1997.9.12-18 党的十五大召开，确立邓小平理论为党的指导思想

1998.6 长江流域出现罕见的严重洪灾，全国人民众志成城抗洪

1999.9 党的十五届五中全会提出西部大开发战略

2000.2 江泽民提出了『三个代表』重要思想

明确目标

20 世纪 80 年代末 90 年代初，党和国家的发展处于又一个紧要关头。随着东欧国家的剧变，苏联的解体，国际社会主义运动出现低潮，长期以来的东西方两极冷战结束了。世界的这种大变动、大改组，对中国有着巨大的影响。相当一部分干部和群众的思想发生困惑，一些人对社会主义前途缺乏信心，一些人对改革开放提出了姓“社”还是姓“资”的疑问，对党的基本路线产生了动摇。在此关键时刻，1992 年初，邓小平视察南方，发表了重要谈话。

1992 年 1 月 18 日至 2 月 21 日，邓小平先后视察武昌、深圳、珠海、上海等地。视察途中，他多次发表谈话强调，党的基本路线要管一百年，动摇不得。改革开放胆子要大一些，敢于试验。计划多一点还是市场多一点，不是社会主义与资本主义的本质区别。社会主义的本质，是解放生产力，发展生产力，消灭剥削，消除两极分化，最终达到共同富裕。中国要警惕右，但主要是防止“左”。要抓住时机，发展自己，关键是发展经济。发展才是硬道理。必须依靠科技和教育，经济发展才能快一点。要坚持两手抓，一手抓改革开放，一手抓打击各种犯罪活动，两只手都要硬。在整个改革开放过程中必须始终坚持四项基本原则，必须反对腐败，廉政建设要作为大事来抓。中国的事情能不能办好，从一定意义上说，关键在人，说到底，关键是我们共产党内部要搞好。社会主义经历一个长过程发展后必然代替资本主义。这是社会历史发展不可逆转的总趋势。一些国家出现严重曲折，社会主义好像被削弱了，但人民经受锻炼，吸取教训，将促使社会主义向着更加健康的方向发展。我们搞社会主义才几十年，还处在初级阶段。巩固和发展社会主义，需要几代人、十几代人，甚至几十代人坚持不懈地努力奋斗。从现在起到下世纪中叶，将是很要紧的时期，我们要埋头苦干。

这些谈话科学地总结了党的十一届三中全会以来的基本实践和基本经验，从理论上深刻回答了长期困扰和束缚人们思想的许多重大认识问题，是把改革开放和现代化建设推向新阶段的又一个解放思想、实事求是的宣言书。

邓小平的南方谈话正式传达之后，立即在党内外、国内外引起强烈反响和巨大震动。从中央到地方，形成了学习、宣传、贯彻、落实南方谈话精神的热潮。许多人还在新一轮市场大潮的冲击下涌向广东、海南等沿海开放城市寻找发展机会，甚至有的机关工作人员也丢掉“铁饭碗”，辞职“下海”，试图在“商海”一显身手。

在贯彻落实邓小平南方谈话精神的过程中，中央的各项改革措施也随之陆续出台，各地方、各部门的改革步伐进一步加快。中国的改革开放和现代化建设又形成了新的浪潮。

第一，以转换企业经营机制为核心，进一步把企业推向市场。1992 年 6 月 30 日，国务院第 106 次常务会议通过了《全民所有制工业企业转换经营机制条例》。这个文件以搞好国有大中型企业，贯彻落实《中华人民共和国全民所有制工业企业法》为重点，围绕转换企业经营机制，转变政府职能，落实企业经营自主权等方面，有步骤地把企业推向市场。9 月 28 日，中共中央、国务院转发了这个文件。

第二，积极推进综合改革，逐步缩小指令性计划。1992 年 6 月，国家科委、国家体改委在北京、沈阳、武汉、重庆、中山等市的五个开发区，进行综合改革试点，以产权制度、分配制度、科技人才分流，计划管理与市场调节相结合等为重点，大胆进行改革试验。6 月 16 日，中共中央、国务院作出《关于加快发展第三产业的决定》。同时，财政部决定从 1992 年起，在浙江、辽宁、新疆、天津，以及武汉、青岛、大连、沈阳、重庆九个省、市、自治区率先进行分税制改革，按税种划分中央和地方收入来源，以取得经验，再行推广。9月，国家计委宣布，从1993年起，国家指令性计划指标将减少一半，国家计委直接管理的工农业出口计划指标将减少三分之一以上。同时加强政策协调，使计划更好地面向市场，发挥国家计划的宏观调控作用。

第三，进一步开放沿海、沿边、沿江和省会城市，形成多层次、全方位的开放格局。为了进一步支持上海浦东新区的开发开放，1992年初，中央给上海扩大了一些项目的审批权，同时给予上海一些配套资金筹措权。3月，国务院批准海南省吸收外商投资，开放建设30平方公里土地的洋浦经济开发区，实行封闭式管理，在区内实施保税区的各项政策措施。与此同时，国务院批准黑河、绥芬河、珲春和满洲里作为边境地区的开放城市。3月中旬，国务院批准在温州设立经济开发区，这是对温州经济发展的肯定与支持。5月，继上海、天津、深圳设立保税区后，国务院又决定兴建大连、广州保税区。山东、浙江、江苏、福建等沿海省份也开始筹建保税区。保税区实行比经济特区更加灵活、优惠的政策，按照国际惯例运行。6月，国务院又批准近60个市、县、镇列入对外国人开放的地区。其中南宁和昆明将实行沿海开放城市的政策。同月，国务院决定开放长江沿岸的芜湖、九江、岳阳、武汉、重庆5个内陆城市，长江沿岸10个主要中心城市已全部对外开放。

1992年10月12日至18日，中国共产党召开第十四次全国代表大会。大会正式代表1989人，代表全国5100多万党员。大会通过了江泽民作的《加快改革开放和现代化建设步伐，夺取有中国特色社会主义事业的更大胜利》的报告，通过了关于《中国共产党章程（修正案）》的决议，选举了新一届中央委员会和中央纪律检查委员会。

这次大会作出三项具有深远意义的决策：一是确立邓小平建设有中国特色社会主义理论在全党的指导地位。二是明确我国经济体制改革的目标是建立社会主义市场经济体制。三是要求全党抓住机遇，加快发展，集中精力把经济建设搞上去。

大会决定不再设立中央顾问委员会。从党的十二大到党的十四大，中央顾问委员会协助党中央，为维护党的团结和社会稳定，推进改革开放和现代化建设，做了大量卓有成效的工作，为党、国家和人民建立了历史性功绩，出色地完成了自己的使命。

党的十四届一中全会选举江泽民、李鹏、乔石、李瑞环、朱镕基、刘华清、胡锦涛为中央政治局常委，江泽民为中央委员会总书记；决定江泽民为中央军事委员会主席；批准尉健行为中央纪律检查委员会书记。

以邓小平南方谈话和党的十四大为标志，中国社会主义改革开放和现代化建设事业进入新的发展阶段。

1993 年 3 月，党的十四届二中全会通过了《关于调整"八五"计划若干指标的建议》，建议将国民经济增长速度由原定的 6% 调整到 8% — 9%，以保证党的十四大提出的到 20 世纪末使国民经济整体素质和综合国力迈上一个新台阶，国民生产总值超过原定比 1980 年翻两番的目标。

在同月召开的八届全国人大一次会议上，批准了这一建议。李鹏在会上作的《政府工作报告》中指出：今后五年经济建设方面的任务是全面贯彻党的十四大精神，抓住机遇，加快改革开放和现代化建设步伐，依靠优化结构、技术进步和改善管理，提高经济效益，努力保持社会供求总量基本平衡，使国民经济再上一个新的台阶。这次会议选举江泽民为国家主席、国家中央军委主席；乔石为全国人大常务委员会委员长；决定李鹏为国务院总理。

经过党的十四大以后的初步实践，党内外多数同志对建立社会主义市场经济体制的总体框架有了进一步的认识。在这种情况下，1993 年 11 月 14 日，党的十四届三中全会通过了《关于建立社会主义市场经济体制若干问题的决定》。这个《决定》是根据邓小平同志建设有中国特色社会主义的理论和党的十四大精神，把十四大提出的经济体制改革的目标和基本原则加以具体化，在某些方面有进一步发展，制定了社会主义市场经济体制的总体规划。这是我们在 20 世纪 90 年代进行经济体制改革的行动纲领。

《决定》公布以后，市场化改革的步伐进一步加快。其表现是：

在财税制度方面，实行了分税制。将各种收入分为中央财政固定收入、地方财政固定收入、中央和地方共享收入，并相应地对税收征管体系进行了调整，从而建立了中央与地方规范的分配关系。

在汇率方面，采取并轨制。实行普遍的银行结汇售汇制，消除外汇双重汇率，实行人民币牌价与外汇调剂市场价并轨，建立起以市场供求关系为基础的单一浮动汇率制度。

在外贸体制方面，适当放开进出口权限，放宽市场的调节作用，并在有些方面自觉与国际惯例接轨；在投资、融资体制方面，进一步强化企业的投资主体地位，在投资、融资领域更多地引入市场竞争机制；在价格管理体制方面，适当放开一些价格管制，使有些商品的价格随市场浮动。

此外，随着社会主义市场经济体制的推行，还相应地颁布了一系列法规，从而在市场作用的有序化方面进行了有益的探索。这些法律和法规，对市场主体和产业部门提出了各种不同要求的规范，尽管这些规范还不够完善，但对市场经济的有序化发展还是起到了积极作用的。

宏观调控

党的十四大以后，随着市场化改革步伐的进一步加快，新一轮改革大潮迅速兴起，给整个国民经济带来了蓬勃发展的良好势头。从经济长势来看，1992 年，国内生产总值比上年增长 14.2%，1993 年比 1992 年增长 13.5%，1994 年又比 1993 年增长 12.6%；全社会固定资产总额 1992 年比上年增长 44.4%，1993 年比 1992 年增长 61.8%，1994 年又比 1993 年增长 30.4%；全国财政收入 1992 年比上年增长 10.6%，1993 年比 1992 年增长 24.8%，1994 年又比 1993 年增长 20%。

然而，增长速度虽然较快，但是由于经济增长主要不是依靠技术进步而是依靠高投入实现的，因而从 1992 年下半年开始，经济生活中便显露出失衡的苗头，到 1993 年上半年经济过热和通货膨胀的现象就更加突出起来。一是货币投放过量，金融秩序混乱。二是投资需求和消费需求都出现膨胀的趋势。三是财政困难状况加剧。四是由于工业增长速度日益加快，基础设施和基础工业的"瓶颈"制约进一步加大。五是出口增长乏力，进口增长过快，国家外汇结存基本无增长。六是物价上涨过快，通货膨胀呈现加速之势。

上述情况表明，宏观经济环境已经失衡，有些矛盾和问题还在继续发展。对此，中共中央及时抓住苗头，以积极态度采取了疏导的方针。

1993 年 4 月 1 日，中共中央召开的经济情况通报会要求各地全面、正确、积极地贯彻邓小平几次谈话的精神，坚持解放思想和实事求是的统一，做到既加快发展，尽力而为，又从实际出发，量力而行，避免大的起伏，避免大的损失，把经济发展的好势头保持下去。

5 月 9 日至 11 日，江泽民在上海主持召开的华东六省一市经济工作座谈会上讲话时提出：要把加快发展的注意力集中到深化改革、转换机制、优化结构、提高效益上来。5 月 19 日，江泽民给国务院领导同志写信，强调要抓紧时机解决当前经济工作中存在的一些问题，否则，解决问题的时机就会稍纵即逝，倘若问题积累，势必酿成大祸。此外，在研究推进投资、财税、金融等方面的改革时，中央都提出了加强宏观管理的要求。

为落实中央的一系列重要指示，在国务院副总理朱镕基主持下，国家计委组织 7 个部门奔赴全国 14 个地区展开调查，并会同国家财政部、中国人民银行起草了加强宏观调控的 16 条意见。

从 1993 年 5 月下旬至 6 月初，中央连续召开会议，研究解决经济过热、加强宏观调控的措施。6 月 24 日，中共中央、国务院下发了《关于当前经济情况和加强宏观调控的意见》，即中共中央1992年第六号文件。《意见》以实行适度从紧的财政货币政策、整顿金融秩序为重点，提出了加强和改善宏观调控的16条措施，同时指出在解决问题时，需要注意把握三点：一是要统一思想认识，坚持从全局出发，从长远的持续发展出发，协调行动步伐，处理好局部与全局的关系；二是要着眼于加快改革步伐，采用新思路、新办法，从加快新旧体制转换中找出路，把改进和加强宏观调控、解决经济中的突出问题，变成加快改革、建立社会主义市场经济体制的动力；三是主要运用经济办法，也要采取必要的行政手段和组织措施。

为贯彻落实《意见》提出的16条措施，中共中央和国务院在7月间连续召开了全国金融工作会议和全国财政、税务工作会议。

在全国金融工作会议上，朱镕基要求以中央六号文件来统一金融系统的认识，落实中央关于当前经济工作的重要决策。对此，他强调要统一三个方面的认识：强化宏观调控，防止经济过热，是当前迫在眉睫的任务；整顿金融秩序是强化宏观调控的重要方面；强化宏观调控，不是实行全面紧缩，而是进行结构调整。

为了落实好宏观调控的任务，他还向银行系统领导干部提出了“约法三章”：第一，立即停止和认真清理一切违章拆借，已违章拆出的资金要限期收回；第二，任何金融机构不得擅自或变相提高存贷款利率；第三，立即停止向银行自己兴办的各种经济实体注入信贷资金，银行要与自己兴办的各种经济实体彻底脱钩。

在全国财政、税务工作会议上，朱镕基又提出了“整顿财税秩序，严肃财经纪律，强化税收征管，加快财税改革”的四句话要求。同时他还代表中共中央和国务院宣布：中央已经决定，从1994年1月1日开始，在全国全面推行财税体制改革，不搞试点。为此，他向财政、税务战线上的全体职工也提出了“约法三章”：第一，严格控制税收减免；第二，严格控制财政赤字，停止银行挂账；第三，财税部门及所属机构，未经人民银行批准，一律不准涉足商业性金融业务，所办公司要限期与财税部门脱钩。

中央除了在上述金融、财政、税务等方面采取积极的措施以外，还从以下几个方面着手对经济发展实行宏观调控：

首先，正确处理速度和效益的关系，注意克服以往只注重速度不注重效益的倾向，把速度和效益同时摆上重要位置。

其次，积极引导企业实施两个根本转变。1995 年 9 月召开的中共十四届五中全会明确提出了两个具有全局意义的根本性转变：一是从传统计划经济体制向社会主义市场经济体制转变，二是经济增长方式从粗放型向集约型的转变。两个转变的基本要求是，从主要依靠增加投入、铺新摊子、追求数量，转到主要依靠科技进步和提高劳动者素质上来，转到以经济效益为中心的轨道上来。

最后，实施正确的产业政策。这是国家对经济实行有效地宏观调控的必要条件。1994 年 3 月 25 日国务院第十六次常务会议审议通过的《九十年代国家产业政策纲要》中，明确提出了制定国家产业政策的原则，这就是：一是符合工业化和现代化进程的客观规律，密切结合我国国情和产业结构变化的特点；二是符合建立社会主义市场经济体制的要求，充分发挥市场在国家宏观调控下对资源配置的基础性作用；三是突出重点，集中力量解决关系国民经济全局的重大问题；四是要具有可操作性，主要通过经济手段、法律手段和必要的行政手段保证产业政策的实施，支持短线产业和产品的发展，对长线产业与产品采取抑制政策。

随着宏观调控措施的有力贯彻和对改革、发展、稳定重大关系的处理，到 1996 年底，我国经济终于成功地实现了“软着陆”，从而进入了持续快速稳定增长的时期。

发展战略

在改革开放和现代化建设实践的推动下，经邓小平的一再倡导和党的第三代中央领导集体的不懈努力，科教兴国战略逐渐得以确立。

1995年5月6日，中共中央、国务院作出《关于加速科学技术进步的决定》，首次明确提出实施科教兴国战略的问题。按照中央的解释，"科教兴国，是指全面落实科学技术是第一生产力的思想，坚持教育为本，把科技和教育摆在经济、社会发展的重要位置，增强国家的科技实力及向现实生产力转化的能力，提高全民族的科技文化素质，把经济建设转移到依靠科技进步和提高劳动者素质的轨道上来，加速实现国家的繁荣强盛"。

5月26日，中共中央、国务院在北京召开全国科学技术大会，对科教兴国战略作出了全面部署。江泽民在大会上指出："这次大会的主要目的，就是为了动员全党、全国各族人民，全面落实邓小平科学技术是第一生产力的思想，认真贯彻《决定》精神，在全国形成实施科教兴国战略的热潮。"

科教兴国战略在改革开放和社会主义现代化建设中得到落实，并取得了显著成效。其集中表现就是高新技术得到迅猛发展和科技成果转化率的日益提高。

就高新技术的发展来看，"八六三"计划和"火炬"计划均已取得显著效果，并且在一些高科技领域的研究上，已取得了一大批有重大突破和达到国际先进水平的成果，有的已经或正在被开发成高技术产品。中国已有了自己的正负电子对撞机、重离子加速器和同步辐射实验室，而"银河"巨型计算机的

“银河”巨型计算机

研制成功，水下导弹、“长征二号”大力捆绑式火箭、“亚洲一号”通信卫星等高科技成果研制成功与成功发射，也已表明中国在高能物理、计算机技术、运载火箭技术、卫星通信技术等方面有了新的突破。国家现已相继批准建立了 52 个国家级高技术产业开发区，高技术成果商品化、高技术商品产业化、高技术产业国际化的体系正在逐步形成。

从科技成果的转化率来看，“八五”期间全国取得的 3 万项重大科技成果已有 2.5 万项转化为生产力。从 1992 年到 1996 年，成果转化和技术市场的发育已形成了互动的局面。

可持续发展，是当今国际社会普遍关注的重大问题。保护生态环境，实现可持续发展，已成为全球紧迫而艰巨的任务。1992 年，联合国在里约热内卢召开环境与发展大会。中国政府对此高度重视，李鹏总理率团参加，并承诺要认真履行会议所通过的各项文件。这次大会后不久，中国政府即提出了促进中国环境与发展的“十大对策”。

国务院环境保护委员会在 1992 年 7 月召开的第二十三次会议上，即决定由国家计划委员会和国家科委等部门组织编制《中国二十一世纪议程—— 中国21世纪人口、环境与发展白皮书》（简称《中国二十一世纪议程》）。经多方努力，该《议程》于1993年4月完成第一稿，共40章，120万字，初步形成了人口、经济、社会、资源、环境等各方面的可持续发展战略、政策和行动框架。《议程》草案经多次修改后，于1994年3月由国务院常务会议讨论通过。

《中国二十一世纪议程》作为中国发展问题的指导性文件，它形成以后即开始贯彻落实，其实施过程具体表现为：

第一，在各级的国民经济和社会发展"九五"计划及2010年远景目标中体现可持续发展思想。1994年9月起，国家计委、国家科委组织有关部门和专家，开展了将《中国二十一世纪议程》纳入国民经济和社会发展计划的研究及培训项目，培训了近300名国务院有关部门和各省、市、自治区计划、科技部门的干部，完成了研究报告，为在《国民经济和社会发展"九五"计划和2010年远景目标纲要》中，体现可持续发展思想和提出可持续发展战略奠定了基础，做了理论上的准备。

第二，广泛开展《中国二十一世纪议程》优先项目的国际合作。中国政府与国际组织和外国政府在环境与发展领域的国际合作日益加强，外国企业在中国也觅到了许多感兴趣的合作机会。一批有关环境和发展方面的合作项目正在实施，有的项目已经完成。这些项目有力地促进了中国可持续发展战略的落实。其中，澜沧江— 湄公河次区域合作项目进展较快；江西省山江湖的区域开发项目不仅得到国际社会的极大支持，并且已促使当地人在观念上发生了极大的变化；黄河三角洲项目开展顺利，山东省为此成立了领导小组；中国可持续发展网络项目已正式启动，该项目的实施将有力推动中国的信息共享。

加快发展

在深化改革、扩大开放，推动国民经济快速健康发展的进程中，中共中央从1993年起即着手进行"九五"计划和2010年远景目标的拟定工作。

1995年9月25日至28日在北京举行的中共十四届五中全会，审议并通过了《中共中央关于制定国民经济和社会发展"九五"计划和2010年远景目标的建议》。《建议》提出，"九五"期间，国民经济和社会发展的主要奋斗目标是：全面完成现代化建设的第二步战略部署，到2000年，在我国人口将比1980年增长3亿左右的情况下，实现人均国民生产总值比1980年翻两番；基本消除贫困现象，人民生活达到小康水平；加快现代企业制度建设，初步建立起社会主义市场经济体制。2010年的主要奋斗目标是：实现国民生产总值比2000年翻一番，使人民的小康生活更加富裕，形成比较完善的社会主义市场经济体制。

9月28日，江泽民在全会闭幕时发表重要讲话。他指出，为切实完成"九五"计划和2010年远景目标的规划，要正确处理社会主义现代化建设中的若干重大关系，即改革、发展、稳定的关系；速度和效益的关系；经济建设和人口、资源、环境的关系；第一、二、三产业的关系；东部地区和中西部地区的关系；市场机制和宏观调控的关系；公有制经济和其他经济成分的关系；收入分配中国家、企业和个人的关系；扩大对外开放和坚持自力更生的关系；中央和地方的关系；国防建设和经济建设的关系；物质文明建设和精神文明建设的关系。江泽民强调，能否处理好这些关系，对于我国现代化建设的成败事关重大。这十二大关系，是对中国改革开放和现代化建设规律的系统概括和总结。

社会主义市场经济，说到底就是法制经济。从 1994 年 12 月开始，江泽民等党和国家领导人连续听取有关法律知识的讲座。1996 年 2 月，江泽民提出了依法治国、建设社会主义法治国家的奋斗目标。这个目标在随后召开的党的十五大和九届全国人大一次会议上得到了确认。

在加速由计划经济向社会主义市场经济体制转轨的过程中，一些与社会主义市场经济不相容的消极腐败现象也随之产生。为此，中共中央决定从反腐倡廉方面入手，加强党的建设，以确保改革开放和社会主义现代化建设事业的顺利进行。1993 年 8 月 20 日至 25 日，中纪委第二次全体会议在北京召开。这次会议提出了近期加强反腐败斗争，推进党风廉政建设要着重抓好的三方面的工作：一是加强对各级党政机关领导干部廉洁自律情况的监督检查；二是集中力量查办一批大案要案；三是狠刹几股群众反映最强烈的不正之风。

此后不久，中共中央、国务院又于 10 月 5 日作出《关于反腐败斗争近期抓好几项工作的决定》，提出了党政机关县（处）级以上领导干部廉洁自律的五条规定。为落实中共中央、国务院的决定，中纪委、中组部、监察部于 10 月 8 日制定了《关于党政机关县（处）以上领导干部廉洁自律“五条规定”的实施意见》。此后，中纪委还多次召开会议，研究贯彻落实。

为使反腐倡廉工作抓紧抓实，自 1993 年起，国务院每年召开一次反腐败工作会议，专门研究部署当年的反腐败斗争。一是加强了廉洁自律工作的监督检查。二是查处了一批贪污腐化方面的大案要案。其中查处的大案要案主要有北京市委陈希同、王宝森违纪违法案，广东省人大原副主任欧阳德受贿案，中国民航总局原副局长边少敏收受非法所得案等数十起。

在此基础上，中共中央还针对新形势下党员干部队伍中出现的新情况、新问题制定了相应的党风廉政建设的法规和制度。1992 年到 1997 年上半年，中共中央政治局通过一系列条例、准则和规定，其中党的十四届四中全会于1994年9月28日通过的《中共中央关于加强党的建设几个重大问题的决定》，将党的建设作为一项“新的伟大工程”提到全党的面前，以引起全党的重视。1997年9月27日，中共中央发布《中国共产党纪律处分条例(试行)》，1998年3月28日，中共中央印发《中国共产党党员领导干部廉洁从政若干准则(试行)》。这两个文件的发布，使党的建设在制度化、法制化的轨道上不断前进。

以江泽民为核心的第三代中央领导集体，继续坚持关于“两手抓，两手都要硬”的方针，从多方面加强社会主义精神文明建设。党的十四大把社会主义精神文明建设作为建设有中国特色社会主义的一个主要任务加以强调，指出以“有理想、有道德、有文化、有纪律”为目标，建设社会主义精神文明，应作为20世纪90年代改革和建设的一项主要任务。1995年党的十四届五中全会进一步阐明：“在任何情况下，都不能以牺牲精神文明为代价来换取经济的一时发展”。

为了推进社会主义精神文明建设，1992年以后，还在全国深入持久地开展了爱国主义教育、民主和法制教育、加强党风和廉洁从政教育。全国先后涌现出一大批体现时代特色、反映时代精神的先进典型，如孔繁森、徐洪刚、李国安、徐虎、李素丽、吴天祥、王启民、吴金印等。

中共中央于1996年10月7日至10日召开十四届六中全会，主要讨论了思想道德和文化建设方面的问题。会议通过了《中共中央关于加强社会主义精神文明建设若干重要问题的决议》。为加强对精神文明建设的协调和指导，中共中央于1998年5月26日成立了精神文明建设指导委员会。各省、自治区、直辖市也建立了相应机构。

面对世界新的军事革命的严峻挑战，以江泽民为核心的中共中央、中央军委审时度势，制定了人民解放军新的战略指导方针，提出了“政治合格、军事过硬、作风优良、纪律严明、保障有力”的总要求，军事准备的基点要放在打赢现代化条件特别是高技术条件下的局部战争上，实现人民解放军建设由数量规模型向质量效能型、由人力密集型向科技密集型的转变，走有中国特色的精兵之路。

在致力于改革开放和现代化建设的同时，中国对外关系也取得一定进展。同发展中国家的关系进一步巩固，与大国和发达国家的关系逐步改善和发展，多边外交取得显著成效。特别是 1996 年 4 月，中俄两国在睦邻友好的基础上，双方进而又宣布建立“平等信任、面向 21 世纪的战略协作伙伴关系”。

祖国统一

完成祖国统一大业，是中华民族的根本利益所在，是全中国人民包括台湾同胞、港澳同胞和海外侨胞在内的共同心愿。

进入改革开放和社会主义现代化建设的新时期以后，中共中央把祖国统一大业提上了日程。邓小平从中国的历史和现实出发，创造性地提出了“一国两制”的伟大构想。按照这一构想，中国政府推动了香港、澳门回归祖国的进程。

中英联合声明签署以后，中国政府即着手起草《中华人民共和国香港特别行政区基本法》。1985 年 4 月 10 日，六届全国人大三次会议作出关于成立中华人民共和国香港特别行政区基本法起草委员会的决定。同年 7 月 1 日，《基本法》起草委员会正式成立并开始工作。经过近五年的努力，《基本法》起草工作如期完成。1990 年 4 月 4 日，七届全国人大三次会议审议通过了《中华人民共和国香港特别行政区基本法》，并正式颁布，决定 1997 年 7 月 1 日起实施。

这部《基本法》是“一国两制”构想的具体体现。其原则精神是：主体原则；“一国两制”原则；保持香港繁荣稳定的原则；实行港人治港、高度自治的原则。其内容除序言及三个附件外，共 9 章 160 条，分别就中央和香港特别行政区的关系，香港居民基本权利、自由和义务，香港特别行政区政府机构的组成、职权和人员，经济、社会和对外事务的制度和政策，以及区旗区徽等作了具体规定。这就把“一国两制”的方针，以法律的形式确定下来。《基本法》的通过和颁布，标志着香港回归祖国进入后过渡期。

然而，香港的后过渡期并不是一帆风顺的。1992年10月，上任不到三个月的第二十八任港督彭定康，对香港的平稳过渡采取不合作的态度。对此，中国政府一方面予以严正驳斥，争取英方回到联合声明的立场上来；一方面又坚持“以我为主”，立足于依靠我们自己的力量和港人的共同参与来实现香港的平稳过渡，并提出了“以我为主，两手准备”的方针。1993年7月2日，全国人大常委会决定成立香港特别行政区筹备委员会预备工作委员会。预委会的成立，标志着中国在香港恢复行使主权的准备工作进入了一个新的阶段。1994年8月31日，全国人大常委会通过决定：按照英方“三违反”方案产生的立法局，于1997年6月30日终止，授权特区筹委会按人大常委会有关决定和基本法的有关规定，组建香港特区第一届立法机构。

在中方的不懈努力下，1995年初，英方终于表示了愿意改善两国关系的愿望，在与中方的合作上采取了比较积极的态度，使一些有关平稳过渡的问题达成协议，受到各方欢迎。

1996年1月26日，由94位香港委员和56位内地委员组成的香港特别行政区筹备委员会在北京宣告成立。筹委会不仅是一个工作机构，而且是一个权力机构，它将负责就筹建香港特别行政区的一切有关事宜作出决策，并组织执行和落实。这标志着中国政府对香港恢复行使主权的准备工作进入了一个新的阶段。1月28日，国务院、中央军委发布公告：中央人民政府驻香港部队组成。同一天，驻港部队在深圳市公开亮相。

1996年8月，推选委员会参选人员开始报名。11月1日至2日，筹委会第六次全会从5800多名报名人选中，推选产生出400位推委会委员。11月15日，推委会正式成立，并推选出三位特区行政长官候选人，由此揭开了全面组建特区政府的序幕。12 月 11 日，现任全国政协委员、香港特别行政区筹委会副主任委员董建华在推选委员会第三次会议上当选为香港特别行政区第一任行政长官。12 月 12 日，香港特别行政区筹备委员会在深圳举行第七次全体会议，通过报请国务院任命特别行政区第一任行政长官的报告。12 月 16 日，国务院召开第十一次全体会议，对这一报告作出决定。12 月 18 日，国务院总理李鹏在北京向董建华颁发了国务院的任命书。12 月 21 日，推选委员会在深圳举行第四次全体会议，选举产生了香港特别行政区临时立法会的 60 名议员。1997 年 2 月 20 日，董建华任命了香港特区第一届政府的 23 名高级官员。

1997 年 6 月 30 日午夜至 7 月 1 日凌晨，中英两国政府香港交接仪式在香港会议展览中心新翼五楼大会堂隆重举行。英国米字旗和港英的皇冠狮子

中国政府对香港恢复行使主权纪念

旗降下，五星红旗和香港特别行政区的五星花蕊紫荆花区旗升起。中国政府开始对香港恢复行使主权。这是洗刷中华民族百年耻辱的庆典。中英两国政府香港政权交接仪式结束后，香港特别行政区政府立即宣誓就职。“一国两制”“港人治港、高度自治”，由中国共产党和邓小平为香港前途设计的蓝图，在这一刻变成了现实。香港的发展从此进入了一个崭新的时代。

在解决香港问题的过程中，中国政府还同葡萄牙政府就澳门问题展开磋商。经过四轮谈判，于 1987 年 4 月 13 日签署了《中华人民共和国政府和葡萄牙共和国政府关于澳门问题的联合声明》，宣布澳门是中国领土，中国政府将于 1999 年 12 月 20 日对澳门恢复行使主权。此后，中国政府开始组织起草澳门特别行政区基本法，并于 1993 年 3 月八届全国人大一次会议上获得通过。

1999 年 12 月 20 日，中国政府和葡萄牙政府如期在澳门举行了政权交接仪式。在高高升起的中华人民共和国国旗下，江泽民庄严宣告：中国政府开始对澳门恢复行使主权，中华人民共和国澳门特别行政区政府正式成立。澳门回到祖国怀抱，标志着在中国的国土上彻底结束了外国列强的殖民统治。这是旧中国的历届政府所不能也不敢解决的问题，是中国共产党对于中华民族的历史性贡献。

在香港、澳门回归祖国的过程中，大陆与台湾的关系也逐渐朝着“一国两制”、和平统一的方向发展。海峡两岸结束了长期隔绝的局面。台湾同胞赴大陆探亲、旅游、经商的人次一年比一年增加，台胞在大陆的投资急剧增长，两岸交往特别是文化交流得到较快发展。1993 年 4 月，大陆海协会会长汪道涵与台湾海基会董事长辜振甫举行会谈，这是海峡两岸授权的民间团体最高负责人之间的直接会谈。

1995 年春节来临之际，国家主席江泽民于 1 月 30 日发表了《为促进祖国统一大业的完成而继续奋斗》的重要讲话，提出了发展两岸关系的八点主张，进一步阐明和发挥了邓小平关于“和平统一，一国两制”的方针，充分体现了中国共产党和中国政府在台湾问题上所持的以国家和民族大义为重，尊重历史与现实，既坚持原则又求同存异的公正立场，同时也提出了一系列发展两岸关系的新建议和新思路，因而立即受到了海内外一切关心中国统一的人们的热烈欢迎。

根据这八点主张，中国政府和人民为进一步促进祖国和平统一开展了多方面工作。海峡两岸的经贸关系和民间往来交流活动继续得到发展，实现祖国完全统一，已成为不可阻挡的历史大趋势。

跨越世纪

1997年2月19日，中国改革开放和现代化建设的总设计师邓小平不幸逝世。2月25日，在邓小平追悼大会上，江泽民在致悼词时明确宣告：更高地举起邓小平建设有中国特色社会主义理论的伟大旗帜，更好地贯彻执行党的基本路线，这是我们党中央领导集体坚定不移的决心和信念，也是全党全军全国各族人民的共识和愿望。全党全军全国各族人民一定要继承邓小平同志的遗志，把邓小平同志开创的建设有中国特色社会主义的伟大事业推向前进。

5月29日，江泽民在中共中央党校省部级干部进修班毕业典礼上发表重要讲话，明确指出：在社会主义改革开放和现代化建设的新时期，在跨越世纪的新征途上，一定要高举邓小平建设有中国特色社会主义理论的伟大旗帜，用这个理论来指导我们的整个事业和各项工作，这是党从历史和现实中得出的不可动摇的结论。

1997年9月12日至18日，中国共产党第十五次全国代表大会在北京举行。江泽民代表第十四届中央委员会向大会作《高举邓小平理论伟大旗帜，把建设有中国特色社会主义事业全面推向二十一世纪》的报告。在这个报告中，首次使用了"邓小平理论"的提法，把这一理论作为指引全党全军全国各族人民继续前进的旗帜，着重阐明了在跨越世纪的征途上，必须高举邓小平理论的伟大旗帜，用邓小平理论来指导我们整个事业和各项工作。

高举邓小平理论伟大旗帜，无疑是要以邓小平理论为灵魂，把建设有中国特色社会主义的伟大事业胜利地推向前进。党的十五大也正是本着这一精神，对跨世纪的经济、政治、文化、国防、外交以及党的建设等领域的改革和发展作出了战略性的部署。党的十五大报告指出，把建设有中国特色社会主义的伟大事业全面推向21世纪，就是要抓住机遇而不可丧失机遇，开拓进取而不可因循守旧，围绕经济建设这个中心，经济体制改革要有新的突破，政治体制改革要继续深入，精神文明建设要切实加强，各个方面相互配合，实现经济发展和社会全面进步。

根据邓小平理论和党的基本路线、基本纲领，党的十五大对跨世纪发展的战略部署提出了进一步要求。即：调整和完善所有制结构，加快推进国有企业改革；完善分配结构和分配方式；充分发挥市场机制作用，健全宏观调控体系；加强农业基础地位，调整和优化经济结构；实施科教兴国战略和可持续发展战略；努力提高对外开放水平。要在坚持四项基本原则的前提下，继续推进政治体制改革，进一步扩大社会主义民主，健全社会主义法制，依法治国，建设社会主义法治国家。必须着力提高全民族的思想道德素质和科学文化素质，为经济发展和社会全面进步提供强大的精神动力和智力支持。实现这些任务和目标，关键在于坚持、加强和改善党的领导，进一步把党建设好。

党的十五大报告还对社会主义初级阶段的所有制结构和公有制实现形式、发展社会主义民主政治等重大问题作出了新的论断，指出：要全面认识公有制经济的含义。公有制经济不仅包括国有经济和集体经济，还包括混合所有制经济中的国有成分和集体成分。国有经济起主导作用，主要体现在控制力上。公有制实现形式可以而且应当多样化，一切符合“三个有利于”的所有制形式都可以用来为社会主义服务。非公有制经济是我国社会主义市场经济的重要组成部分。依法治国，是党领导人民治理国家的基本方略，是发展社会主义市场经济的客观需要，是社会文明进步的重要标志，是国家长治久安的重要保障。这些论断，是对改革开放以来建设有中国特色社会主义实践的经验总结，是党在社会主义理论问题上的又一次思想解放和认识深化。

党的十五大在世纪之交中国改革开放和社会主义现代化建设发展的关键时刻，高举邓小平理论伟大旗帜，承前启后，继往开来，为把邓小平开创的建设有中国特色社会主义事业全面推向21世纪，提供了在思想上、政治上和组织上的保证。

党的十五大之后，全党全国人民积极行动起来，为落实十五大提出的各项战略任务而积极开展各项工作。各项改革方案也纷纷出台。

首先，大力深化国有企业改革。落实下岗职工生活保障和再就业工作，对下岗职工的基本生活费由政府、企业、社会共同承担；建立国务院稽查特派员制度，向国有企业派遣稽查特派员以加强对国有企业的监督管理；成立中央大型企业工委，以加强企业党的建设并加强对企业的监管。这些配套措施的实施，加快了国有企业改革的步伐。

其次，进行金融体制改革。为强化党对金融工作的领导，1998年6月，中共中央正式成立金融工委。与此同时，中国人民银行还开始在全国建立跨省、市、自治区的大区分行，强化垂直领导，加强金融监管；国有商业银行也在进行内部机构调整，以减少支行，压缩人员，提高效益。

再次，粮食流通体制改革全面展开。1998年4月底，国务院在北京召开全国粮食流通体制改革会议，确定改革的原则是：实行政企分开、储备与经营分开、中央与地方责任分开、新老财务账目分开，完善粮食价格机制，以调动农民的积极性。6月初，国务院又召开了全国粮食购销工作电视电话会议，提出按保护价敞开收购农民余粮、粮食收储企业实行顺价销售、农业发展银行收购资金封闭运行三项政策，加快国有粮食企业自身改革。6月6日，朱镕基签发国务院第244号令，颁布了《粮食收购条例》，以此加强粮食收购管理。

最后，积极稳妥地进行国务院机构改革。1998年6月19日，朱镕基总理主持召开国务院第二次全体会议，总结了新一届政府组建以来，各部门“三定”（定职能、定机构、定编制）方案的制定工作，对下一步实施“三定”工作作出部署。根据国务院批准的各部门的“三定”方案，按照转变政府职能、实行政企分开的要求，国务院各部门转交给企业、社会中介组织和地方的职能有200多项；在部门之间调整转移的职能100多项；部门内设的司局级机构减少200多个，精简了1/4；人员编制总数减少47.5%。

上述改革的成功，实现了新一届政府的承诺，为完成党的党的十五大和九届全国人大一次会议的各项部署，提供了有力保证。

在迈向新世纪的征途上，党和国家先后遇到了来自国内的和国外的，经济生活中和社会生活中的一系列难以预料的困难和风险。

1997年下半年爆发的亚洲金融危机，引起了中共中央的高度重视。11月17日至19日，中共中央、国务院在北京召开全国金融会议，对进一步深化金融体制改革和整顿金融秩序、防范和化解金融风险的重要性和紧迫性有了充分的认识，明确了做好这项工作的总体要求、指导原则、主要任务和重要措施。在周边许多国家都因这场金融危机的袭击而货币大幅度贬值的情况下，中国政府几次做出人民币不贬值的承诺，并且给予受到金融危机影响严重的国家以一定的援助。这场金融风暴虽然给中国经济的发展带来了一些负面影响，但由于防范及时，应对正确，中国经济经受住了这来势凶猛的冲击，迫在眉睫的风暴与中国擦肩而过。中国为缓解这场影响全球的风暴承担了风险，付出了代价，做出积极的贡献，起到了稳定亚洲经济和金融形势的中流砥柱的作用，在全世界产生了良好的影响。

从1998年6月中旬开始，长江流域，嫩江、松花江流域出现一个世纪以来所罕见的严重洪灾。全国受灾面积达 3.18 亿亩，受灾人口 2.23 亿人，直接经济损失达 2000 多亿元。许多工矿企业停产，长江部分航段中断航运一个多月，对生产建设造成严重影响。

中共中央、国务院、中央军委临危不乱，果断决策，领导了一场惊心动魄、气壮山河的抗洪斗争。在这场斗争中，江泽民等党和国家领导人几次亲临抗洪第一线，察看灾情、汛情，及时作出部署，极大地鼓舞了抗洪军民的士气。参加抗洪的广大干部群众不顾个人安危得失，同滔滔洪水展开殊死搏斗。尤其是人民解放军和武警部队官兵更表现出顽强拼搏和自我牺牲的精神，为夺取抗洪胜利发挥了关键作用。全国上下及海内外同胞也倾力支援，体现了中华民族的强大凝聚力。经过艰苦卓绝的奋斗，肆虐的洪水终于被制服，谱写了壮烈的抗洪篇章。

在同洪水的搏斗中，党、人民解放军和人民群众经受住了严峻的考验，展现出了一种十分崇高的精神。这就是江泽民在 1998 年 9 月全国抗洪抢险总结表彰大会上所概括的“万众一心，众志成城，不怕困难、顽强拼搏，坚忍不拔、敢于胜利的伟大抗洪精神”。这种精神，同中国共产党一贯倡导的革命精神和新时期的创业精神一样，都是中国人民的宝贵精神财富。

党的十五大以后，农业问题和国有企业问题成为第三代中央领导集体关注的重点。

1998 年 10 月，党的十五届三中全会审议通过了《中共中央关于农业和农村工作若干重大问题的决定》。《决定》要求：以公有制为主体、多种所有制经济共同发展的基本经济制度，以家庭承包经营为基础、统分结合的经营制度，以劳动所得为主和按生产要素分配相结合的分配制度，必须长期坚持。在这个基础上，按照建立社会主义市场经济体制的要求，深化农村改革。这个《决定》的贯彻，使农村以家庭承包经营为基础、统分结合的双层经营体制得到进一步稳定，农产品流通体制改革继续稳步推进，农产品市场体系进一步完善，农业生态环境有了改善，农业和农村经济结构继续得到优化。扶贫攻坚力度加大，完成了到2000年使贫困地区农民全部实现温饱的目标。农村基层民主法制建设，社会主义精神文明建设，农村基层党组织和干部队伍建设，都得到了切实加强。

以加快国有企业改革，建立现代企业制度，实现国有企业整体脱困为重点的改革攻坚取得显著进展。1999年9月，党的十五届四中全会审议通过了《中共中央关于国有企业改革和发展若干重大问题的决定》。根据这一决定，国有企业改革进一步深化，陆续组建了一批大型企业集团，企业内部改革和转换经营机制的工作进一步加强。通过兼并破产、改组联合、债转股和加强管理等措施，国有及国有控股大中型企业中的亏损户有了显著减少。1999年，纺织行业提前一年实现了三年脱困目标，其他行业也出现了增盈或减亏的好势头。到2000年，中央确定的国有企业改革和脱困的目标得到胜利实现。

与国有企业深化改革相联系，下岗职工基本生活保障和再就业工作也受到中共中央、国务院的高度重视。1998年5月14日至16日，中共中央、国务院在北京召开国有企业下岗职工基本生活保障和再就业工作会议。江泽民在会上指出：这项工作不仅是重大的经济问题，也是重大的政治问题；不仅是现实的紧迫问题，也是长远的战略问题。要求各级党委和政府，一定要把它作为一个头等大事抓紧抓好。

政企分开的工作也加快了步伐。1999年，中央作出了中央党政机关与所办经济实体和管理的直属企业脱钩的决策，并迅速得到落实。金融体制改革和防范金融风险的工作继续加强，撤销了人民银行省级银行，设置跨省区的9家分行，关闭了个别问题严重的金融机构，金融秩序进一步好转。中共中央、国务院组织有关部门，集中力量在全国范围内开展了大规模的反走私联合行动，严厉打击骗汇、逃汇、套汇的犯罪活动，取得显著成效。这些重大措施，有效地保证了社会主义市场经济的健康发展，受到人民群众普遍拥护。

面对世纪之交的机遇和挑战，以江泽民为核心的党中央准确把握国际大

西部大开发战略进入实施阶段

局和国内大局的新变动，根据邓小平关于中国现代化建设“两个大局”战略思想，适时地作出了西部大开发的战略决策。1999 年 6 月 17 日，江泽民在西北五省区国有企业改革和发展座谈会上指出：“现在我们正处在世纪之交，应该向全党和全国人民明确提出，必须不失时机地加快中西部地区的发展，特别是抓紧研究西部大开发。”同年 9 月举行的党的十五届五中全会明确提出：“国家要实施西部大开发战略。”在中共中央、国务院的统一部署下，西部大开发战略进入到实施阶段。

1999 年，各项建设都取得了新的成就。整个国民经济继续朝着好的方向发展，国内生产总值增长率达到预期目标，大多数行业经济效益明显回升，国家财政收入总额首次突破万亿元，达到 11377 亿元，金融运行平稳，外贸出口开始大幅度回升，人民币汇率稳定，国家外汇储备继续增加。人民生活水平得到进一步提高。1999 年 10 月 1 日，在北京天安门广场举行盛大的中华人民共和国成立 50 周年庆祝大会，并举行阅兵式。江泽民在大会上讲话说：“实践已经充分证明，只有社会主义才能救中国，只有社会主义才能发展中国。实践也充分证明，建设有中国特色社会主义，是实现中国经济繁荣和社会全面进步的康庄大道。”“奋斗就会有艰辛，艰辛孕育着新的发展。这是一个普遍规律。中国的未来是无限光明的。让我们高举马克思列宁主义、毛泽东思想、邓小平理论的伟大旗帜，朝着辉煌的目标奋勇前进！一个富强民主文明的社会主义现代化中国必将出现在世界的东方。”

1999 年，中共中央还统揽全局，针对国内外的一系列突发事件，领导全国人民及时进行了三项重大政治斗争：

一是针对以李登辉为首的台湾分裂势力鼓吹“两国论”的嚣张气焰，立即组织全国各界开展了批判“两国论”的斗争，坚决打击了破坏祖国统一的分裂行径。

二是针对少数人利用“法轮功”散布歪理邪说，严重侵蚀人们思想，聚众扰乱社会公共秩序，破坏改革发展稳定局面的事件，及时取缔“法轮功”邪教组织，发动社会各界展开强大舆论攻势，揭批“法轮功”邪教的罪行，加强了思想政治工作，维护了社会稳定。

三是针对以美国为首的北约集团袭击中国驻南斯拉夫使馆，造成人员伤亡、馆舍严重损毁的野蛮行径，立即向美国当局及北约国家领导人进行严正交涉，并组织社会各界进行了大规模的声讨和抗议活动，极大地激发起全国人民的爱国热情和为振兴祖国而努力奋斗的信念。

这些斗争的开展，对教育和团结全国人民具有深远的政治意义，为改革开放和现代化建设创造了良好的社会环境。

在世纪之交，党对复杂多变的国际形势继续保持了清醒的认识，坚持奉行独立自主的和平外交政策，积极发展与世界各国的友好合作关系，开展了积极主动和卓有成效的外交活动。通过江泽民等党和国家领导人的一系列出访和外国领导人的来访，同许多国家都确定了面向 21 世纪发展双边关系的原则。特别是 1997 年和 1998 年，中国国家主席江泽民和美国总统克林顿成功

1999 年神舟一号飞船成功发射

实现了互访，双方决定共同建立面向 21 世纪的建设性战略伙伴关系。在国际事务中，中国政府继续坚持公正立场，积极维护和平和稳定；对少数反华势力干涉中国内政，侵犯中国主权的企图，进行了有力回击。中国的国际地位和威望更加提高，为进入新世纪的改革开放和现代化建设事业赢得了有利的国际环境。

面向新的世纪，在建立社会主义市场经济体制的过程中，如何把中国共产党建设成为能够经受住各种风险、始终走在时代前列的马克思主义政党，是一个崭新的课题。从 1995 年起，江泽民多次提出干部要讲学习、讲政治、讲正气。为适应改革开放和现代化建设事业跨世纪发展的需要，提高党的执政水平和领导水平，按照中共中央的部署，从 1999 年开始，全党在县以上党政领导班子和领导干部中，集中时间分期分批开展了以“讲学习、讲政治、讲正气”为内容的“三讲”教育。江泽民等中央政治局常委分别到一个县，调查研究，并亲自主持动员，推动了“三讲”教育的深入进行。通过这一教育，有效地解决了在党性和党风方面存在的一些突出问题，同时也为不断加强党的自身建设这一跨世纪工程进行了创造性的新探索。

2000 年 2 月，江泽民在广东考察工作及参加高州市领导干部“三讲”教育会议时，提出了“三个代表”重要思想。江泽民指出：“要把中国的事情办好，关键取决于我们党，取决于党的思想、作风、组织、纪律状况和战斗力、领导水平。只要我们党始终成为中国先进生产力的发展要求、中国先进文化的前进方向、中国最广大人民的根本利益的忠实代表，我们党就能永远立于不败之地，永远得到全国各族人民的衷心拥护并带领人民不断前进。”这“三个代表”的重要论述在 2 月 26 日见报后，在党内外产生了强烈反响。接着，江泽民又考察了江苏、浙江和上海的党的建设，考察了宁夏、甘肃的党的建设，进一步阐述了党的建设问题，推动了“三个代表”重要思想的学习。

“三个代表”是中国共产党的立党之本、执政之基、力量之源。这一重要思想，为中国共产党面向新世纪进一步巩固、加强、提高自己，提供了强大的思想武器，为全面推进党的建设新的伟大工程，把党建设成为有中国特色社会主义事业的坚强领导核心，指明了前进的方向。

全面建设小康社会

辉煌成就

2000年底

『九五』计划胜利完成，社会主义市场经济体制初步建立，人民生活总体上实现小康

奋斗纲领

2002.11.8-14

党的十六大在北京召开，提出了全面建设小康社会的奋斗目标

科学发展

2003年春

我国遭遇了一场突如其来的非典疫情

2003.7.28

胡锦涛提出要坚持全面发展、协调发展、可持续发展的发展观

2005.10

党的十六届五中全会提出建设社会主义新农村的历史任务

2005.12.29

十届全国人大常委会第十九次会议决定取消农业税

小康新貌

2007.10.15-21

党的十七大召开，大会在十六大确立的全面建设小康社会目标基础上，对我国发展提出了新的更高要求

执政能力

2005.1

中共中央印发《建立健全教育、制度、监督并重的惩治和预防腐败体系实施纲要》

2004.11.7

中央下发《关于在全党开展以实践『三个代表』重要思想为主要内容的保持共产党员先进性教育活动的意见》

2004.9

党的十六届四中全会通过《中共中央关于加强党的执政能力建设的决定》

和谐社会

2006.10

党的十六届六中全会通过《关于构建社会主义和谐社会若干重大问题的决定》

2005.10

党的十六届五中全会把构建社会主义和谐社会确定为贯彻落实科学发展观的一项重大任务

2004.9

党的十六届四中全会明确提出构建社会主义和谐社会的任务

破浪前进

2005.3.14 十届全国人大三次会议高票通过《反分裂国家法》

2005.4.22 胡锦涛在雅加达亚非首脑会议上首次提出建设『和谐世界』的主张

2008.5.12 四川汶川发生特大地震

2008.8.8 北京奥运会开幕

2008.11.5 国务院决定实行积极的财政政策和适度宽松的货币政策

党建工程

2007.10 党的十七大决定在全党开展深入学习实践科学发展观活动

2009.9 党的十七届四中全会召开，通过《中共中央关于加强和改进新形势下党的建设若干重大问题的决定》

宏伟蓝图

2010.1 中央召开第五次西藏工作座谈会，研究制定推动西藏经济社会发展的重大政策举措

2010.5 中央召开新疆工作座谈会，出台推进新疆跨越式发展和长治久安的重大政策举措

2010.10.15-18 党的十七届五中全会召开，提出『十二五』时期我国发展的目标和任务

辉煌成就

党的十五大以后，全党和全国各族人民高举邓小平理论伟大旗帜，加快建立社会主义市场经济体制的改革步伐，努力促进国民经济持续快速健康发展，全面推进中国特色社会主义伟大事业，取得了改革开放和社会主义现代化建设新的辉煌成就。到2000年底，国民经济和社会发展的第九个五年计划胜利完成，社会主义市场经济体制初步建立，人民生活总体上实现了由温饱到小康的历史性跨越。

1997年后，由于党中央的正确决策，我国克服了亚洲金融危机和世界经济波动带来的不利影响，保持了经济持续较快增长。“九五”期间，我国国内生产总值一直保持着稳定增长，2000年达到99214.6亿元，人均7858元。继1995年提前实现国民生产总值比1980年翻两番的目标之后，又在我国人口增长3亿左右的情况下超额完成了党的十四届五中全会提出的人均国民生产总值比1980年翻两番的任务。在经济持续增长和效益不断提高的基础上，国家财政收入连年增加，2000年达到13395亿元，五年累计超过5万亿元。我国主要工农业产品产量位居世界前列，经济总量由世界第9位跃居第6位。

到2000年底，我国社会主义市场经济体制已经初步建立。国有企业改革稳步推进，公有制经济进一步壮大。大多数国有大中型骨干企业通过优化结构、深化改革，经营状况明显改善，摆脱了长期亏损的局面，初步建立起现代企业制度。国有小型企业放开搞活的步伐加快并取得明显成效。国有企业管理体制和经营机制发生深刻变化，企业优胜劣汰的竞争机制初步形成，开创了国有企业改革和发展的新局面。个体、私营等非公有制经济发展较快。财税、金融、流通、住房和政府机构改革继续深化。市场体系建设全面展开，政府职能转变步伐加快，适应市场经济的宏观调控体系初步形成。资本、劳动力、技术等生产要素市场加速发展，市场调节比重不断增加，国民经济市场化程度进一步提高，市场在资源配置中的基础性作用明显增强。

适应经济全球化的趋势，我国对外开放水平进一步提高。开放型经济快速发展，全方位、多层次、宽领域的对外开放格局基本形成。随着对外开放领域的拓展，我国对外贸易不断扩大，利用外资数量和质量不断提高。2000 年，进出口贸易总额达 4743 亿美元，在世界贸易中的排名由 1995 年的第 11 位提升至第 8 位。在对外贸易中，出口商品的结构得到进一步优化，在实现由初级产品为主向加工产品为主的转变后，又实现了从一般加工产品为主向机电产品为主的转变。“九五”期间累计实际利用外资 2898 亿美元，比“八五”时期增长 80%。国家外汇储备超过 1600 亿美元，位居世界第二。外商投资领域不断拓宽，外商直接投资的科技含量增加，跨国公司来华投资增多。

政治体制改革稳步推进，社会主义民主政治和精神文明建设成效显著。人民代表大会制度、中国共产党领导的多党合作和政治协商制度、民族区域自治制度不断完善，基层民主活力增强。爱国统一战线发展壮大，民族、宗教和侨务工作取得新进展。依法治国基本方略切实贯彻，社会治安综合治理取得新成效。

科技、教育、文化、卫生、体育等事业全面进步，群众精神文化生活日益丰富。“九五”时期，科技经费投入累计达 5828 亿元，是“八五”时期的 1.9 倍，平均每年取得科技成果 3 万余项。航空航天、信息、新材料和生物工程等高科技领域取得一批重要成果。“神舟”号飞船试验飞行成功，载人航天事业迈出重要步伐。数字高清晰度电视、稀土材料应用和生物技术等重大科研成果产业化取得重要进展。全国普及九年义务教育的人口覆盖率从 1995 年的 36.2% 增加到 2000 年的 85%。大中城市文化设施建设加快，广播电视覆盖网进一步扩大，到2000年底，全国广播人口覆盖率达92.5%，电视人口覆盖率达93.7%。医疗保健体制和卫生体制改革迈出较大步伐，城镇社区卫生服务、农村合作医疗和初级卫生保险体系进一步健全，人民群众健康水平有新的提高。

城乡居民收入稳步增长。“九五”期间，社会商品零售总额年均增长10.6%，市场商品供应充裕丰富，有效供给水平明显提高，长期困扰中国人民的商品短缺状况基本结束。市场供求关系实现了由卖方市场向买方市场的历史性转变。2000年，城镇居民人均可支配收入和农村居民人均纯收入分别达到6280元和2253.4元。剔除价格变动因素，“九五”期间年均增长5.7%和4.7%。“八七”扶贫攻坚目标基本实现，农村贫困人口从1995年的6500万减少到2000年的2500万。与此同时，社会保障体系的基本框架初步形成，以城镇职工基本养老保险、失业保险、城镇职工基本医疗保险为主要内容的社会保险制度初步确立。

基础设施建设不断加强，生态环境有较大改善。“九五”期间，全社会固定资产投资总规模达13.87亿元，集中力量办成了一些多年想办而没有办成的大事。我国基础产业和基础设施建设长期滞后的局面大为改观，能源、交通、通信和原材料的“瓶颈”制约得到缓解，经济发展的后劲大为增强。与此同时，生态环境建设力度加大。大河大湖的水污染防治、大气污染防治等工作全面展开，并取得阶段性成果。

随着“九五”计划的完成，我国生产力水平又迈上一个大台阶，综合国力得到加强，人民生活总体上达到小康水平。这是中华民族发展史上的又一个里程碑。在此基础上，党中央就继续推进我国经济社会发展作出新的部署。2000年10月，党的十五届五中全会通过《关于制定国民经济和社会发展第十个五年计划的建议》，提出从新世纪开始，我国将进入全面建设小康社会并加快推进现代化的新的发展阶段；今后五到十年，要以发展为主题，以结构调整为主线，以改革开放和科技进步为动力，以提高人民生活水平为根本出发点，全面推进经济发展和社会进步。根据这个《建议》，国务院制定了《国民经济和社会发展第十个五年计划纲要》。2001 年 3 月，九届全国人大四次会议批准了这个《纲要》，从而为进入新世纪后的改革开放和现代化建设明确了奋斗目标和指导方针。

奋斗纲领

2001 年 9 月，党的十五届六中全会通过《关于召开党的第十六次全国代表大会的决议》。在筹备十六大期间，江泽民明确指出："党的十六大，将进一步制定党和国家在新世纪之初的行动纲领，进一步统一全党和全国各族人民的思想，坚定信心，鼓舞干劲，同心同德地向现代化建设第三步战略目标前进，使社会主义中国在风云变幻的国际局势中保持高度稳定和强大生机，使我们党不断增强创造力、凝聚力、战斗力，始终走在时代前列，确保实现中国的现代化和中华民族的伟大复兴。"

2002 年 11 月 8 日至 14 日，中国共产党第十六次全国代表大会在北京召开。大会通过了江泽民代表第十五届中央委员会所作的《全面建设小康社会，开创中国特色社会主义事业新局面》的报告，通过了《中国共产党章程（修正案）》和中央纪律检查委员会的工作报告，选举产生了新一届中央委员会和中央纪律检查委员会。

党的十六大是党在新世纪新阶段召开的第一次全国代表大会。大会的主题是：高举邓小平理论伟大旗帜，全面贯彻"三个代表"重要思想，继往开来，与时俱进，全面建设小康社会，加快推进社会主义现代化，为开创中国特色社会主义事业新局面而奋斗。围绕这一主题，江泽民在报告中深刻分析了党面临的国际国内形势，科学总结了十三届四中全会以来十三年的基本经验，进一步阐明了贯彻“三个代表”重要思想的根本要求，提出了全面建设小康社会的奋斗目标，并对建设中国特色社会主义经济、政治、文化和党的建设等各项工作作出全面部署，鲜明地回答了在新世纪新阶段中国共产党举什么旗、走什么路、实现什么样的目标等重大问题。

根据全面开创中国特色社会主义事业新局面的要求，报告提出了全面建设小康社会的奋斗目标，并从经济、政治、文化等方面勾画了宏伟蓝图。报告指出：综观全局，21 世纪头 20 年，对我国来说，是一个必须紧紧抓住并且大有作为的重要战略机遇期。我们要在 21 世纪头 20 年，集中力量，全面建设惠及十几亿人口的更高水平的小康社会，使经济更加发展、民主更加健全、科教更加进步、文化更加繁荣、社会更加和谐、人民生活更加殷实。这是实现现代化建设第三步战略目标必经的承上启下的发展阶段，也是完善社会主义市场经济体制和扩大对外开放的关键阶段。

报告进一步阐明了“三个代表”重要思想的历史地位、精神实质和根本要求。报告指出：“三个代表”重要思想，是在科学判断党的历史方位的基础上提出来，是对马克思列宁主义、毛泽东思想和邓小平理论的继承和发展，反映了当代世界和中国的发展变化对党和国家工作的新要求，是加强和改进党的建设、推进我国社会主义自我完善和发展的强大理论武器，是全党集体智慧的结晶，是党必须长期坚持的指导思想。全党要把这一重要思想贯彻到社会主义现代化建设的各个领域，体现在党的建设的各个方面。大会通过的党章修正案把“三个代表”重要思想作为党的行动指南，写入党章，使“三个代表”重要思想同马克思列宁主义、毛泽东思想、邓小平理论一道，成为党必须长期坚持的指导思想。这是大会作出的一个历史性决策，也是一个历史性贡献。

大会顺利实现了中央领导集体的新老交替。新选进中央委员会的成员占一半以上，全部是中华人民共和国成立后参加工作的，平均年龄 55.4 岁，具有大专以上文化程度的占 98.6%，标志着党和国家的事业后继有人，充满希望。

党的十六大以团结的大会、胜利的大会、奋进的大会和继往开来的大会载入史册。党的十六大以后，在以胡锦涛为总书记的党中央领导下，全党和全国人民踏上了全面建设小康社会的新征程。

科学发展

2002 年 12 月 5 日至 6 日，胡锦涛率领中央书记处的同志到西柏坡学习考察，回顾党带领人民进行伟大革命斗争的历史，重温毛泽东在党的七届二中全会上的重要讲话，号召全党特别是领导干部要牢记毛泽东关于“两个务必”的告诫，大力发扬艰苦奋斗的作风，为实现党的十六大确定的目标开拓进取、团结奋斗。

正当全党全国人民意气风发地为实现全面建设小康社会宏伟目标而奋斗的时候，2003 年春，我国遭遇了一场突如其来的非典疫情。面对这场严峻考

抗击非典斗争

验，全党全国人民在党中央和国务院的坚强领导下，坚持一手抓防治非典疫情，一手抓经济建设这个中心不动摇，夺取了抗击非典和促进发展的双胜利。

通过抗击非典斗争，党更加深刻地认识到我国经济发展和社会发展、城市发展和农村发展还不够协调等突出矛盾。2003 年 7 月 28 日，胡锦涛在全国防治非典工作会议上讲话指出：从今后的工作来说，"我们要更好地坚持全面发展、协调发展、可持续发展的发展观，更加自觉地坚持推动社会主义物质文明、政治文明和精神文明协调发展，坚持在经济社会发展的基础上促进人的全面发展，坚持促进人与自然的和谐"。此后，胡锦涛在江西、湖南视察时又强调"要牢固树立协调发展、全面发展、可持续发展的科学发展观，积极探索符合实际的发展新路子"。

2003 年 10 月，党的十六届三中全会通过了《中共中央关于完善社会主义市场经济体制若干问题的决定》。《决定》指出，为适应经济全球化和科技进步加快的国际环境，适应全面建设小康社会的新形势，必须加快推进改革，进一步解放和发展生产力，为经济发展和社会全面进步注入强大动力。要按照统筹城乡发展、统筹区域发展、统筹经济社会发展、统筹人与自然和谐发展、统筹国内发展和对外开放的要求，更大程度地发挥市场在资源配置中的基础性作用，增强企业活力和竞争力，健全国家宏观调控，完善政府社会管理和公共服务职能，为全面建设小康社会提供强有力的体制保障。深化经济体制改革，必须坚持社会主义市场经济的改革方向，坚持尊重群众的首创精神，坚持正确处理改革发展稳定的关系，坚持以人为本，树立全面、协调、可持续的发展观，促进经济社会和人的全面发展。《决定》阐明了科学发展观的基本要求，是指导我国今后一个时期经济体制改革的纲领性文件。

科学发展观的提出，是党对 20 多年来改革开放实践的经验总结，反映了中国共产党对发展问题的新认识，体现了全面建设小康社会的迫切要求，既顺应时代发展潮流，又符合当代中国国情。为切实贯彻落实科学发展观，党中央、国务院相继作出一系列重大决策，推动经济社会实现又好又快发展。

从2003年下半年开始，面对经济运行中出现的一些新的不稳定、不健康因素，党中央进一步加强和完善了宏观调控。其中主要是解决两个问题：一是针对粮食播种面积连续5年减少，粮食产量持续下降的局面，进一步加强农业，促进粮食生产。二是针对固定资产投资总量增长过快，积极改善投资结构。经过采取有针对性的调控措施，抑制了经济运行中的不健康不稳定因素，避免了经济发展大的起落，保持了国民经济持续快速增长的势头。2006年12月，中央经济工作会议进一步提出"又好又快"发展的方针，更加体现了贯彻落实科学发展观的客观要求，促进了经济与社会、人与自然之间的和谐发展。

为实现全面建设小康社会的奋斗目标，贯彻落实科学发展观，党中央把农业、农村、农民问题作为全党工作的重中之重，放在更加突出的位置。2004年12月，胡锦涛在中央经济工作会议上提出：我国现在总体上已到了以工促农、以城带乡的发展阶段。在着眼城乡统筹发展的基础上，2005年10月，党的十六届五中全会提出建设"生产发展、生活宽裕、乡风文明、村容整洁、管理民主"的社会主义新农村的历史任务。2004年以后，中央连续颁发有关"三农"问题的"一号文件"，就完善农村税费改革、增加农民收入、提高农业综合生产能力、深化农村改革等作出部署，提出一系列支农、惠农政策，加快社会主义新农村建设的步伐。2005年12月29日，十届全国人大常委会第19次会议决定，自2006年1月1日起废止一届全国人大常委会于1958年6月3日通过的《中华人民共和国农业税条例》。农业税的取消，终结了中国历史上存在两千多年的皇粮国税，极大地调动了农民积极性，有力推动了社会主义新农村建设。

制定"十一五"规划，是实现全面建设小康社会目标的重要部署。为此，党的十六届五中全会通过《关于制定国民经济和社会发展十一五规划的建议》。《建议》的鲜明特点，是坚持以科学发展观统领经济社会发展全局，充分体现了全面贯彻落实科学发展观的基本要求。

在实施西部大开发战略基础上，党中央继续推动区域协调发展，逐步形成了区域协调发展战略。2003年3月21日，温家宝在国务院全体会议上提出加大西部开发力度、实现区域优势互补和共同发展，支持老工业基地加快调整、改造和振兴。党的十六届五中全会进一步明确了我国区域发展的总体战略，强调要继续推进西部大开发，振兴东北地区等老工业基地，促进中部地区崛起，鼓励东部地区率先发展，形成合理的区域发展格局。随后，国务院制定的“十一五”规划《纲要》对促进区域协调发展作出了具体部署，标志着我国区域协调发展战略基本形成。

和谐社会

贯彻落实科学发展观的一项根本任务，就是要实现社会和谐。这是中国特色社会主义事业总体布局和全面建设小康社会的内在要求，也是广大人民群众的根本利益和共同愿望。党的十六大报告第一次把“社会更加和谐”作为党的重要奋斗目标。随着改革和发展的不断深入，构建社会主义和谐社会的任务得到逐步落实。

2004年9月，党的十六届四中全会明确提出构建社会主义和谐社会的任务，把提高构建社会主义和谐社会的能力确定为加强党的执政能力建设的重要内容。2005年2月，在党中央举办的省部级主要领导干部“提高构建社会主义和谐社会能力”专题研讨班上，胡锦涛发表讲话，提出了构建民主法治、公平正义、诚信友爱、充满活力、安定有序、人与自然和谐相处的社会主义和谐社会的总目标。2005年10月，党的十六届五中全会把构建社会主义和谐社会确定为贯彻落实科学发展观的一项重大任务，并提出了工作要求和政策措施。

在此基础上，2006 年 10 月，党的十六届六中全会通过了《关于构建社会主义和谐社会若干重大问题的决定》。《决定》全面把握我国发展的阶段性特征，深刻分析影响我国社会和谐的突出矛盾和问题，明确提出了当前和今后一个时期构建社会主义和谐社会的指导思想、目标任务和工作部署。《决定》从五个方面对构建社会主义和谐社会作出部署。一是坚持协调发展，加强社会事业建设。二是加强制度建设，保障社会公平正义。三是建设和谐文化，巩固社会和谐的思想道德基础。四是完善社会管理，保持社会安定有序。五是激发社会活力，增进社会团结和睦。

构建社会主义和谐社会战略任务的提出，使中国特色社会主义事业的总体布局由社会主义经济建设、政治建设、文化建设“三位一体”发展为社会主义经济建设、政治建设、文化建设、社会建设“四位一体”，从而使中国特色社会主义发展模式更加清晰。这是党在探索社会主义社会建设方面取得的又一个新的认识成果。

在贯彻党的十六届六中全会精神过程中，各地区各部门按照党中央的要求，紧密结合全面建设小康社会的实践，实施了一系列促进社会和谐的重大措施。

在促进协调发展方面，坚持用发展的办法解决前进中的问题，不断为社会和谐创造雄厚的物质基础，同时，更加注重解决发展不平衡问题，推动经济社会协调发展。通过扎实推进社会主义新农村建设，促进城乡协调发展；通过落实区域发展总体战略，促进区域协调发展；通过实施积极的就业政策，发展和谐的劳动关系；通过坚持优先发展教育，促进教育公平；通过加强医疗卫生服务，提高人民健康水平；通过加快发展文化事业和文化产业，满足人民群众文化需求；通过加强环境治理保护，促进人与自然相和谐。

在保障社会公平正义方面，加强制度建设，保证人民在政治、经济、文化、社会等方面的权利和利益，引导公民依法行使权利、履行义务。坚持完善民主权利保障制度，巩固人民当家作主的政治地位；坚持完善法律制度，夯实社会和谐的法制基础；坚持完善司法体制机制，加强社会和谐的司法保障；坚持完善公共财政制度，逐步实现基本公共服务均等化；坚持完善收入分配制度，规范收入分配秩序；坚持完善社会保障制度，保障群众基本生活。

2006 年《中华人民共和国义务教育法》修订，首次明确 “实施义务教育，不收学费杂费”

在建设和谐文化方面，坚持马克思主义在意识形态领域的指导地位，牢牢把握社会主义先进文化的前进方向。弘扬民族优秀文化传统，借鉴人类有益文明成果，倡导和谐理念，培育和谐精神，进一步形成全社会共同的理想信念和道德规范。不断推进社会主义核心价值体系建设，形成全民族奋发向上的精神力量和团结和睦的精神纽带；树立社会主义荣辱观，培育文明道德风尚；坚持正确导向，营造积极健康的思想舆论氛围；广泛开展和谐创建活动，形成人人促进和谐的局面。

在完善社会管理方面，创新社会管理体制，提高社会管理水平，健全党委领导、政府负责、社会协同、公众参与的社会管理格局。建设服务型政府，强化社会管理和公共服务职能；推进社区建设，完善基层服务和管理网络；健全社会组织，增强服务社会功能；统筹协调各方面利益关系，妥善处理社会矛盾；完善应急管理体制机制，有效应对各种风险；加强社会治安综合治理，增强人民群众的安全感。

在增进社会团结和睦方面，最大限度地激发社会活力，促进政党关系、民族关系、宗教关系、阶层关系、海内外同胞关系的和谐。巩固和壮大最广泛的爱国统一战线，充分调动各方面积极性。加强海内外中华儿女的团结，为实现中华民族的伟大复兴而奋斗：坚持走和平发展道路，营造良好外部环境。

经过全党和全国人民的共同努力，构建社会主义和谐社会的各项工作有条不紊地向前推进，不断取得新的成效。

执政能力

适应新的形势、任务和要求，党中央及时提出了加强党的执政能力建设和先进性建设的重大任务，并以此为重点坚持推进党的建设新的伟大工程。

党的十六大着眼于中国特色社会主义事业的长远发展，根据党的执政条件和社会环境发生的深刻变化，向全党明确提出了加强党的执政能力建设，提高党的领导水平和执政能力的要求。

2004 年 9 月，党的十六届四中全会着重研究加强党的执政能力建设问题，通过了《中共中央关于加强党的执政能力建设的决定》。这是党的历史上第一个全面总结党的执政经验、指导全党加强执政能力建设的纲领性文件。

为切实加强党的执政能力建设，确保党始终走在时代前列，更好地肩负起历史使命，党中央把加强党的先进性建设摆到更加突出的地位。根据党的十六大的部署，2004 年 11 月 7 日，中央下发《关于在全党开展以实践“三个代表”重要思想为主要内容的保持共产党员先进性教育活动的意见》。《意见》

提出，保持共产党员先进性教育活动，从目标要求上，就是要提高党员素质，加强基层组织，服务人民群众，促进各项工作。从总体进程上，这次保持共产党员先进性教育活动分三批进行，每批半年左右时间。在方法步骤上，整个教育活动分学习动员、分析评议和整改提高三个阶段进行。

2006 年 6 月 30 日，胡锦涛在庆祝中国共产党成立 85 周年暨总结保持共产党员先进性教育活动大会上，总结了党的先进性建设的宝贵经验，要求全党要紧密结合贯彻落实科学发展观的实践，紧密结合构建社会主义和谐社会的实践，紧密结合党的执政能力建设的实践，紧密结合保持党同人民群众血肉联系的实践，进一步推进党的先进性建设。

保持党的先进性，一个不可忽视的重要方面就是克服党内的腐败现象。党的十六大以后，以胡锦涛为总书记的党中央十分注重反腐败制度建设和创新，着力从源头上预防和解决腐败问题。党的十六届三中全会首次提出，要建立健全与社会主义市场经济体制相适应的教育、监督、制度并重的惩治和预防腐败体系。党的十六届四中全会又提出了新形势下党风廉政建设和反腐败斗争的十六字方针，即“标本兼治、综合治理，惩防并举、注重预防”，要求抓紧建立教育、制度、监督并重的惩治和预防腐败体系。2005 年 1 月，中共中央印发《建立健全教育、制度、监督并重的惩治和预防腐败体系实施纲要》，要求各级党委和政府切实把反腐倡廉的各项工作落到实处。

在推动反腐倡廉制度体系建设过程中，党和国家还先后出台了《中国共产党党内监督条例（试行）》《中国共产党纪律处分条例》《中国共产党党员权利保障条例》等一系列法规，不断充实和完善反腐倡廉制度体系的内容。这是党中央在总结历史经验、科学判断形势基础上作出的重大决策，是党对执政规律和反腐倡廉工作规律认识的进一步深化。这一体系的建立和逐步完善，同保持共产党员先进性教育活动相互促进，有效地加强了党的执政能力建设和先进性建设，增强了党在发展社会主义市场经济条件下拒腐防变的能力和抵御风险的能力。

小康新貌

2007年10月15日至21日，中国共产党第十七次全国代表大会在北京召开。这次大会的主题是：高举中国特色社会主义伟大旗帜，以邓小平理论和“三个代表”重要思想为指导，深入贯彻落实科学发展观，继续解放思想，坚持改革开放，推动科学发展，促进社会和谐，为夺取全面建设小康社会新胜利而奋斗。大会通过了胡锦涛代表第十六届中央委员会所作的《高举中国特色社会主义伟大旗帜，为夺取全面建设小康社会新胜利而奋斗》的报告，批准了中央纪律检查委员会工作报告，审议通过了《中国共产党章程（修正案）》，选举产生了新一届中央委员会和中央纪律检查委员会。

胡锦涛在报告中深刻分析了国际国内形势的新变化，鲜明地回答了党在改革发展关键阶段举什么旗、走什么路，以什么样的精神状态、朝着什么样的发展目标继续前进等重大问题。

报告对改革开放的伟大历史进程和宝贵经验作了精辟概括，指出：新时期最鲜明的特点是改革开放，最显著的成就是快速发展，最突出的标志是与时俱进。事实雄辩地证明，改革开放是决定当代中国命运的关键抉择，是发展中国特色社会主义、实现中华民族伟大复兴的必由之路；只有社会主义才能救中国，只有改革开放才能发展中国、发展社会主义、发展马克思主义。

在回顾历史进程的基础上，报告强调，改革开放以来我们取得一切成绩和进步的根本原因，归结起来就是：开辟了中国特色社会主义道路，形成了中国特色社会主义理论体系。高举中国特色社会主义伟大旗帜，最根本的就是要坚持这条道路和这个理论体系。

报告对科学发展观的内涵和根本要求作了进一步阐述。指出：科学发展观，第一要义是发展，核心是以人为本，基本要求是全面协调可持续，根本方法是统筹兼顾。科学发展观，是立足社会主义初级阶段基本国情，总结我国发展实践，借鉴国外发展经验，适应新的发展要求提出来的，是对党的三代中央领导集体关于发展的重要思想的继承和发展，是马克思主义关于发展的世界观和方法论的集中体现，是同马克思列宁主义、毛泽东思想、邓小平理论和“三个代表”重要思想既一脉相承又与时俱进的科学理论，是我国经济社会发展的重要指导方针，是发展中国特色社会主义必须长期坚持和贯彻的重大战略思想。

根据贯彻落实科学发展观的要求，报告适应国内外形势的新变化，顺应各族人民过上更好生活的新期待，把握经济社会发展趋势和规律，坚持中国特色社会主义的基本纲领，在十六大确立的全面建设小康社会目标基础上，对我国发展提出了新的更高要求。具体内容是：增强发展协调性，努力实现经济又好又快发展。在优化结构、提高效益、降低消耗、保护环境的基础上，实现人均国内生产总值到2020年比2000年翻两番。社会主义市场经济体制更加完善。扩大社会主义民主，更好保障人民权益和社会公平正义。公民政治参与有序扩大。加强文化建设，明显提高全民族文明素质。社会主义核心价值体系深入人心。加快发展社会事业，全面改善人民生活。建设生态文明，基本形成节约能源资源和保护生态环境的产业结构、增长方式、消费模式。

大会一致同意将科学发展观写入党章，一致同意在党章中把党的基本路线中的奋斗目标表述为“把我国建设成为富强民主文明和谐的社会主义现代化国家”。大会认为，把科学发展观和经济建设、政治建设、文化建设、社会建设“四位一体”的中国特色社会主义事业总体布局写入党章，对于夺取全面建设小康社会新胜利、开创中国特色社会主义事业新局面具有重大意义。

破浪前进

党的十七大之后，全党和全国人民在以胡锦涛为总书记的党中央带领下开始了新的奋斗征程。改革开放继续深化，社会主义经济建设、政治建设、文化建设、社会建设、生态文明建设全面推进，并在应对国际国内复杂局势的各种考验中取得了一系列重大胜利。

2008 年初，我国南方部分地区发生严重低温雨雪冰冻灾害，5 月 12 日，四川汶川发生里氏 8.0 级特大地震。面对特大自然灾害，党中央和国务院立即作出有效部署，调集各方面力量抢险救灾，保护人民群众生命财产安全。党和国家及军队领导人亲赴第一线指挥，解放军和武警官兵迅即奔赴灾区展开救援，全党全军全国各族人民万众一心、众志成城、全力以赴，形成了抗御灾害的强

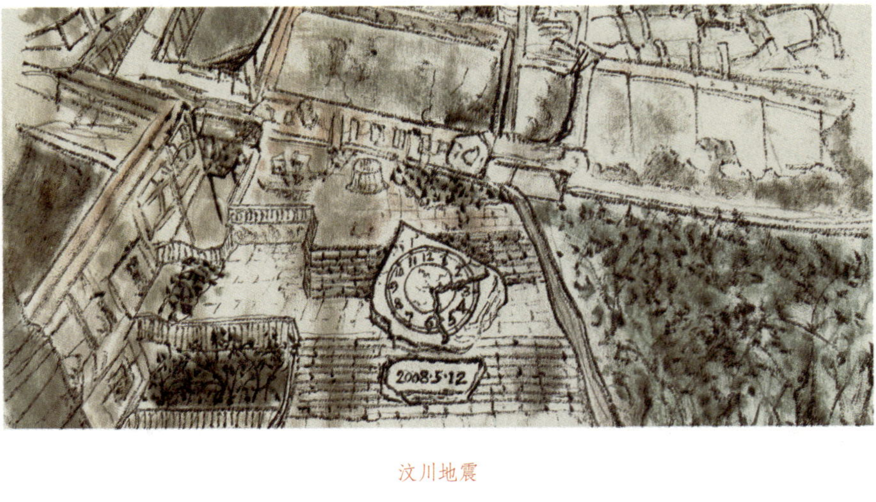

汶川地震

大力量。在党中央、国务院、中央军委的坚强领导下，中国人民终于战胜了特大自然灾害，并且在抢险救灾斗争中再次显示了中华民族的优良传统和伟大精神。

在抗御自然灾害的同时，党中央团结带领全党全国各族人民，继续推进改革开放和各项建设事业，取得新的重大进展。根据国际经济环境的新变化和我国经济形势的新情况，党中央和国务院及时采取措施，把保持经济平稳较快发展、控制物价过快上涨作为宏观调控的首要任务，着力解决经济运行中的突出矛盾和问题，避免出现经济大起大落；继续推进重要领域和关键环节的改革，着力构建充满活力、富有效率、更加开放、有利于科学发展的体制机制；坚持对外开放基本国策，把“引进来”和“走出去”结合起来，拓展对外开放广度和深度，提高对外经济工作质量和水平；扎实推进社会主义核心价值体系建设，深入开展学习中国特色社会主义理论体系的宣传普及活动，弘扬以爱国主义为核心的民族精神和以改革创新为核心的时代精神，推进马克思主义理论研究和建设工程；坚持统筹经济社会发展，着力保障和改善民生，解决教育、劳动就业、社会保障、医疗卫生、劳动安全等方面存在的突出问题，健全基层社会管理体制，推动和谐社会建设。

2008 年 2 月，党的十七届二中全会通过《关于深化行政管理体制改革的意见》，明确提出到 2020 年建立比较完善的中国特色社会主义行政管理体制的总目标，要求实现政府职能向创造良好发展环境、提供优质公共服务、维护社会公平正义的根本转变，实现政府组织机构和人员编制向科学化、规范化、法制化的根本转变，实现行政运行机制和政府管理方式向规范有序、公开透明、便民高效的根本转变。该方案经十一届全国人大一次会议审议批准后正式实施。

举办奥运会是中华民族的百年期盼，是海内外中华儿女的共同心愿，也是我国对国际社会的郑重承诺。在接连遭遇重大自然灾害和反华势力干扰破坏的情况下，党中央强调，不论遇到什么困难和挑战，都要顺应全国各族人民的共同心愿，履行对国际社会的郑重承诺，确保办成一届有特色、高水平的运动会。经过全党全军全国各族人民共同努力，北京奥运会、残奥会取得圆满成功，

2008 年奥运会

我国体育健儿取得金牌榜第一的优异成绩，充分表达了“同一个世界，同一个梦想”的主题，充分体现了团结、友谊、和平的奥林匹克精神，充分展现了我国改革开放和社会主义现代化建设的成就，充分展示了中国人民昂扬向上的精神风貌，增进了中国人民与世界各国人民的相互了解和友谊。

我国自行研制的神舟系列飞船航天飞行圆满成功，实现了我国空间技术发展具有里程碑意义的重大跨越，标志着我国成为世界上第三个独立掌握空间出舱关键技术的国家，对全国人民产生了极大的精神鼓舞。

在深化农村经营体制改革方面，集体林权制度改革迈出较大步伐。党中央、国务院于 2008 年 6 月 8 日下发了《关于全面推进集体林权制度改革的意见》。《意见》提出，用 5 年左右时间基本完成明晰产权、承包到户的改革任务。在此基础上，通过深化改革、完善政策、健全服务、规范管理，逐步形成集体林业的良性发展机制，实现资源增长、农民增收、生态良好、林区和谐的目标。《意见》还明确规定，实行集体林地家庭承包经营，林地的承包期为 70 年，承包期届满，可以按照国家有关规定继续承包。

为进一步推进农村改革，10月9日至12日，党的十七届三中全会通过了《中共中央关于推进农村改革发展若干重大问题的决定》，提出了推进农村改革发展的总体思路、加强农村制度建设的重大任务、发展现代农业的重大举措、发展农村公共事业的重大安排，对进一步推进农村改革发展作出了全面部署。

2008年下半年，国际形势发生新的复杂变化，世界经济增长放缓，全球通货膨胀压力加大，由美国次贷危机引发的国际金融危机迅速蔓延。为规避国际金融危机带来的风险，2008年11月5日，国务院召开常务会议，决定实行积极的财政政策和适度宽松的货币政策，确定了进一步扩大内需、促进经济平稳较快增长的十项措施。2009年3月，十一届全国人大二次会议审议批准的政府工作报告提出，2009年政府工作的主要任务是：以应对国际金融危机、促进经济平稳较快发展为主线，统筹兼顾，突出重点，全面实施促进经济平稳较快发展的一揽子计划。

进入新世纪，党中央继续坚持国防建设与经济建设协调发展的方针，全面推进国防和军队现代化建设。同时在发展对外关系方面，积极倡导和谐世界的理念，不断开创外交工作的新局面，并继续推进了祖国和平统一大业。

2004年底，在军队一次重要会议上，胡锦涛着眼于实现党的三大历史任务，维护国家和民族的根本利益，明确提出新世纪新阶段我军肩负的历史使命，这就是："要为党巩固执政地位提供重要的力量保证，为维护国家发展的重要战略机遇期提供坚强的安全保障，为维护国家利益提供有力的战略支撑，为维护世界和平与促进共同发展发挥重要作用。"这是对新形势下我军地位作用、职能任务、发展目标的高度概括和科学总结，是人民军队历史使命的又一次与时俱进。

在继续推进国防和军队现代化建设的前进道路上，党中央和中央军委坚持党对军队的绝对领导，把思想政治建设摆在军队各项建设的首位，增强全军官兵高举旗帜、听党指挥的自觉性和坚定性。扎实推进军事斗争准备，精心组织战略战役演练，集中力量推进重点武器装备建设，重视抓好综合保障和国防动员工作。加强经常性战备工作，维护边防、海防、空防安全。落实军队编制调整改革，继20世纪80年代中期百万大裁军和90年代中后期裁军50万之后，决定到2005年前再裁减军队员额20万。坚持从严治军，重视军事立法工作，严格按条令条例管理教育部队，推进人才战略工程，提高正规化水平，确保军队高度稳定和集中统一。

面对深刻变化的国际形势，党高举和平、发展、合作的旗帜，坚持独立自主的和平外交政策，按照大国是关键、周边是首要、发展中国家是基础、多边是重要舞台的外交总体布局，全方位开展对外工作，为全面建设小康社会营造了良好的国际环境。

在积极推动同各大国关系稳定发展方面。加强同美国在经贸、能源、科技、卫生、反恐、防扩散、执法等领域的交流合作，妥善处理分歧，努力扩大利益交汇点，维护中美关系总体上稳定发展的势头。深化中俄战略协作伙伴关系，加强双边合作和双方在上海合作组织等多边框架内的合作，加强双方在重大国际和地区问题上的协调，深化两国经贸、投资、能源、科技等领域的交流合作。推动中欧全面合作，在国际和地区问题上增加共识，加强双边贸易和双方在科技、文化、教育领域的交流合作，不断充实中欧全面战略伙伴关系的内涵。促进中日两国人民的友好，推进各领域的交流和合作。

在周边外交方面。推进东亚区域合作，加入《东南亚友好合作条约》，实施推进中国—东盟战略伙伴关系行动计划，建立“十加一”合作机制，启动中国—东盟自由贸易区建设进程，在区域合作进程中发挥重要作用。推动上海合作组织深化反恐合作，采取主动措施推进成员国在经贸、能源资源、科技、基础设施建设等方面的合作。同印度建立面向和平与繁荣的战略合作伙伴关系，签订关于解决中印边界问题政治指导原则的协定。

加强同发展中国家的团结合作，巩固同越南、朝鲜、老挝、古巴的传统友谊，推进同巴西、印度、南非、墨西哥等发展中国家的对话和协调。

重视和支持联合国在维护世界和平、促进共同发展方面发挥核心作用。积极参与联合国改革方案的沟通和磋商，主动参与非传统安全领域的双边和多边合作，利用联合国等多边机构的资源，增强我国防范和应对各种安全威胁的能力。坚持实事求是、量力而行，妥善处理国际敏感问题和突发事件。在解决朝核问题、伊拉克问题和推动中东和平进程方面，发挥建设性作用。中国作为一个负责任的大国，在国际事务中正发挥着越来越大的作用。

党和政府还利用各种双边和多边场合，阐明我国坚持走和平发展道路的决心，积极倡导和推动建设“和谐世界”。2005 年 4 月 22 日，国家主席胡锦涛在雅加达亚非首脑会议上首次提出建设“和谐世界”的主张。强调推动经济发展、改善人民生活始终是中国的中心任务，中国的发展主要依靠自己的力量，不会对任何人构成威胁，只会给世界带来更多的发展机遇和更广阔的市场；同时，中国坚持对外开放的基本国策，愿意同世界各国开展互利合作，共同致力于建设一个持久和平、共同繁荣的和谐世界。

香港和澳门回归祖国后，党中央、国务院坚定不移地贯彻“一国两制”、“港人治港”、“澳人治澳”、高度自治的方针，严格按照香港基本法和澳门基本法办事，全力支持香港和澳门两个特别行政区行政长官和政府的工作，广泛团结港澳各界人士，共同维护和促进香港和澳门的繁荣、稳定和发展。

中央对香港与澳门的繁荣和稳定给予了全力支持，不仅采取有力措施帮助香港、澳门成功地摆脱了亚洲金融危机带来的消极影响，而且通过进一步加强内地与港澳的联系，开展多领域的交流与合作，实施泛珠三角区域合作等一系列政策措施，促进港澳同内地的共同发展，为香港和澳门的繁荣与稳定提供了更广阔的发展空间。

实现祖国的完全统一，是海内外中华儿女的共同心愿。党中央根据海峡两岸关系和台湾形势的变化，在原有政策基础上又提出了一些新主张，采取了一些新举措，推动两岸关系不断取得新进展。2005 年 3 月 4 日，胡锦涛就新形势下发展两岸关系提出四点意见，强调坚持一个中国原则决不动摇，争取和平统一的努力决不放弃，贯彻寄希望于台湾人民的方针决不改变，反对“台独”分裂活动决不妥协。四个“决不”的主张，在海峡两岸和国际社会产生了重大反响，受到普遍欢迎和高度评价。3 月 14 日，十届全国人大三次会议高票通过《反分裂国家法》，将中央关于解决台湾问题、反对分裂祖国的大政方针以法律的形式固定下来。

在党中央正确方针的推动下，经过多方努力，两岸间的政党交流成功开启。2005 年，台湾中国国民党主席连战、亲民党主席宋楚瑜以及新党主席郁慕明相继率团访问大陆。胡锦涛总书记分别同他们会见、会谈，共同发表公报，达成了坚持“九二共识”、反对“台独”、谋求台海和平稳定、促进两岸关系发展等多项共识。在中国共产党和中国国民党两党有关方面先后举办的三届两岸经贸文化论坛上，大陆方面共推出 48 项促进两岸交流合作、惠及台湾同胞的政策措施。中国共产党和亲民党有关方面也举办了两岸民间精英论坛。通过两岸政党的广泛交流与合作，进一步打开了遏制“台独”分裂活动、促进两岸关系发展的新局面。2007 年 9 月，第 62 届联合国大会以压倒性多数否决了陈水扁当局唆使极少数国家提出的所谓“台湾加入联合国”提案。2008 年 3 月，台湾举行地方领导人选举，在“台独”道路上越走越远的陈水扁当局终于被台湾人民所抛弃，国民党重新取得执政地位，两岸关系出现了有利于和平发展的新变化。

党建工程

把中国特色社会主义伟大事业不断推向前进，关键是要以改革创新精神全面推进党的建设新的伟大工程，在国内外形势深刻变化的条件下不断提高党的执政能力、保持和发展党的先进性，使党始终成为中国特色社会主义事业的坚强领导核心。

根据党的十七大作出的部署，党中央加紧建立健全保证党科学执政、民主执政、依法执政的体制机制，努力解决党内存在的突出矛盾和问题。一是加强理论武装工作，推动广大党员特别是各级领导干部自觉用中国特色社会主义理论体系指导客观世界和主观世界的改造。二是加强领导班子和干部队伍建设，强调德才兼备、以德为先的用人标准，对全国党政领导班子、后备干部队伍建设作出规划。三是加强人才工作，研究全国人才队伍建设中长期规划。四是加强基层党的建设，落实保持共产党员先进性的长效机制。五是加强党内民主建设，推进党务公开，充分发挥党员在党内事务中的参与、管理、监督作用。六是制定和实施今后五年建立健全惩治和预防腐败体系工作规划，不断把党风廉政建设和反腐败斗争引向深入。

党的十七大决定在全党开展深入学习实践科学发展观活动，这是用中国特色社会主义理论体系武装全党的重大举措。根据中央统一要求和部署，学习实践活动从 2008 年 3 月开始试点、同年 9 月全面启动，自上而下分三批进行，到 2010 年 2 月底基本结束，共有 370 多万个党组织、7500 多万名党员参加。经过全党共同努力，学习实践活动基本实现了提高思想认识、解决突出问题、创新体制机制、促进科学发展、加强基层组织的目标。

在中华人民共和国成立 60 周年之际，党的十七届四中全会于 2009 年 9 月召开，进一步研究和部署以改革创新精神推进党的建设新的伟大工程，通过了《中共中央关于加强和改进新形势下党的建设若干重大问题的决定》。全会对新形势下加强和改进党的建设作出了战略部署：一是建设马克思主义学习型政党、提高全党思想政治水平。二是坚持和健全民主集中制、积极发展党内民主。三是深化干部人事制度改革、建设善于推动科学发展和促进社会和谐的高素质干部队伍。四是做好抓基层打基础工作、夯实党执政的组织基础。五是弘扬党的优良作风、保持党同人民群众的血肉联系。六是加快推进惩治和预防腐败体系建设、深入开展反腐败斗争。

这次全会的召开，对于全面贯彻党的十七大精神，深入贯彻落实科学发展观，保持经济平稳较快发展，夺取全面建设小康社会新胜利、开创中国特色社会主义事业新局面，具有重大而深远的意义。

宏伟蓝图

“十一五”时期，在党的领导下我国走向又好又快发展。国家先后制定和实施了中长期科技、人才、教育规划纲要，确立在经济社会发展中人才优先发展的战略布局，努力实现各类人才队伍协调发展。不断加大科技投入，基础研究和前沿技术研究得到加强，取得高性能计算机、第三代移动通信、超级杂交水稻等一批重大创新成果，突破了一批关键技术。

超级杂交水稻

奔驰在京津城际铁路上的“和谐号”

2008年8月1日我国第一条高速铁路京津城际铁路开通，到“十一五”期末的2010年，我国高速铁路投入运营里程已达7000多公里，成为世界高铁运营里程最长、速度最快的国家。坐在时速350公里的国产“和谐”号列车上，仅需29分钟就能从北京来到天津。高科技改变了中国人的生活，科技创新支撑和引领经济社会发展的能力明显增强。2008年9月27日，神舟七号飞船航天员翟志刚在太空向祖国报告：“我已出舱，感觉良好。”实现了中国人的第一次太空漫步。我国航天技术达到了一个新水平。

在推动实施区域协调发展总体战略的基础上，我国还重点研究部署了推进西藏、新疆跨越式发展和长治久安的工作，并对加快四川、云南、甘肃、青海藏区经济社会发展作出全面部署。2010年1月，中央召开第五次西藏工作座谈会，研究制定推动西藏经济社会发展的重大政策举措，强调坚持走有中国特色、西藏特点的发展路子，紧紧抓住发展和稳定两件大事，确保西藏各族人民物质文化生活水平不断提高，努力建设团结、民主、富裕、文明、和谐的社会主义西藏。2010 年 5 月，中央召开新疆工作座谈会，出台推进新疆跨越式发展和长治久安的重大政策举措，实施稳疆兴疆、富民固边战略，强调始终把推动科学发展作为解决一切问题的基础，始终把保障和改善民生作为全部工作的出发点和落脚点，始终把加强民族团结作为长治久安的根本保障。在中央正确部署、全国人民大力支援下，经过西藏、新疆人民的共同努力，推进西藏、新疆跨越式发展和长治久安工作正在全面有序展开。

经过五年的努力奋斗，我国胜利完成了“十一五”规划确定的主要目标和任务，社会生产力快速发展，综合国力大幅提升，人民生活明显改善，国际地位和影响力显著提高，社会主义经济建设、政治建设、文化建设、社会建设以及生态文明建设和党的建设取得重大进展，全面建设小康社会取得重大成就，谱写了中国特色社会主义事业新篇章。

“潮平两岸阔，风正一帆悬。”在“十一五”规划的各项任务即将完成时，党中央开始就“十二五”时期的改革发展和社会主义现代化建设进行科学谋划，研究部署。

2009 年 2 月，胡锦涛总书记先后主持召开中央政治局常务委员会会议、中央政治局会议讨论决定，党的十七届五中全会研究关于制定国民经济和社会发展的第十二个五年规划的建议问题。“十二五”规划建议的起草工作由此正式启动。

2010 年 10 月 15 日至 18 日，党的十七届五中全会在北京召开。全会深入总结“十一五”时期我国发展成就和经验，综合考虑未来国际国内发展趋势和条件，提出了今后 5 年我国发展的目标和任务，即：经济平稳较快发展，经济结构战略性调整取得重大进展，城乡居民收入普遍较快增加，社会建设明显加强，改革开放不断深化，使我国转变经济发展方式取得实质性进展，综合国力、国际竞争力、抵御风险能力显著提高，人民物质文化生活明显改善，全面建成小康社会的基础更加牢固。

这些目标和任务，突出了保持经济平稳较快发展、推进经济结构战略性调整、提高人民生活质量和水平、深化改革开放等方面的要求，涉及经济建设、政治建设、文化建设、社会建设以及生态文明建设各个方面，为推动"十二五"时期的科学发展描绘了宏伟蓝图，既鼓舞人心又艰巨繁重，需要全党同志全力以赴，确保这些目标如期实现。

第四章　CHAPTER FOUR

中国特色社会主义新时代

从二〇一二年到二〇二一年（还在继续），是中国特色社会主义新时代，也是实现中华民族伟大复兴的时代。在这一时期，中国共产党团结带领中国人民继续不懈奋斗，开拓进取，统筹推进『五位一体』，协调推进『四个全面』，推进改革开放和社会主义现代化建设取得历史性成就，推动党和国家事业发生历史性变革，中国特色社会主义进入新时代，迎来了实现中华民族伟大复兴的光明前景，拓展了发展中国家走向现代化的途径，给世界上那些既希望加快发展又希望保持自身独立性的国家和民族提供了全新选择，为解决人类问题贡献了中国智慧和中国方案，实现了中国人民从站起来、富起来到强起来的伟大飞跃。『今天，我们比历史上任何时期都更接近实现中华民族伟大复兴的目标，比历史上任何时期都更有信心、更有能力实现这个目标。』

“五位一体”总体布局

百年目标

2012.11.8-14

党的十八大召开，提出“两个一百年”奋斗目标

2012.11.15

党的十八届一中全会选举习近平为中央委员会总书记，决定习近平为中央军事委员会主席

2012

我国经济总量突破五十万亿元大关

发展成就

我国经济实力、科技实力、国防实力、国际影响力又上了一个大台阶，从各方面为全面建成小康社会奠定了坚实基础

百年目标

2012年，我国经济总量突破50万亿元大关，占世界排名连续三年稳居第二位。这对中国的发展来说意义非同寻常，它意味着："经过鸦片战争以来170多年的持续奋斗，中华民族伟大复兴展现出光明的前景。现在，我们比历史上任何时期都更接近中华民族伟大复兴的目标，比历史上任何时期都更有信心、有能力实现这个目标。"基于此，党的十八大正式提出了"两个一百年"奋斗目标，即在中国共产党成立一百年时全面建成小康社会，在新中国成立一百年时建成富强民主文明和谐的社会主义现代化国家。

2012年11月8日至14日，中国共产党第十八次全国代表大会在北京召开。这是在我国进入全面建成小康社会决定性阶段召开的一次十分重要的大会。

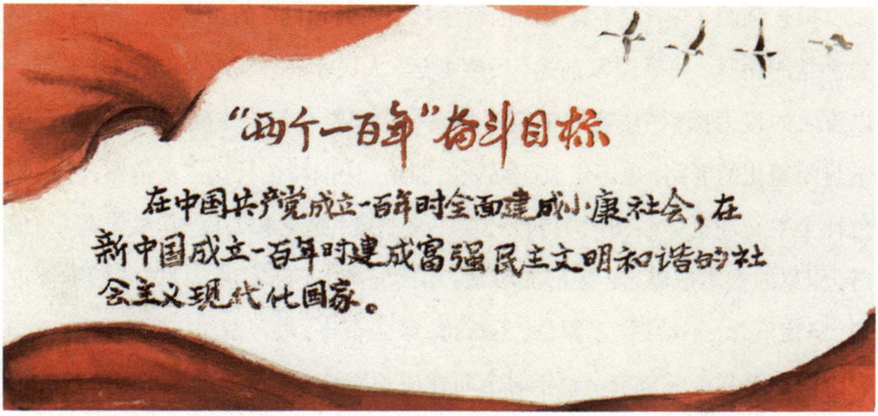

党的十八大正式提出"两个一百年"奋斗目标

大会的主题是：高举中国特色社会主义伟大旗帜，以邓小平理论、“三个代表”重要思想、科学发展观为指导，解放思想，改革开放，凝聚力量，攻坚克难，坚定不移沿着中国特色社会主义道路前进，为全面建成小康社会而奋斗。这个主题，回答了举什么旗、走什么路，以什么样的精神状态、朝着什么样的目标前进的问题。

党的十八大正确分析和判断国际国内形势变化新特点，认为世情、国情、党情继续发生深刻变化，我国面临的发展机遇和风险挑战前所未有，必须更加奋发有为、兢兢业业地工作，继续推动科学发展、促进社会和谐，继续改善人民生活、增进人民福祉，完成时代赋予的光荣而艰巨的任务。

党的十八大报告总结党的十六大以后十年的奋斗历程，认为最重要的就是勇于推进实践基础上的理论创新，形成和贯彻了科学发展观。科学发展观是中国特色社会主义理论体系最新成果，是中国共产党集体智慧的结晶，是指导党和国家全部工作的强大思想武器。科学发展观同马克思列宁主义、毛泽东思想、邓小平理论、“三个代表”重要思想一道，是党必须长期坚持的指导思想。面向未来，深入贯彻落实科学发展观，对坚持和发展中国特色社会主义具有重大现实意义和深远历史意义，必须把科学发展观贯彻到我国现代化建设全过程、体现到党的建设各方面。

报告强调了“坚定不移走中国特色社会主义道路”的重要性，指出：道路关乎党的命脉，关乎国家前途、民族命运、人民幸福。在改革开放 30 多年一以贯之的接力探索中，我们坚定不移高举中国特色社会主义伟大旗帜，既不走封闭僵化的老路，也不走改旗易帜的邪路。中国特色社会主义道路，中国特色社会主义理论体系，中国特色社会主义制度，是党和人民 90 多年奋斗、创造、积累的根本成就，必须倍加珍惜、始终坚持、不断发展。只要我们胸怀理想、坚定信念，不动摇、不懈怠、不折腾，顽强奋斗、艰苦奋斗、不懈奋斗，就一定能在中国共产党成立一百年时全面建成小康社会，就一定能在新中国成立一百年时建成富强民主文明和谐的社会主义现代化国家。

党的十八大报告着眼于实现中华民族伟大复兴，进一步明确了全面建成小康社会和全面深化改革开放新的目标要求。这就是：

第一，经济持续健康发展。转变经济发展方式取得重大进展，在发展平衡性、协调性、可持续性明显增强的基础上，实现国内生产总值和城乡居民人均收入比 2010 年翻一番。科技进步对经济增长的贡献率大幅上升，进入创新型国家行列。工业化基本实现，信息化水平大幅提升，城镇化质量明显提高，农业现代化和社会主义新农村建设成效显著，区域协调发展机制基本形成。对外开放水平进一步提高，国际竞争力明显增强。

第二，人民民主不断扩大。民主制度更加完善，民主形式更加丰富，人民积极性、主动性、创造性进一步发挥。依法治国基本方略全面落实，法治政府基本建成，司法公信力不断提高，人权得到切实尊重和保障。

第三，文化软实力显著增强。社会主义核心价值体系深入人心，公民文明素质和社会文明程度明显提高。文化产品更加丰富，公共文化服务体系基本建成，文化产业成为国民经济支柱性产业，中华文化“走出去”迈出更大步伐，社会主义文化强国建设基础更加坚实。

第四，人民生活水平全面提高。基本公共服务均等化总体实现。全民受教育程度和创新人才培养水平明显提高，进入人才强国和人力资源强国行列，教育现代化基本实现。就业更加充分。收入分配差距缩小，中等收入群体持续扩大，扶贫对象大幅减少。社会保障全民覆盖，人人享有基本医疗卫生服务，住房保障体系基本形成，社会和谐稳定。

第五，资源节约型、环境友好型社会建设取得重大进展。主体功能区布局基本形成，资源循环利用体系初步建立。单位国内生产总值能源消耗和二氧化碳排放大幅下降，主要污染物排放总量显著减少。森林覆盖率提高，生态系统稳定性增强，人居环境明显改善。

报告还强调指出：全面建成小康社会，必须以更大的政治勇气和智慧，不失时机深化重要领域改革，坚决破除一切妨碍科学发展的思想观念和体制机制弊端，构建系统完备、科学规范、运行有效的制度体系，使各方面制度更加成熟更加定型。为此，十八大将中国特色社会主义事业总体布局从“四位一体”扩展为“五位一体”。“五位一体”总体布局，对应着全国老百姓在经济、政治、文化、社会、生态方面的五大权益。特别是通过生态文明建设，我们党和国家将在实现当代人利益的同时，给自然留下更多修复空间，给农业留下更多良田，给子孙后代留下天蓝、地绿、水净的美好家园。这表明，党对中国特色社会主义建设规律的认识和实践都达到了新的水平。

同时，十八大报告对党的建设也作出了“五位一体”的总体部署，强调：全党要增强紧迫感和责任感，牢牢把握加强党的执政能力建设、先进性和纯洁性建设这条主线，坚持解放思想、改革创新，坚持党要管党、从严治党，全面加强党的思想建设、组织建设、作风建设、反腐倡廉建设、制度建设，增强自我净化、自我完善、自我革新、自我提高能力，建设学习型、服务型、创新型的马克思主义执政党，确保党始终成为中国特色社会主义事业的坚强领导核心。

11 月 15 日，党的十八届一中全会选举习近平为中央委员会总书记，决定习近平为中央军事委员会主席。

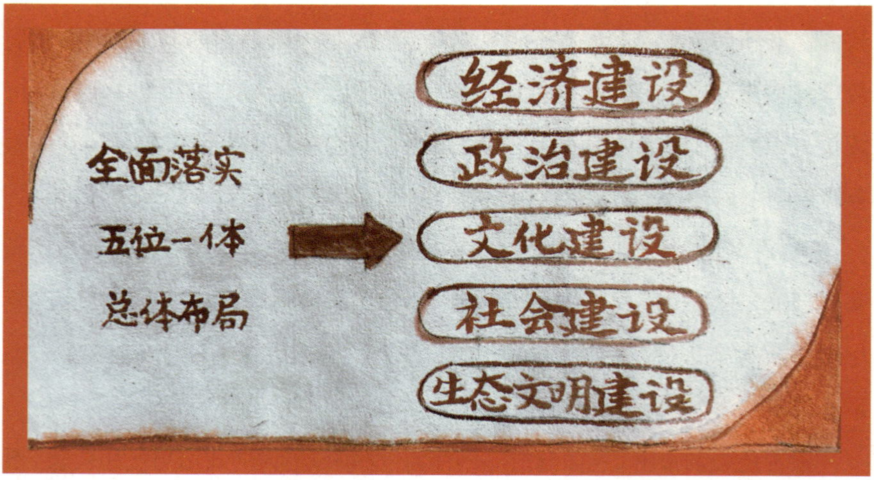

“五位一体”总体布局

发展成就

党的十八大以后的五年间，以习近平同志为核心的党中央毫不动摇坚持和发展中国特色社会主义，励精图治、奋发有为，勇于实践、善于创新，积极适应和把握引领我国经济发展新常态，牢固树立和贯彻落实创新、协调、绿色、开放、共享的新发展新理念，按照“五位一体”总体布局，统筹推进各项现代化建设事业。我国经济社会发展再上新台阶、再展新画卷，为全面建成小康社会、实现中华民族伟大复兴的中国梦打下了坚实的基础。

经济保持持续较快发展，经济总量稳居世界第二位，2017 年我国人均国内生产总值增至 59660 元（折合 8836 美元）。党中央积极应对国际金融危机持续影响等一系列重大风险挑战，适应和引领经济发展新常态，不断创新和完善宏观调控，推动形成经济结构优化、发展动力转换、发展方式转变加快的良好态势。我国经济体量持续扩大，增量尤为可观，对世界经济增长的贡献超过 25%。新旧动力有序转换，创新驱动后劲增强。党中央把创新摆在国家发展全局的核心位置，不断深化科技体制改革，奋力推进“大众创业、万众创新”，大力实施“互联网 +”和“中国制造 2025”，创新对经济社会发展的支撑和引领作用日益凸显，发展后劲不断增强。创业创新热潮涌动。新产业、新业态、新商业模式方兴未艾。2013—2017 年，网上零售额年均增长超过 30%；快递业务量年均增长超过 50%；新能源汽车、工业机器人、光电子器件等高新技术产品高速增长。

结构调整稳中有进，经济发展协调性增强。党中央把稳增长的压力转化

大力实施“互联网 +”战略

快递业发展迅速

工业机器人产品高速增长

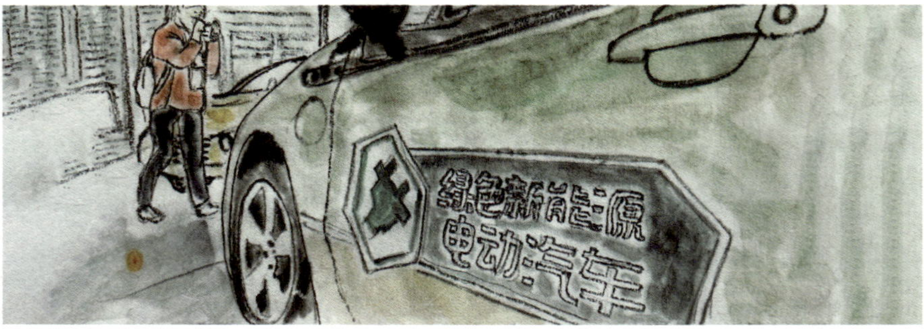

新能源汽车高速增长

为调结构的动力，既利用市场倒逼机制，又加强政策引导，既坚决淘汰化解过剩产能，又力促服务业和消费加快发展，经济转型升级势头良好，第三产业占比持续提高，服务业主导特征更加突出。与此同时，农业连续增产增收，粮食产量连续 5 年超过 6 亿吨，主要食用农产品质量安全“稳中向好”。

基础设施水平全面跃升，高技术产业、战略性新兴产业加快发展，一批重大科技成果达到世界先进水平。交通、水利、能源、信息等基础设施建设步伐加快。高效、便捷的铁路网、公路网、航空运输网、城际铁路网、航道网逐渐形成。建设了一批跨流域调水和骨干水源工程。信息化水平全面提高，新一代移动通信网、下一代互联网、数字广播电视网、卫星通信等设施建设加快，逐步形成了超高速、大容量、高智能国家干线传输网络，推动了三网互联互通和业务融合。科技创新能力明显增强，科技整体水平加速提升。科技体制改革取得重要突破，企业的技术创新主体地位增强，大众创业、万众创新蓬勃开展。《促进科技成果转化法》修订实施、国家科技计划项目和经费管理、科技资源开放共享等重点领域改革正在全面推进，高温超导、量子理论、干细胞研究等

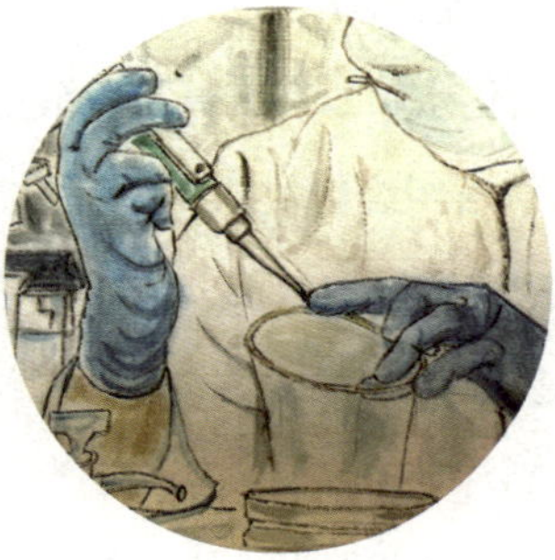

干细胞研究取得重要突破

基础科研领域取得重要突破，载人航天和探月、载人深潜、高性能计算、移动通信和新能源汽车等工程技术领域取得骄人成就，全社会大众创业、万众创新如火如荼，众创空间发展势头强劲。

人民民主不断扩大，依法治国开启新征程。民主制度更加完善，民主形式更加丰富；依法治国基本方略全面、深入、扎实推进，宪法的地位和作用得到进一步彰显和加强，将每年 12 月 4 日确定为国家宪法日，在全社会弘扬宪法

国家宪法日

精神；深入推进科学立法、民主立法，加强重点领域立法，中国特色社会主义法律体系不断完善；深入推进依法行政，法治政府建设步伐加快；深入推进公正司法，深化司法体制改革，设立巡回法庭，审理跨行政区域案件；设立知识产权法院，加强知识产权司法保护；推进以审判为中心的诉讼制度改革，冤假错案预防和纠正机制不断健全。深入推进法治社会建设，健全普法宣传教育机制，提高社会治理法治化水平；法律服务体系建设日趋完备，法律援助制度不断完善，依法维权和矛盾纠纷解决机制不断健全；加强和改进党对法治工作的领导，党依据宪法法律治国理政的能力与水平不断提高。

民生事业持续改善，发展成果全民共享。在经济下行压力加大的情况下，党中央坚持民生优先，不断深化养老、医疗、教育等领域改革，民生事业持续改善，民生保障网越织越牢。居民收入较快增长，减贫成绩突出，城镇保障性安居工程建设和棚户区改造有力推进。国家统一了城乡居民基本养老保险制度，提高“新农合”筹资水平，全面启动机关事业单位养老保险制度改革，覆

“新农合”对农村居民增强抵御疾病风险能力、促进农村经济发展和社会和谐具有重要意义

盖城乡居民的社会保障体系不断健全，保障水平稳步提高。新增就业持续增加，贫困人口大幅减少，人民生活水平和质量进一步提高。就业和物价总体稳定，居民收入较快增长。据世界银行数据，我国人均国民总收入由 2010 年的 4300 美元提高至 2014 年的 7380 美元，在上中等收入国家中的位次不断提高。对于有 13 亿多人口的大国来讲，这是了不起的成就。

文化事业、产业繁荣发展，各项重点文化惠民工程提前实现“十二五”目标，图书馆、文化馆、科技馆等公共文化设施向社会免费开放。文化产业快速增长，文化市场繁荣活跃，国际传播能力显著提升，国家文化软实力不断增强。深入推进群众性精神文明创建活动，中华民族伟大复兴的中国梦和社会主义核心价值观深入人心，全党全国人民团结奋斗的共同思想基础更加巩固。

公共服务体系基本建立、覆盖面持续扩大，教育水平明显提升，全民健康状况明显改善。覆盖城乡居民的社会保障体系不断健全，社会事业和民生保障的财政支出逐年增大，养老、医疗、住房等社会保障水平稳步提高，新型农村养老保险和城镇居民养老保险合并为统一的城乡居民基本养老保险制度，城乡居民最低生活保障标准年均增长 10% 以上，全国城镇保障性安居工程建设提速。九年义务教育全面普及，现代职业教育体系框架基本形成，高等教育规模稳步扩大。教育领域综合改革不断深化，考试招生制度改革全方位推展，以管办评分离为导向的教育管理体制和办学体制改革出现新的格局。医疗卫生事业取得显著成绩，医疗保障制度得到完善，大病医保覆盖所有城乡居民基本医保参保人群，疾病应急救助制度全面建立，城乡基层医疗卫生服务体系不断完善，公立医院综合改革全面推开，医改综合改革试点取得进展。

生态文明建设取得新进展，主体功能区制度逐步健全，主要污染物排放持续减少，节能环保水平明显提升。保护生态环境就是保护生产力，改善生态环境就是发展生产力。面对日趋强化的资源环境约束，党中央着力改变过去高污染、高排放、高消耗的发展方式，加快构建资源节约、环境友好的生产方式和消费模式，我国节能降耗取得明显成效。能源消费结构深刻变化，能源利用效率整体提升，高耗能行业投资增长低于整体，生态文明制度、法律法规不断完善，相关的体制机制改革和重点建设任务全面推进。

对外开放不断深入，成为全球第一货物贸易大国和主要对外投资大国，人民币纳入国际货币基金组织特别提款权货币篮子。加快构建开放型经济新体制，深入实施“一带一路”倡议，筹建和成立亚洲基础设施投资银行，加快自由贸易试验区建设，推进人民币国际化进程，以开放的主动赢得了发展的主动、国际竞争的主动。建设“一带一路”有利于发掘潜在的合作机会，释放沿线各国的发展潜力，也有利于拓展国际市场，推动“中国制造”走出去。

国防和军队建设成就显著。加速推进中国特色军事变革，强军兴军迈出新步伐。坚持用党的创新理论武装全军，实现军事战略指导新飞跃，军队现代化战略转型成果丰硕。部队信息化综合集成建设加快推进，全面建设现代后勤不断深化，航空母舰、大型运输机、新型战略导弹等高新技术武器研制取得重要突破。国防和军队改革有序推进。军民融合体制机制日趋完善，国防

人民军队积极参加亚丁湾护航

科技工业综合实力显著增强。严密组织海洋维权和重大军事行动，有力捍卫了国家主权、安全和发展利益。积极开展国际军事合作，成功进行中俄海上联合军事演习和上合组织联合军事演习，积极参加亚丁湾护航和利比亚、也门撤侨，支援西非抗击埃博拉疫情，为维护地区稳定和世界和平发挥了重要作用。

这些成就表明，我国经济实力、科技实力、国防实力、国际影响力又上了一个大台阶，从各方面为全面建成小康社会奠定了坚实基础。

“四个全面”战略布局

全面深化改革

2013.11.9-12

党的十八届三中全会在北京召开，审议通过《关于全面深化改革若干重大问题的决定》

全面依法治国

2014.10.20-23

党的十八届四中全会在北京举行，审议通过了《中共中央关于全面推进依法治国若干重大问题的决定》

全面建成小康社会

2015.10.26-29

党的十八届五中全会在北京举行，审议通过《中共中央关于制定国民经济和社会发展第十三个五年规划的建议》

2016.3.16

十二届全国人大四次会议批准《中华人民共和国国民经济和社会发展第十三个五年规划纲要》

2016 — 2020

我国实施『十三五』规划时期，也是全面建成小康社会、实现我们党确定的『两个一百年』奋斗目标的第一个百年奋斗目标的决胜阶段

大国外交

2017.5.14-15

『一带一路』国际合作高峰论坛在北京成功举办

2013.9-10

习近平主席访问中亚、东南亚期间，提出了『一带一路』建设合作倡议

2013.3.23

习近平主席在莫斯科国际关系学院演讲时，第一次明确提出构建人类命运共同体的理念

全面从严治党

2016.10.24-27

党的十八届六中全会在北京举行，审议通过《关于新形势下党内政治生活的若干准则》《中国共产党党内监督条例》

2012.11.15

习近平总书记在履新的第一天向全党发出从严治党『动员令』

全面深化改革

完善社会主义市场经济体制，是一个长期发展的过程，不可能一蹴而就、一劳永逸。中国改革由浅入深、由易到难的发展趋势表明，越往后难啃的硬骨头越多，改革的难度越大。以党的十八大和党的十八届三中全会为标志，中国改革进入完善社会主义市场经济体制的攻坚阶段。

党的十八大准确判断重要战略机遇期内涵和条件的变化，科学分析我国发展面临的一系列突出矛盾和挑战，统一提出了全面建成小康社会和全面深化改革开放的目标，强调必须以更大的政治勇气和智慧，不失时机深化重要领域改革，坚决破除一切妨碍科学发展的思想观念和体制机制弊端，构建系统完备、科学规范、运行有效的制度体系，使各方面制度更加成熟更加定型。

党的十八届三中全会2013年11月9日至12日在北京举行。全会听取和讨论了习近平受中央政治局委托作的工作报告，审议通过了《中共中央关于全面深化改革若干重大问题的决定》。习近平就《决定（讨论稿）》向全会作了说明。全会充分肯定党的十八大以来中央政治局的工作。全会高度评价党的十一届三中全会召开35年来改革开放的成功实践和伟大成就，研究了全面深化改革若干重大问题，认为改革开放是党在新的时代条件下带领全国各族人民进行的新的伟大革命，是当代中国最鲜明的特色，是决定当代中国命运的关键抉择，是党和人民事业大踏步赶上时代的重要法宝。面对新形势新任务，全面建成小康社会，进而建成富强民主文明和谐的社会主义现代化国家、实现中华民族伟大复兴的中国梦，必须在新的历史起点上全面深化改革。全会对全面深化改革作出系统部署。

党的十八届三中全会适应党和国家事业发展新要求，落实党的十八大提出的全面深化改革开放的战略部署，通过了《关于全面深化改革若干重大问题的决定》。《决定》围绕进一步形成公平竞争的发展环境、增强经济社会发展活力、提高政府效率和效能、实现社会公平正义、促进社会和谐稳定、提高党的领导水平和执政能力等重大课题，提出了全面深化改革的指导思想、目标任务、重大原则，合理布局了全面深化改革的战略重点、优先顺序、主攻方向、工作机制、推进方式和时间表、路线图，形成了改革理论和政策的一系列新的重大突破。可以说，党的十八届三中全会及其决定，是全面深化改革的又一次总部署、总动员，必将对推动中国特色社会主义事业发展产生重大而深远的影响。

历史地看，党的十八届三中全会有以下四大历史贡献：

第一，提出了新的重大理论观点，对全面深化改革具有重要指导意义。以经济体制改革为例，全会决定提出，要“使市场在资源配置中起决定性作用”。这一重要论断，抓住了社会主义市场经济体制的本质特征，表明党对我国社会主义市场经济内涵的认识有了质的提升，是思想解放的重大突破，也是深化经济体制改革以及引领其他领域改革的基本方针。从党的十四大以来的20多年间，对政府和市场关系，我们党一直在根据实践拓展和认识深化寻找新的科学定位。党的十五大提出“使市场在国家宏观调控下对资源配置起基础性作用”，党的十六大提出“在更大程度上发挥市场在资源配置中的基础性作用”，党的十七大提出“从制度上更好发挥市场在资源配置中的基础性作用”，党的十八大提出“更大程度更广范围发挥市场在资源配置中的基础性作用”。这些表述对市场作用进行了量的调整和程度的加强，但没有发生质的变化。实践证明，市场决定资源配置是市场经济的一般规律，市场经济本质上就是市场决定资源配置的经济。健全社会主义市场经济体制必须遵循这条规律，着力解决市场体系不完善、政府干预过多和监管不到位问题。作出“使市场在资源配置中起决定性作用”的新定位，有利于在全党全社会树立关于政府和市场关系的正确观念，有利于转变经济发展方式，有利于转变政府职能，有利于抑制消极腐败现象。

第二，高度重视改革的系统性、整体性、协同性，对全面深化改革作出了系统部署。全会决定强调，要坚持正确处理改革发展稳定关系，胆子要大、步子要稳，加强顶层设计和摸着石头过河相结合，整体推进和重点突破相促进，提高改革决策科学性，广泛凝聚共识，形成改革合力。据此，全会决定对全面深化改革作出系统部署，内容涉及经济、政治、文化、社会、生态文明以及国防和军队改革、党的建设制度改革，提出了每个领域各自特定的主线和方向，反映了各个领域改革的基本理念。付诸实施后，必将会使各领域的体制机制发生重大变化。同时，《决定》把改革的时间目标定位在2020年，与全面建成小康社会的时间相一致。这就确保了全面深化改革的总方向不会迷失，而且每个领域的改革也不会偏向。

第三，更加注重改革的顶层设计和统筹规划，为全面深化改革提供了组织保障。全面深化改革是一个复杂的系统工程，单靠某一个或某几个部门往往力不从心，这就需要建立更高层面的领导机制。为此，全会决定提出，中央成立全面深化改革领导小组，负责改革总体设计、统筹协调、整体推进、督促落实。这是为了更好发挥党总揽全局、协调各方的领导核心作用，保证改革顺利推进和各项改革任务落实。领导小组的主要职责是：统一部署全国性重大改革，统筹推进各领域改革，协调各方力量形成推进改革合力，加强督促检查，推动全面落实改革目标任务。同时，决定设立国家安全委员会，加强对国家安全工作的集中统一领导。国家安全委员会主要职责是制定和实施国家安全战略，推进国家安全法治建设，制定国家安全工作方针政策，研究解决国家安全工作中的重大问题。

第四，突出强调制度建设，丰富了我国改革开放和社会主义现代化建设的内涵。《决定》提出，全面深化改革的总目标是完善和发展中国特色社会主义制度，推进国家治理体系和治理能力现代化。围绕这个总目标，全会决定还分别提出了坚持和完善基本经济制度，加快推进社会主义民主政治制度化、规范化、程序化，加快完善文化管理体制和文化生产经营机制，改革收入分配制度，推进社会领域制度创新，加快建立生态文明制度，完善党的领导体制和执政方式等制度建设的具体任务。从制度层面和国家治理体系及能力现代化的角度提出全面深化改革的总目标，这是全会决定的亮点和贡献，表明我们党对中国特色社会主义制度和现代化建设内涵的认识变得更加丰富了，对于凝聚全党全社会思想共识和行动智慧，以更大决心冲破思想观念的束缚、突破利益固化的藩篱，推动中国特色社会主义制度自我完善和发展，顺利实现全面建成小康社会进而实现中华民族伟大复兴的中国梦，具有重大而深远的历史意义。

总之，党的十八届三中全会及其决定，汇集了全面深化改革的新蓝图、新远景、新目标，反映了社会呼声、诉求和期盼，充分展示了中国共产党自强不息、知难而进和勇于担当、造福人民的大党风范，成为中国改革和发展进程中又一个重要的里程碑。

全面依法治国

法律是治国之重器，法治是国家治理体系和治理能力的重要依托。全面推进依法治国是关系我们党执政兴国、关系人民幸福安康、关系党和国家长治久安的重大战略问题，是完善和发展中国特色社会主义制度、推进国家治理体系和治理能力现代化的重要方面。要实现党的十八大和十八届三中全会作出的一系列战略部署，全面建成小康社会、实现中华民族伟大复兴的中国梦，全面深化改革、完善和发展中国特色社会主义制度，就必须在全面推进依法治国上作出总体部署、采取切实措施、迈出坚实步伐。

党的十八大以来，党中央高度重视依法治国，强调落实依法治国基本方略，加快建设社会主义法治国家，必须全面推进科学立法、严格执法、公正司法、全民守法进程，强调坚持党的领导，更加注重改进党的领导方式和执政方式；依法治国，首先是依宪治国；依法执政，关键是依宪执政；新形势下，我们党要履行好执政兴国的重大职责，必须依据党章从严治党、依据宪法治国理政；党领导人民制定宪法和法律，党领导人民执行宪法和法律，党自身必须在宪法和法律范围内活动，真正做到党领导立法、保证执法、带头守法。

基于以上考虑，2014 年 1 月，中央政治局决定，党的十八届四中全会重点研究全面推进依法治国问题并作出决定。为此，成立由习近平任组长，张德江、王岐山任副组长，相关部门负责人、两位省里的领导人参加的文件起草组，在中央政治局常委会领导下进行文件起草工作。1 月 27 日，党中央发出《关于对党的十八届四中全会研究全面推进依法治国问题征求意见的通知》。2 月 12 日，文件起草组召开第一次全体会议，文件起草工作正式启动。

中央政治局认为，全面推进依法治国涉及改革发展稳定、治党治国治军、内政外交国防等各个领域，必须立足全局和长远来统筹谋划。全会决定应该旗帜鲜明就法治建设的重大理论和实践问题作出回答，既充分肯定我国社会主义法治建设的成就和经验，又针对现实问题提出富有改革创新精神的新观点新举措；既抓住法治建设的关键，又体现党和国家事业发展全局要求；既高屋建瓴、搞好顶层设计，又脚踏实地、做到切实管用；既讲近功，又求长效。

全会决定的起草工作突出了 5 个方面的考虑：一是贯彻党的十八大和十八届三中全会精神，贯彻党的十八大以来党中央工作部署，体现全面建成小康社会、全面深化改革、全面推进依法治国这“三个全面”的逻辑联系。二是围绕中国特色社会主义事业总体布局，体现推进各领域改革发展对提高法治水平的要求，而不是就法治论法治。三是反映目前法治工作基本格局，从立法、执法、司法、守法 4 个方面作出工作部署。四是坚持改革方向、问题导向，适应推进国家治理体系和治理能力现代化要求，直面法治建设领域突出问题，回应人民群众期待，力争提出对依法治国具有重要意义的改革举措。五是立足我国国情，从实际出发，坚持走中国特色社会主义法治道路，既与时俱进、体现时代精神，又不照抄照搬别国模式。

文件起草组在成立后的 8 个多月时间里，深入调查研究，广泛征求意见，开展专题论证，反复讨论修改。其间，中央政治局常委会召开 3 次会议、中央政治局召开 2 次会议分别审议全会决定。8 月初，决定征求意见稿下发党内一定范围征求意见，包括征求党内老同志意见，还专门听取了各民主党派中央、全国工商联负责人和无党派人士意见。各方面一致认为，全会决定鲜明提出坚持走中国特色社会主义法治道路、建设中国特色社会主义法治体系的重大论断，明确建设社会主义法治国家的性质、方向、道路、抓手，必将有力推进社会主义法治国家建设。

2014 年 10 月 20 日至 23 日，党的十八届四中全会在北京举行。全会听取和讨论了习近平受中央政治局委托作的工作报告，审议通过了《中共中央关于全面推进依法治国若干重大问题的决定》。习近平就《决定（讨论稿）》向全会作了说明。全会充分肯定党的十八届三中全会以来中央政治局的工作，高度评价长期以来特别是党的十一届三中全会以来我国社会主义法治建设取得的历史性成就，研究了全面推进依法治国若干重大问题，认为全面建成小康社会、实现中华民族伟大复兴的中国梦，全面深化改革、完善和发展中国特色社会主义制度，提高党的执政能力和执政水平，必须全面推进依法治国。全会明确了全面推进依法治国的重大任务。

全面推进依法治国，总目标是建设中国特色社会主义法治体系，建设社会主义法治国家。这就是：在中国共产党领导下，坚持中国特色社会主义制度，贯彻中国特色社会主义法治理论，形成完备的法律规范体系、高效的法治实施体系、严密的法治监督体系、有力的法治保障体系，形成完善的党内法规体系，坚持依法治国、依法执政、依法行政共同推进，坚持法治国家、法治政府、法治社会一体建设，实现科学立法、严格执法、公正司法、全民守法，促进国家治理体系和治理能力现代化。实现这个总目标，必须坚持中国共产党的领导，坚持人民主体地位，坚持法律面前人人平等，坚持依法治国和以德治国相结合，坚持从中国实际出发。

全面推进依法治国，主要任务是：（1）完善以宪法为核心的中国特色社会主义法律体系，加强宪法实施；（2）深入推进依法行政，加快建设法治政府；（3）保证公正司法，提高司法公信力；（4）增强全民法治观念，推进法治社会建设；（5）加强法治工作队伍建设；（6）加强和改进党对全面推进依法治国的领导。

党的领导是中国特色社会主义最本质的特征，是社会主义法治最根本的保证。把党的领导贯彻到依法治国全过程和各方面，是我国社会主义法治建设的一条基本经验。我国宪法确立了中国共产党的领导地位。坚持党的领导，是社会主义法治的根本要求，是党和国家的根本所在、命脉所在，是全国各族人民的利益所系、幸福所系，是全面推进依法治国的题中应有之义。党的领导和社会主义法治是一致的，社会主义法治必须坚持党的领导，党的领导必须依靠社会主义法治。只有在党的领导下依法治国、厉行法治，人民当家作主才能充分实现，国家和社会生活法治化才能有序推进。依法执政，既要求党依据宪法法律治国理政，也要求党依据党内法规管党治党。

法律的生命力在于实施，法律的权威也在于实施。各级政府必须坚持在党的领导下、在法治轨道上开展工作，加快建设职能科学、权责法定、执法严明、公开公正、廉洁高效、守法诚信的法治政府。依法全面履行政府职能，推进机构、职能、权限、程序、责任法定化，推行政府权力清单制度。健全依法决策机制，把公众参与、专家论证、风险评估、合法性审查、集体讨论决定确定为重大行政决策法定程序，建立行政机关内部重大决策合法性审查机制，建立重大决策终身责任追究制度及责任倒查机制。深化行政执法体制改革，健全行政执法和刑事司法衔接机制。坚持严格规范公正文明执法，依法惩处各类违法行为，加大关系群众切身利益的重点领域执法力度，建立健全行政裁量权基准制度，全面落实行政执法责任制。强化对行政权力的制约和监督，完善纠错问责机制。全面推进政务公开，坚持以公开为常态、不公开为例外原则，推进决策公开、执行公开、管理公开、服务公开、结果公开。

全会分析了当前形势和任务，强调全党同志要把思想和行动统一到中央关于全面深化改革、全面推进依法治国重大决策部署上来，高举中国特色社会主义伟大旗帜，积极投身全面推进依法治国伟大实践，开拓进取，扎实工作，为建设法治中国而奋斗。

全面建成小康社会

2016 — 2020 年是我国实施国民经济和社会发展第十三个五年规划（即“十三五”）的时期，也是全面建成小康社会、实现我们党确定的“两个一百年”奋斗目标的第一个百年奋斗目标的决胜阶段。制定和实施好“十三五”规划建议，阐明党和国家战略意图，明确发展的指导思想、基本原则、目标要求、基本理念、重大举措，描绘好未来 5 年国家发展蓝图，事关全面建成小康社会、全面深化改革、全面依法治国、全面从严治党战略布局的协调推进，事关我国经济社会持续健康发展，事关社会主义现代化建设大局。

为制定好“十三五”规划，2015 年 1 月，中共中央政治局决定，党的十八届五中全会审议“十三五”规划建议，并成立由习近平总书记担任组长，李克强总理、张高丽副总理担任副组长，有关部门和地方负责同志参加的文件起草组，在中央政治局常委会领导下承担建议稿起草工作。1 月 28 日，党中央发出《关于对党的十八届五中全会研究“十三五”规划建议征求意见的通知》，在党内一定范围征求意见和建议。2月10日，文件起草组召开第一次全体会议，建议稿起草工作正式启动。

文件起草组成立后，深入开展专题调研，广泛征求各方意见。在征求意见过程中，大家普遍认为，“十三五”时期我国发展仍处于可以大有作为的重要战略机遇期，但战略机遇期内涵发生深刻变化，我国发展既面临许多有利条件，也面临不少风险挑战。希望通过制定建议明确“十三五”时期我国经济社会发展的基本思路、主要目标，特别是要以新的发展理念推动发展，提出一些具有标志性的重大战略、重大工程、重大举措，着力解决突出问题和明显短板，确保如期全面建成小康社会，保持经济社会持续健康发展。为此，各方面提出了许多好的意见和建议，主要有以下6个方面：一是建议对“十三五”时期我国发展面临的机遇和挑战作出更加深入和更具前瞻性的分析概括。二是建议进一步突出人民群众普遍关心的就业、教育、社保、住房、医疗等民生指标。三是建议抓住新一轮科技革命带来的机遇，将优势资源集聚到重点领域，力求在关键核心技术上取得突破。四是建议进一步提高绿色指标在“十三五”规划全部指标中的权重，把保障人民健康和改善环境质量作为更具约束性的硬指标。五是建议重视促进内陆地区特别是中西部地区对外开放。六是建议更加注重通过改善二次分配促进社会公平，明确精准扶贫、精准脱贫的政策举措，把更多公共资源用于完善社会保障体系。文件起草组在起草过程中，充分考虑、认真吸收了各方面意见和建议。

建议稿的起草，充分考虑了“十三五”时期我国经济社会发展的趋势和要求。一是“十三五”规划作为我国经济发展进入新常态后的第一个五年规划，必须适应新常态、把握新常态、引领新常态。二是面对经济社会发展新趋势新机遇和新矛盾新挑战，谋划“十三五”时期经济社会发展，必须确立新的发展理念，用新的发展理念引领发展行动。为此，建议稿提出了创新、协调、绿色、开放、共享的发展理念，并以这五大发展理念为主线对建议稿进行谋篇布局。这五大发展理念，是"十三五"乃至更长时期我国发展思路、发展方向、发展着力点的集中体现，也是改革开放30多年来我国发展经验的集中体现，反映出我们党对我国发展规律的新认识。三是"十三五"规划作为全面建成小康社会的收官规划，必须紧紧扭住全面建成小康社会存在的短板，在补齐短板上多用力，着力提高发展的协调性和平衡性。

建议稿形成后，中央政治局决定下发党内一定范围征求意见，包括征求党内部分老同志意见，还专门听取了民主党派中央、全国工商联负责人和无党派人士意见。其间，中央政治局常委会召开3次会议、中央政治局召开2次会议分别审议建议稿。各地区各部门对建议稿给予充分肯定，认为建议稿体现了"四个全面"战略布局和"五位一体"总体布局，反映了党的十八大以来党中央决策部署，顺应了我国经济发展新常态的内在要求，有很强的思想性、战略性、前瞻性、指导性。建议稿坚持问题导向，聚焦突出问题和明显短板，回应人民群众诉求和期盼，提出一系列新的重大战略和重要举措，对保持经济社会持续健康发展具有重要推动作用。

建议稿提出了一系列新的发展要求和重大举措。比如：关于经济保持中高速增长，建议稿提出今后5年经济保持中高速增长的目标，确保到2020年实现国内生产总值和城乡居民人均收入比2010年翻一番的目标；关于户籍人口城镇化率加快提高，建议稿提出要加快落实中央确定的使1亿左右农民工和其他常住人口在城镇定居落户的目标；关于我国现行标准下农村贫困人口实现脱贫、贫困县全部摘帽、解决区域性整体贫困，建议稿提出通过实施脱贫攻坚工程，实施精准扶贫、精准脱贫，实现7017万农村贫困人口脱贫目标；关于实施一批国家重大科技项目和在重大创新领域组建一批国家实验室，建议稿提出以国家目标和战略需求为导向，瞄准国际科技前沿，布局一批体量更大、学科交叉融合、综合集成的国家实验室，优化配置人财物资源，形成协同创新新格局，形成代表国家水平、国际同行认可、在国际上拥有话语权的科技创新实力，成为抢占国际科技制高点的重要战略创新力量。此外，还提出加

精准脱贫

强统筹协调、改革并完善适应现代金融市场发展的金融监管框架，实行能源和水资源消耗、建设用地等总量和强度双控行动，探索实行耕地轮作休耕制度试点，实行省以下环保机构监测监察执法垂直管理制度，全面实施一对夫妇可生育两个孩子政策，等等。

2015 年 10 月 26 日至 29 日，中国共产党第十八届中央委员会第五次全体会议在北京举行。全会听取和讨论了习近平受中央政治局委托作的工作报告，审议通过了《中共中央关于制定国民经济和社会发展第十三个五年规划的建议》。习近平就《建议（讨论稿）》向全会作了说明。

全会深入分析了“十三五”时期我国发展环境的基本特征，认为我国发展仍处于可以大有作为的重要战略机遇期，也面临诸多矛盾叠加、风险隐患增多的严峻挑战。我们要准确把握战略机遇期内涵的深刻变化，更加有效地应对各种风险和挑战，继续集中力量把自己的事情办好，不断开拓发展新境界。

全会提出了“十三五”时期我国发展的指导思想：高举中国特色社会主义伟大旗帜，全面贯彻党的十八大和十八届三中、四中全会精神，以马克思列宁主义、毛泽东思想、邓小平理论、“三个代表”重要思想、科学发展观为指导，深入贯彻习近平总书记系列重要讲话精神，坚持全面建成小康社会、全面深化改革、全面依法治国、全面从严治党的战略布局，坚持发展是第一要务，以提高发展质量和效益为中心，加快形成引领经济发展新常态的体制机制和发展方式，保持战略定力，坚持稳中求进，统筹推进经济建设、政治建设、文化建设、社会建设、生态文明建设和党的建设，确保如期全面建成小康社会，为实现第二个百年奋斗目标、实现中华民族伟大复兴的中国梦奠定更加坚实的基础。

全会强调，如期实现全面建成小康社会奋斗目标，推动经济社会持续健康发展，必须遵循以下原则：坚持人民主体地位，坚持科学发展，坚持深化改革，坚持依法治国，坚持统筹国内国际两个大局，坚持党的领导。

全会提出了全面建成小康社会新的目标要求：经济保持中高速增长，在提高发展平衡性、包容性、可持续性的基础上，到2020年国内生产总值和城乡居民人均收入比2010年翻一番，产业迈向中高端水平，消费对经济增长贡献明显加大，户籍人口城镇化率加快提高。农业现代化取得明显进展，人民生活水平和质量普遍提高，我国现行标准下农村贫困人口实现脱贫，贫困县全部摘帽，解决区域性整体贫困。国民素质和社会文明程度显著提高。生态环境质量总体改善。各方面制度更加成熟更加定型，国家治理体系和治理能力现代化取得重大进展。

全会强调，实现“十三五”时期发展目标，破解发展难题，厚植发展优势，必须牢固树立并切实贯彻创新、协调、绿色、开放、共享的发展理念。这是关系我国发展全局的一场深刻变革。全党同志要充分认识这场变革的重大现实意义和深远历史意义。

全会分析了当前形势和任务，强调当前和今后一个时期，全党全国的一项重要政治任务，就是深入贯彻落实全会精神，把《建议》确定的各项决策部署和工作要求落到实处。

根据《中共中央关于制定国民经济和社会发展第十三个五年规划的建议》，国务院组织专门力量制定了《中华人民共和国国民经济和社会发展第十三个五年规划纲要》，阐明了国家战略意图，明确了经济社会发展宏伟目标、主要任务和重大举措，内容极其丰富，并且实现了和各专项规划、地方规划的有效衔接，促进全国发展一盘棋；也实现了规划落实和年度工作部署的有效衔接。

2016 年 3 月 16 日，十二届全国人大四次会议表决通过了关于国民经济和社会发展第十三个五年规划纲要的决议。决议指出，会议同意全国人大财政经济委员会的审查结果报告，决定批准这个规划纲要。会议认为，“十三五”规划纲要全面贯彻了《中共中央关于制定国民经济和社会发展第十三个五年规划的建议》的精神，提出的“十三五”时期经济社会发展的主要目标、重点任务和重大举措，符合我国国情和实际，体现了全国各族人民的共同意愿，反映了时代发展的客观要求，经过努力是完全可以实现的。

“十三五”规划纲要是市场主体的行为导向，是政府履行职责的重要依据，也是全国各族人民的共同愿景。实现“十三五”时期经济社会发展的各项目标和任务，前景值得期待，也需要全党和全国各族人民的共同努力。

全面从严治党

2012 年 11 月 15 日上午，在十八届中央政治局常委与中外记者见面会上，习近平总书记掷地有声地提出：“打铁还需自身硬。我们的责任就是同全党同志一道，坚持党要管党、从严治党，切实解决自身存在的突出问题，切实改进工作作风，密切联系群众，使我们党始终成为中国特色社会主义事业的坚强领导核心。” 这是习近平总书记在履新的第一天向全党发出的从严治党“动员令”。此后，党中央坚持把从严治党摆在突出位置，作出了一系列重大部署。

第一，加强思想理论武装，深入开展理想信念教育，注重用好红色教育资源，充分发挥正反典型的教育警示作用，严肃党内政治生活，重新拿起批评和自我批评武器，开展积极健康的思想斗争，增强党内政治生活的政治性、原则性、战斗性。

第二，聚焦“四风”狠抓作风建设，及时制定和严格实施八项规定，扎实开展党的群众路线教育实践活动，深入推进“三严三实”专题教育，在全党开展“两学一做”学习教育并使之常态化制度化。

第三，选拔忠诚、干净、担当的好干部，修订《干部任用条例》，强化党组织领导和把关作用，改进民主推荐、民主测评，重点改进地方党政领导班子和领导干部政绩考核工作，坚决纠正一些地方简单以年龄划杠、任职年龄层层递减的现象，着力破解“唯票、唯分、唯 GDP、唯年龄”问题。

第四，从严管理监督干部，完善从严管理干部队伍制度体系，开展突出问题专项整治，严格日常管理监督，注重关心关爱干部特别是基层干部，提高老少边穷地区、特殊岗位以及基层干部待遇。

第五，建设学习型、服务型、创新型基层党组织，进一步突出政治功能，强化服务功能。健全县乡村三级便民服务网络，加强农村、社区党的建设，总结推广浙江、吉林等地经验，构建城乡统筹的基层党建新格局，加大软弱涣散基层党组织整顿力度。坚持党员发展标准，切实提升发展党员的质量，加强对党员队伍总体规模的调控，适当控制党员数量增长过快势头，严格党员教育管理，制定实施党员教育培训工作五年规划；落实党建工作责任制，全面开展市县乡党委书记抓基层党建述职评议考核，使基层党建由“软任务”变成了“硬指标”，强化各级党组织书记管党治党的主责主业意识。

第六，依纪依法严惩腐败，查处严重违纪违法案件取得重大进展。党的十八大以来，共立案查处中管干部超过 220 人，对周永康、徐才厚、令计划、郭伯雄、苏荣等高级领导干部严重违纪问题进行立案审查，对山西省、中石油等地方和单位多年积累的严重腐败问题进行严肃处理，彰显了我们党反对腐败的坚定决心和坚强意志。加强和改进巡视工作，制定中央巡视工作五年规划，确定中央巡视工作方针，修订颁布巡视工作条例，推动了巡视工作扎实有效开展，充分发挥了震慑、遏制和治本作用，成为反腐败斗争的一把“利剑”。落实党委（党组）主体责任和纪委（纪检组）监督责任，加大追责问责力度，对山西发生塌方式腐败负有责任的省委班子进行了改组性质的调整，严肃处理了湖南衡阳破坏选举案、四川南充拉票贿选案的有关责任人。大力推动纪检体制改革，强化上级纪委对下级纪委的领导，推进纪检机关转职能、转方式、转作风，强化监督执纪问责；全面落实中央纪委向中央一级党和国家机关派驻纪检机构，充分发挥“派”的权威和“驻”的优势。

第七，加强党内法规制度建设。修订党内法规制定条例，编制党内法规制定工作第一个五年规划，首次开展党内法规清理，制定出台 50 余件重要党内法规；扎实推进党的建设制度改革，按照中央全面深化改革总体部署，成立党的建设制度改革专项小组，从深化党的组织制度、干部人事制度、基层组织建设制度、人才发展体制机制改革 4 个方面，提出了 55 项具体改革任务。中央改革办专门成立了督察局，对重点改革文件执行情况进行督察。把党内法规执行纳入党委督察重要内容，建立健全党内法规执行检查常态化机制，坚决维护制度的严肃性和权威性。

2016 年 10 月 24 日至 27 日，党的十八届六中全会在北京举行。全会听取和讨论了习近平受中央政治局委托作的工作报告，审议通过了《关于新形势下党内政治生活的若干准则》和《中国共产党党内监督条例》。习近平就《准则（讨论稿）》和《条例（讨论稿）》向全会作了说明。全会闭幕时，习近平总书记发表重要讲话，就贯彻落实全会精神，做好当前党和国家各项工作提出明确要求。

全会高度评价全面从严治党取得的成就，认为党的十八大以来，以习近平同志为核心的党中央身体力行、率先垂范，坚定推进全面从严治党，坚持思想建党和制度治党紧密结合，集中整饬党风，严厉惩治腐败，净化党内政治生态，党内政治生活展现新气象，赢得了党心民心，为开创党和国家事业新局面提供了重要保证。

全会通过的《准则》和《条例》，全面贯彻党的十八大和十八届三中、四中、五中全会精神，以党章为根本遵循，深刻总结党的建设历史经验，直面当前党内政治生活和党内监督存在的突出矛盾和问题，围绕严肃党内政治生活提出明确要求，围绕加强党内监督作出具体规定，为新形势下加强和规范党内政治生活，加强党内监督提供了根本遵循。全会总结了我们党开展党内政治生活的历史经验，分析了全面从严治党面临的形势和任务，认为办好中国的事情，关键在党，关键在党要管党、从严治党。党要管党必须从党内政治生活管

依纪依法严惩腐败

起，从严治党必须从党内政治生活严起。为更好进行具有许多新的历史特点的伟大斗争、推进党的建设新的伟大工程、推进中国特色社会主义伟大事业，经受“四大考验”、克服“四种危险”，有必要制定一部新形势下党内政治生活的准则。全会强调，加强和规范党内政治生活、加强党内监督是全党的共同任务，必须全党一起动手。各级党委（党组）要全面履行领导责任，着力解决突出问题，把加强和规范党内政治生活、加强党内监督各项任务落到实处。

全会明确习近平总书记的核心地位，正式提出“以习近平同志为核心的党中央”，为维护党中央权威、维护党的团结和集中统一领导，对全党全军全国各族人民更好凝聚力量抓住机遇、战胜挑战，对全党团结一心、不忘初心、继续前进，对保证党和国家兴旺发达、长治久安，具有十分重大而深远的意义。一个国家、一个政党，领导核心至关重要。党的十八大以来，习近平总书记带领全党全军全国各族人民开创了中国特色社会主义伟大事业和党的建设新的伟大工程新局面，在改革发展稳定、内政外交国防、治党治国治军等方面取得了一系列具有重大现实意义和深远历史意义的成就，实现了党和国家事业继往开来，赢得了全党全军全国各族人民衷心拥护，受到国际社会高度赞誉。习近平总书记在新的伟大斗争实践中已经成为党中央的核心、全党的核心。全会上，大家围绕“以习近平同志为核心的党中央”进行了热烈讨论，发言踊跃，一致赞成在六中全会文件中正式提出“以习近平同志为核心的党中央”，一致认为明确习近平总书记的核心地位，是全党的共同意志，是全党全军全国各族人民的共同心愿，是党和国家根本利益所在，是坚持和加强党的领导的根本保证，是进行具有许多新的历史特点的伟大斗争、坚持和发展中国特色社会主义伟大事业、推进党的建设新的伟大工程的迫切需要。大家一致表示要坚决拥护和衷心服从党中央的核心、全党的核心，坚决维护党中央的权威，坚决从思想上政治上行动上同以习近平同志为核心的党中央保持高度一致，坚决把党中央决策部署贯彻落实到改革发展稳定各项工作中去。

全面从严治党，是新一届中央领导集体治国理政最鲜明的特征。它与全面建成小康社会、全面深化改革、全面依法治国一起构成了“四个全面”战略布局并且为其他“三个全面”提供政治引领和组织保证。

大国外交

党的十八大以后的五年间，以习近平同志为核心的党中央继续高举和平、发展、合作、共赢的旗帜，坚定奉行独立自主的和平外交政策和互利共赢的开放战略，致力于维护世界和平、促进共同发展，推动开放型经济发展取得新成就，进一步开创了中国外交和对外开放的新局面，使中国特色社会主义道路展现出更加广阔的发展前景。

第一，用亲诚惠容理念经略和塑造周边。倡导和坚持与邻为善、以邻为伴，坚持睦邻、安邻、富邻，突出体现亲诚惠容的理念。在实践中，提出通过坚持讲信修睦、坚持合作共赢、坚持守望相助、坚持心心相印、坚持开放包容和“2+7”合作框架发展与东盟的关系，打造更加紧密的中国— 东盟命运共同体。坚决反对日本歪曲历史和破坏战后国际秩序的图谋。处理南海问题，赞成并倡导“双轨思路”。

第二，积极推动建立长期稳定健康发展的新型大国关系。继续深化中俄全面战略协作伙伴关系，重点加大相互政治支持，坚定支持对方维护国家主权、安全、发展利益的努力，走符合本国国情的发展道路。推动中美建立不对抗不冲突、相互尊重、合作共赢的新型大国关系，开创大国关系发展新模式。加强与发展中欧关系，强调中国和欧盟要做和平伙伴，带头走和平发展道路；要做增长伙伴，相互提供发展机遇；要做改革的伙伴，相互借鉴、相互支持；

要做文明伙伴，为彼此进步提供更多营养。

第三，以正确义利观和新框架深化与发展中国家合作。以真实亲诚和“461”框架打造中非合作升级版。以“1+2+3”合作格局深化中阿天然合作伙伴关系。以“1+3+6”合作新框架构建中拉关系五位一体新格局。坚持同金砖国家做好朋友、好兄弟、好伙伴，发扬金砖国家独特的合作伙伴精神，推动金砖国家形成更紧密、更全面、更牢固的伙伴关系。做世界和平的维护者、全球安全的促进者、国际安全秩序的建设者，将共同打击恐怖主义和维护网络安全作为重点合作领域，倡导新的安全观，共同维护以联合国为核心的国际安全合作体系。

第四，积极开展多边外交。支持联合国、二十国集团、上海合作组织、金砖国家等发挥积极作用，推动国际秩序和国际体系朝着公正合理的方向发展。在联合国、APEC 会议、中国— 东盟峰会、金砖国家峰会、上合组织会议、朝核问题六方会谈机制、伊核问题国际会议机制以及博鳌亚洲论坛等各种多边场合，中国领导人充分利用多边机制的舞台作用，展示了中国外交的新理念、新风格。

2014 年，APEC 会议在北京举行

第五，扎实推进公共外交和人文交流，维护我国海外合法权益。重视公共外交，传播好中国声音，讲好中国故事，向世界展现一个真实、立体、全面的中国。开展同各国政党和政治组织的友好往来，加强人大、政协、地方、民间团体的对外交流，夯实国家关系发展社会基础。多领域、多渠道、多层次开展民间对外友好交流，广交朋友、广结善缘，以诚感人、以心暖人、以情动人，引导国外机构和优秀人才以各种方式参与中国现代化建设。

第六，积极推动构建人类命运共同体。党的十八大以后，习近平同志站在人类历史发展进程的高度，以大国领袖的责任担当，正确把握国际形势的深刻变化，顺应和平发展、合作共赢的时代潮流，深入思考"建设一个什么样的世界、如何建设这个世界"等关乎人类前途命运的重大课题，高瞻远瞩地提出构建人类命运共同体的重大倡议，并作出重要论述。2013 年 3 月 23 日，习近平主席在莫斯科国际关系学院演讲时，第一次明确提出这一理念。他说："这个世界，各国相互联系、相互依存的程度空前加深，人类生活在同一个地球村里，生活在历史和现实交汇的同一个时空里，越来越成为你中有我、我中有你的命运共同体。" 3 月 25 日，他在访问坦桑尼亚时又谈到：过去半个多世纪"这段历史告诉我们，中非从来都是命运共同体，共同的历史遭遇、共同的发展任务、共同的战略利益把我们紧紧联系在一起"。2015 年 3 月，他在博鳌亚洲论坛的演讲中，提出"通过迈向亚洲命运共同体，推动建设人类命运共同体"的"四个坚持"，即坚持各国相互尊重、平等相待，坚持合作共赢、共同发展，坚持实现共同、综合、合作、可持续的安全，坚持不同文明兼容并蓄、交流互鉴。同年9月，习近平主席在纽约联合国总部发表重要讲话指出："当今世界，各国相互依存、休戚与共。我们要继承和弘扬联合国宪章的宗旨和原则，构建以合作共赢为核心的新型国际关系，打造人类命运共同体。"构建人类命运共同体，必须积极推动与各国合作共赢，摒弃"你输我赢，非赢即输"的陈旧思维。在经济上，强调寻求共同利益，主张共同发展和繁荣；在政治上，强调相互尊重、平等相待；在安全上，强调既重视自身安全，又重视共同安全，推动各方朝着互利共赢、共同安全的目标相向而行；在文化上，强调包容互鉴、共生共存，主张“各美其美，美美与共”。

在对外开放方面，实施更加积极主动的开放战略，开放型经济对经济社会发展的贡献日益突出。一是贸易大国地位得到巩固和提升，连续两年成为世界货物贸易第一大国。二是利用外资水平不断提高，连续23年位居发展中国家首位。三是走出去步伐加快，对外投资连续3年位居世界第三。四是多双边经贸关系取得新成果，参与国际经济治理的话语权和主导权增强，中国积极参与二十国集团、金砖国家等机制建设，充分利用联合国、亚太经合组织、亚欧会议等平台，成功举办了APEC北京峰会、G20杭州峰会，引导国际经济秩序朝于我有利方向发展。

自贸试验区建设主要任务是推动体制机制创新，探索我国对外开放的新路径和新模式，为全面深化改革、扩大开放积累经验。国务院批准设立上海、广东、天津、福建等自贸试验区以来，自贸试验区建设取得了积极进展。一是以负面清单管理为核心的外商投资管理制度基本建立。二是以贸易便利化为重点的贸易监管制度有效运行。三是以资本项目可兑换和金融服务业开放为目标的金融创新制度有序推进。四是逐步在全国推行自贸试验区经验。

建设“一带一路”是以习近平同志为核心的党中央统筹国内国际两个大局做出的重大战略决策。2013年，习近平主席访问中亚、东南亚期间，提出了“一带一路”建设合作倡议。自此以来，按照党中央、国务院的总体部署，我国秉承共商共建共享原则，紧紧围绕“五通”，全面推进与沿线国家各领域务实合作，取得了阶段性成果。一是合作规模不断扩大。2013—2019年，我国与沿线国家进出口总值达到33.2万亿美元。二是合作领域不断拓展，从传统的商品和劳务输出为主发展到商品、服务、资本输出“多头并进”，从单个企业走出去发展到通过境外经贸合作区建设集群式走出去。三是一批重大合作项目扎实推进。中国— 中亚天然气管道D线、中俄东线天然气管道、中哈连云港物流合作基地、巴基斯坦瓜达尔港、匈塞铁路等项目进展顺利，中白工业园、中马钦州产业园和马中关丹产业园、中印尼综合产业园、中埃苏伊士经贸合作区等园区加快建设。这些项目促进了相关国家经济社会发展，带动了就业和民生改善，展现了“一带一路”建设的广阔前景。2017 年 5 月 14 日至 15 日，在北京成功举办“一带一路”国际合作高峰论坛，在新时期中国特色大国外交的实践历程中，写下了浓墨重彩的一页。

习近平新时代中国特色社会主义思想

时代背景

中国特色社会主义进入了新时代，这是我国发展新的历史方位

实践基础

在习近平同志为核心的党中央领导下，我们党和国家取得的成就是全方位的、开创性的，变革是深层次的、根本性的

2012.11-2017.10

2017.10.18

党的十九大首次提出习近平新时代中国特色社会主义思想

科学内涵

『八个明确』『十四个坚持』

重大意义

开辟了马克思主义新境界；开辟了中国特色社会主义新境界；开辟了党治国理政新境界；开辟了管党治党新境界

时代背景

党的十八大以后，世情、国情、党情继续发生深刻变化。新的国际环境、新的发展阶段、新的风险考验，意味着我国发展已站在新的历史起点上，中国特色社会主义进入了新时代。

从国际上看，和平、发展、合作、共赢成为时代潮流，但不稳定不确定因素增多。一大批新兴市场国家和发展中国家走上发展的快车道，几十亿人口正在加速走向现代化，多个发展中心在世界各地区逐渐形成，国际力量对比继续朝着有利于世界和平与发展的方向发展。同时，随着金融危机的影响持续深入，世界格局发生深刻变化，全球性挑战有增无减。地缘政治冲突更加频繁，国际反恐形势持续严峻，网络空间治理规则之争更加激烈。世界经济长期低迷，已进入深度转型调整期，不稳定不确定因素增多，复苏面临更多的不确定性。

经济全球化“双刃剑”作用凸显，全球治理体系亟待变革。经济全球化在本质上是资本的跨国流动，它在推动全球生产力大发展、加速世界经济增长的同时，也带来了各国和全球共同面临的社会经济问题，加剧了国际竞争。全球发展不平衡加剧，贸易保护主义抬头，美国热衷搞“小圈子”，企图以新规则体系排挤孤立新兴大国。推进全球治理体制变革，不仅事关应对各种全球性挑战，而且事关给国际秩序和国际体系定规则、定方向。推动变革全球治理体制中不公正不合理的安排，需要增加新兴市场国家和发展中国家的代表性和发言权，使全球治理体制更加平衡地反映大多数国家意愿和利益。

世界文化多样化有利于保持国际形势总体稳定，也给我国带来诸多挑战。当今世界，有 200 多个国家和地区，2500 多个民族，6000 多种语言。这些不同民族、不同历史文化背景的人民，共同创造了丰富多彩的世界。不同文化之间的交流、交锋、交融丰富了世界多样文化的形式和内涵，促进了人类文明历史的进步与发展，增进了国家间、民族间关系和友谊。同时，各种思想文化交流交融交锋更加频繁，各种错误思潮的影响加深，意识形态领域斗争尖锐。

新一轮科技革命和产业变革正在孕育兴起，机遇和挑战并存。从全球范围看，科学技术越来越成为推动经济社会发展的主要力量，创新驱动是大势所趋。一些重要科学问题和关键核心技术已经呈现出革命性突破的先兆，带动了关键技术交叉融合、群体跃进，变革突破的能量正在不断积累。谁牵住了科技创新这个“牛鼻子”，谁走好了科技创新这步先手棋，谁就能占领先机、赢得优势。新一轮科技革命和产业变革与我国加快转变经济发展方式形成历史性交汇，为我们实施创新驱动发展战略提供了难得的重大机遇。机会稍纵即逝，抓住了就是机遇，抓不住就是挑战。

我国前所未有地走近世界舞台中心，面临的风险和安全问题更加突出。经过 30 多年的改革开放，中国的命运与世界的命运从未像今天这样紧密地联结在一起。推动经济治理改革，中国方案行稳致远。应对全球性挑战和热点问题，中国同样没有缺席，有主张、有行动，有正义担当。二十国集团进入中国时间，杭州峰会为世界经济走出低迷开出一剂标本兼治、综合施策的良方。但是，个别西方大国对我国实行战略围堵，周边一些国家在领土领海等问题上对我无端挑衅，恶化区域安全局势。我国面临的经济安全、政治安全、文化安全、军事安全、网络安全问题更加突出。

从国内发展来看，党的十八大以后的五年，是党和国家发展进程中极不平凡的五年。面对世界经济复苏乏力、局部冲突和动荡频发、全球性问题加剧的外部环境，面对我国经济发展进入新常态等一系列深刻变化，我们党坚持稳中求进工作总基调，迎难而上，开拓进取，取得了改革开放和社会主义现代化建设的历史性成就。经济建设取得重大成就，全面深化改革取得重大突破，民主法治建设迈出重大步伐，思想文化建设取得重大进展，人民生活不断改善，生态文明建设成效显著，强军兴军开创新局面，港澳台工作取得新进展，全方位外交布局深入展开，全面从严治党成效卓著。党的创造力、凝聚力、战斗力和领导力、号召力显著增强，国家经济实力、科技实力、国防实力、综合国力、国际影响力和人民获得感显著提升。

五年间，以习近平同志为核心的党中央，以巨大的政治勇气和强烈的责任担当，革故鼎新、励精图治，进行具有许多新的历史特点的伟大斗争，提出一系列新理念新思想新战略，出台一系列重大方针政策，推出一系列重大举措，推进一系列重大工作，解决了许多长期想解决而没有解决的难题，办成了许多过去想办而没有办成的大事，推动党和国家事业发生历史性变革。党的十八大以来，我们国家取得的成就是全方位的、开创性的，5 年来的变革是深层次的、根本性的。这些历史性成就和历史性变革，标志着我国发展站到了新的历史起点上，对党和国家事业发展具有重大而深远的意义。

全面加强党的领导，大大增强了党的凝聚力、战斗力和领导力、号召力。坚定不移贯彻新发展理念，有力推动我国发展不断朝着更高质量、更有效率、更加公平、更可持续的方向前进。坚定不移全面深化改革，推动改革呈现全面发力、多点突破、纵深推进的崭新局面。坚定不移全面推进依法治国，显著增强了我们党运用法律手段领导和治理国家的能力。加强党对意识形态工作的领导，巩固了全党全社会思想上的团结统一。坚定不移推进生态文明建设，推动美丽中国建设迈出重要步伐。坚定不移推进国防和军队现代化，推动国防和军队改革取得历史性突破。坚定不移推进中国特色大国外交，营造了我国发展的和平国际环境和良好周边环境。

坚定不移推进全面从严治党，着力解决人民群众反映最强烈、对党的执政基础威胁最大的突出问题，形成了反腐败斗争压倒性态势，党内政治生活气象更新，全党理想信念更加坚定、党性更加坚强，党自我净化、自我完善、自我革新、自我提高能力显著提高，党的执政基础和群众基础更加巩固，为党和国家各项事业发展提供了坚强政治保证。

党的十八大以后的五年，在中华人民共和国成立特别是改革开放以来我国发展取得的重大成就基础上，党和国家事业发生历史性变革，我国发展站到了新的历史起点上，中国特色社会主义进入了新时代。中国特色社会主义不断取得的重大成就，意味着近代以来久经磨难的中华民族实现了从站起来、富起来到强起来的历史性飞跃，意味着社会主义在中国焕发出强大生机活力并不断开辟发展新境界，意味着中国特色社会主义拓展了发展中国家走向现代化的途径，为解决人类问题贡献了中国智慧、提供了中国方案。

从党面临的考验看，习近平总书记指出："中国特色社会主义最本质的特征就是坚持中国共产党的领导，中国特色社会主义制度的最大优势是中国共产党的领导。坚持和完善党的领导，是党和国家的根本所在、命脉所在，是全国各族人民的利益所在、幸福所在。"经过 95 年的不懈奋斗和发展，如今我们党已成为世界上规模最大的执政党。但是，党面临的执政考验、改革开放考验、市场经济考验、外部环境考验是长期的、复杂的，党面临的精神懈怠危险、能力不足危险、脱离群众危险、消极腐败危险是尖锐的、严峻的，党增强自我净化、自我完善、自我革新、自我提高能力变得更加重要和紧迫，党面临的"赶考"还远未结束。发展不平衡不充分的一些突出问题尚未解决，发展质量和效益还不高，创新能力不够强，实体经济水平有待提高，生态环境保护任重道远；民生领域还有不少短板，脱贫攻坚任务艰巨，城乡区域发展和收入分配差距依然较大，群众在就业、教育、医疗、居住、养老等方面面临不少难题；社会文明水平尚需提高；社会矛盾和问题交织叠加，全面依法治国任务依然繁重，国家治理体系和治理能力有待加强；意识形态领域斗争依然复杂，国家安全面临新情况；一些改革部署和重大政策措施需要进一步落实；党的建设方面还存在不少薄弱环节。

党的十八大以后的五年，以习近平同志为核心的党中央根据我们党进行具有许多新的历史特点的伟大斗争的需要，针对党的建设面临的新情况新问题，更加重视党的建设，把党要管党、从严治党摆上更加突出的位置，把全面从严治党纳入“四个全面”战略布局，作为推进各项事业、实现各项目标的根本保证，彰显了全面从严治党的战略地位和关键作用。全面从严治党，对党的建设理论创新提出了许多新课题和新要求，比如，在经济社会环境发生深刻变化，各种社会思潮和价值观念大量涌现、广泛传播的新情况下，如何教育引导广大党员坚定理想信念，增强中国特色社会主义道路自信、理论自信、制度自信、文化自信，坚守共产党人的精神家园；在发展社会主义市场经济，物质利益原则起着重要作用，利益最大化成为一些人的价值取向和主要追求的情况下，如何教育引导党员干部正确处理个人利益与党和人民利益的关系，做到先公后私、大公无私；在大力反对“四风”、严厉惩治腐败的形势下，如何保持高压态势，做到有腐必惩，解决治标问题，同时注重制度、体制、机制的健全和完善，做到有效预防，逐步解决治本问题，等等。

我们党正在团结带领全国各族人民推进中国特色社会主义伟大事业，实现“两个一百年”奋斗目标、实现中华民族伟大复兴的中国梦，进行具有许多新的历史特点的伟大斗争，这就需要坚持以改革创新精神全面推进党的建设新的伟大工程。要聚精会神抓好党的建设，把思想建设、组织建设、作风建设、反腐倡廉建设、制度建设作为凝心聚魂、强身健体、安身立命、除旧布新、强基固本工程，按照树立科学理念、积极改革创新、遵循客观规律、注重实际成效的思路，切实把从严治党的要求落到实处，使我们党越来越成熟、越来越强大、越来越有战斗力。这是全党的政治责任。

在这样的时代背景下，如何统筹好国内国际两个大局，在世界格局大变动中掌握主动、赢得优势，迫切需要以大智慧、大战略来运筹；如何把握发展机遇、破解发展难题，实现更高质量、更有效率、更加公平、更可持续的发展，迫切需要有新的理念、新的布局来引领；如何管好党治好党，始终保持党的先进性和纯洁性，确保党在中国特色社会主义事业中的领导核心地位，对我们党提出了更高要求。

实践基础

2017 年 10 月 18 日，中国共产党第十九次全国代表大会在北京人民大会堂隆重开幕。这次大会，是在全面建成小康社会决胜阶段、中国特色社会主义进入新时代的关键时期召开的一次十分重要的大会。大会的主题是：不忘初心，牢记使命，高举中国特色社会主义伟大旗帜，决胜全面建成小康社会，夺取新时代中国特色社会主义伟大胜利，为实现中华民族伟大复兴的中国梦不懈奋斗。

习近平代表第十八届中央委员会向大会作了题为《决胜全面建成小康社会，夺取新时代中国特色社会主义伟大胜利》的报告。报告共分 13 个部分，总结了十八大以来党和国家事业的历史性成就和历史性变革，深刻阐述了新时代中国特色社会主义思想和基本方略，系统回答了在新时代坚持和发展什么样的中国特色社会主义，怎样坚持和发展中国特色社会主义的重大时代课题，通篇闪耀马克

思主义真理光辉。报告描绘了全面建成社会主义现代化强国的“两步走”宏伟蓝图，展示了当代中国共产党人为人民谋福祉、为民族谋复兴的本色初衷和使命担当，是立足新起点、开启新时代的政治宣言，是举旗定向、谋篇布局的奋斗纲领，为实现中华民族伟大复兴的中国梦提供了科学的行动指南和强大的精神力量。10月25日，党的十九届一中全会选举习近平为中央委员会总书记，决定习近平为中央军事委员会主席。

在十九大报告中，习近平总书记庄严宣告：“经过长期努力，中国特色社会主义进入了新时代，这是我国发展新的历史方位。”

党的十八大以后的5年间，面对世界经济复苏乏力、局部冲突和动荡频发、全球性问题加剧的外部环境，面对我国经济发展进入新常态等一系列深刻变化，以习近平同志为核心的党中央坚持稳中求进工作总基调，迎难而上，

开拓进取，取得了改革开放和社会主义现代化建设的历史性成就。这主要表现在：

经济保持中高速增长，在世界主要国家中名列前茅。国内生产总值从54万亿元增长到82.7万亿元，年均增长7.1%，占世界经济比重从11.4%提高到15%左右，对世界经济增长贡献率超过30%。

改革全面发力、多点突破、纵深推进。习近平总书记亲自主持召开38次中央全面深化改革领导小组会议，共审议、通过重点改革文件360多个，中央和国家有关部门共推出1500多项改革举措，重要领域和关键环节改革取得突破性进展，主要领域改革主体框架基本确立。

党的领导体制机制不断完善，社会主义协商民主全面展开，爱国统一战线巩固发展，民族宗教工作创新推进。科学立法、严格执法、公正司法、全民守法深入推进，法治国家、法治政府、法治社会建设相互促进。国家监察体制改革试点取得实效，行政体制改革、司法体制改革、权力运行制约和监督体系建设有效实施。

党的理论创新全面推进，马克思主义在意识形态领域的指导地位更加鲜明，中国特色社会主义和中国梦深入人心，社会主义核心价值观和中华优秀传统文化广泛弘扬，群众性精神文明创建活动扎实开展。

深入贯彻以人民为中心的发展思想，一大批惠民举措落地实施，人民获得感显著增强。6000多万贫困人口稳定脱贫，年均减贫1300万人以上，贫困发生率从10.2%下降到4%以下。教育事业全面发展，中西部和农村教育明显加强。就业状况持续改善，城镇新增就业年均1300万人以上。覆盖城乡居民的社会保障体系基本建立，人民健康和医疗卫生水平大幅提高，保障性住房建设稳步推进。社会治理体系更加完善，社会大局保持稳定，国家安全全面加强。

生态文明制度体系加快形成，主体功能区制度逐步健全，国家公园体制试点积极推进。全面节约资源有效推进，能源资源消耗强度大幅下降。生态环境治理明显加强，环境状况得到改善。引导应对气候变化国际合作，成为全球生态文明建设的重要参与者、贡献者、引领者。

全力推进国防和军队现代化。召开古田全军政治工作会议，人民军队政治生态得到有效治理。国防和军队改革取得历史性突破，形成军委管总、战区主战、军种主建新格局，人民军队组织架构和力量体系实现革命性重塑。加强练兵备战，有效遂行海上维权、反恐维稳、抢险救灾、国际维和、亚丁湾护航、人道主义救援等重大任务，武器装备加快发展，军事斗争准备取得重大进展。

全面准确贯彻“一国两制”方针。深化内地和港澳地区交流合作，保持香港、澳门繁荣稳定。坚持一个中国原则和“九二共识”，推动两岸关系和平发展，加强两岸经济文化交流合作，实现两岸领导人历史性会晤。

全面推进中国特色大国外交。实施共建“一带一路”倡议，发起创办亚洲基础设施投资银行，设立丝路基金，举办首届“一带一路”国际合作高峰论坛、亚太经合组织领导人非正式会议、二十国集团领导人杭州峰会、金砖国家领导人厦门会晤、亚信峰会。倡导构建人类命运共同体，促进全球治理体系变革。我国国际影响力、感召力、塑造力进一步提高，为世界和平与发展作出新的重大贡献。

全面加强党的领导和党的建设，坚决改变管党治党宽松软状况。推动全党尊崇党章，增强政治意识、大局意识、核心意识、看齐意识，坚决维护党中央权威和集中统一领导，严明党的政治纪律和政治规矩。开展党的群众路线教育实践活动和“三严三实”专题教育，推进“两学一做”学习教育常态化制度化。贯彻新时期好干部标准，深入推进党的建设制度改革，党内法规制度体系不断完善。把纪律挺在前面，着力解决人民群众反映最强烈、对党的执政基础威胁最大的突出问题。出台中央八项规定，严厉整治“四风”问题，坚决反对特权。发挥巡视利剑作用，实现中央和省级党委巡视全覆盖。坚持反腐败无禁区、全覆盖、零容忍，坚定不移“打虎”“拍蝇”“猎狐”。5年间，共立案审查的省军级以上党员干部及其他中管干部440人，其中，十八届中央委员、中央候补委员43人，中央纪委委员9人。不敢腐的目标初步实现，不能腐的笼子越扎越牢，不想腐的堤坝正在构筑，反腐败斗争压倒性态势已经形成并巩固发展。

同时，以习近平同志为核心的党中央以巨大的政治勇气和强烈的责任担当，提出一系列新理念新思想新战略，出台一系列重大方针政策，推出一系列重大举措，推进一系列重大工作，解决了许多长期想解决而没有解决的难题，办成了许多过去想办而没有办成的大事，推动党和国家事业发生历史性变革。这主要表现在以下九个方面：一是党的领导得到全面加强，党的领导被忽视、淡化、削弱的状况得到明显改变。二是坚定不移贯彻新发展理念，发展观不正确、发展方式粗放的状况得到明显改变。三是坚定不移全面深化改革，各方面体制机制弊端阻碍发展活力和社会活力的状况得到明显改变。四是坚定不移全面推进依法治国，有法不依、执法不严、司法不公问题严重的状况得到明显改变。五是加强党对意识形态工作的领导，社会思想舆论环境中的混乱状况得到明显改变。六是坚定不移推进生态文明建设，忽视生态环境保护、生态环境恶化的状况得到明显改变。七是坚定不移推进国防和军队现代化，人民军队中一度存在的不良政治状况得到明显改变。八是坚定不移推进中国特色大国外交，我国在国际力量对比中面临的不利状况得到明显改变。九是坚定不移推进全面从严治党，管党治党宽松软状况得到明显改变。

总之，党的十八大以后的五年，成就是全方位的、开创性的，变革是深层次的、根本性的。这些历史性成就和历史性变革，对党和国家事业发展具有重大而深远的影响，标志着中国特色社会主义进入了新时代。

这个新时代，是承前启后、继往开来、在新的历史条件下继续夺取中国特色社会主义伟大胜利的时代，是决胜全面建成小康社会、进而全面建设社会主义现代化强国的时代，是全国各族人民团结奋斗、不断创造美好生活、逐步实现全体人民共同富裕的时代，是全体中华儿女勠力同心、奋力实现中华民族伟大复兴中国梦的时代，是我国日益走近世界舞台中央、不断为人类作出更大贡献的时代。

中国特色社会主义进入新时代，在中华人民共和国发展史上、中华民族发展史上具有重大意义，在世界社会主义发展史上、人类社会发展史上也具有重大意义。它意味着近代以来久经磨难的中华民族迎来了从站起来、富起来到强起来的伟大飞跃，迎来了实现中华民族伟大复兴的光明前景；意味着科学社会主义在21世纪的中国焕发出强大生机活力，在世界上高高举起了中国特色社会主义伟大旗帜；意味着中国特色社会主义道路、理论、制度、文化不断发展，拓展了发展中国家走向现代化的途径，给世界上那些既希望加快发展又希望保持自身独立性的国家和民族提供了全新选择，为解决人类问题贡献了中国智慧和中国方案。

中国特色社会主义进入新时代，我国社会主要矛盾已经转化为人民日益增长的美好生活需要和不平衡不充分的发展之间的矛盾。我国稳定解决了十几亿人的温饱问题，总体上实现小康，不久将全面建成小康社会，人民美好生活需要日益广泛，不仅对物质文化生活提出了更高要求，而且在民主、法治、公平、正义、安全、环境等方面的要求日益增长。同时，我国社会生产力水平总体上显著提高，社会生产能力在很多方面进入世界前列，更加突出的问题是发展不平衡不充分，这已经成为满足人民日益增长的美好生活需要的主要制约因素。

我国社会主要矛盾的变化是关系全局的历史性变化，对党和国家工作提出了许多新要求，必须在继续推动发展的基础上，着力解决好发展不平衡不充分问题，大力提升发展质量和效益，更好满足人民在经济、政治、文化、社会、生态等方面日益增长的需要，更好推动人的全面发展、社会全面进步。党的十九大承担起这一历史使命，提出了“决胜全面建成小康社会，开启全面建设社会主义现代化国家新征程”的奋斗目标和历史任务。

科学内涵

党的十九大立足时代和全局的高度，着眼中国特色社会主义事业长远发展，对党的十八大以来党的理论创新成果进行总结和概括，郑重提出“习近平新时代中国特色社会主义思想”，并把这一思想确立为我们党的指导思想和行动指南，实现了党的指导思想的又一次与时俱进。

党的十八大以来，国内外形势变化和我国各项事业发展都给我们提出了一个重大时代课题，这就是必须从理论和实践结合上系统回答新时代坚持和发展什么样的中国特色社会主义、怎样坚持和发展中国特色社会主义，包括新时代坚持和发展中国特色社会主义的总目标、总任务、总体布局、战略布局和发展方向、发展方式、发展动力、战略步骤、外部条件、政治保证等基本问题，并且要根据新的实践对经济、政治、法治、科技、文化、教育、民生、民族、宗教、社会、生态文明、国家安全、国防和军队、“一国两制”和祖国统一、统一战线、外交、党的建设等各方面作出理论分析和政策指导，以利于更好坚持和发展中国特色社会主义。

围绕这个重大时代课题，以习近平同志为主要代表的中国共产党人，坚持解放思想、实事求是、与时俱进、求真务实，坚持辩证唯物主义和历史唯物主义，紧密结合新的时代条件和实践要求，以全新的视野深化对共产党执政规律、社会主义建设规律、人类社会发展规律的认识，进行艰辛理论探索，从理论和实践结合上系统回答了新时代坚持和发展什么样的中国特色社会主义、怎样坚持和发展中国特色社会主义这个重大时代课题，创立了习近平新时代中国特色社会主义思想。正是在习近平新时代中国特色社会主义思想指导下，中国共产党领导全国各族人民，统揽伟大斗争、伟大工程、伟大事业、伟大梦想，推动中国特色社会主义进入了新时代。

习近平新时代中国特色社会主义思想有着丰富而深刻的理论内涵，可以集中概括为“八个明确”，这就是：

第一，明确坚持和发展中国特色社会主义，总任务是实现社会主义现代化和中华民族伟大复兴，在全面建成小康社会的基础上，分两步走在 21 世纪中叶建成富强民主文明和谐美丽的社会主义现代化强国。

第二，明确新时代我国社会主要矛盾是人民日益增长的美好生活需要和不平衡不充分的发展之间的矛盾，必须坚持以人民为中心的发展思想，不断促进人的全面发展、全体人民共同富裕。

第三，明确中国特色社会主义事业总体布局是“五位一体”、战略布局是“四个全面”，强调坚定道路自信、理论自信、制度自信、文化自信。

第四，明确全面深化改革总目标是完善和发展中国特色社会主义制度、推进国家治理体系和治理能力现代化。

第五，明确全面推进依法治国总目标是建设中国特色社会主义法治体系、建设社会主义法治国家。

第六，明确党在新时代的强军目标是建设一支听党指挥、能打胜仗、作风优良的人民军队，把人民军队建设成为世界一流军队。

第七，明确中国特色大国外交要推动构建新型国际关系，推动构建人类命运共同体。

第八，明确中国特色社会主义最本质的特征是中国共产党领导，中国特色社会主义制度的最大优势是中国共产党领导，党是最高政治领导力量，提出新时代党的建设总要求，突出政治建设在党的建设中的重要地位。

习近平新时代中国特色社会主义思想还有着指向鲜明的实践要求，需要做到以下“十四个坚持”：一是坚持党对一切工作的领导；二是坚持以人民为中心；三是坚持全面深化改革；四是坚持新发展理念；五是坚持人民当家作主；六是坚持全面依法治国；七是坚持社会主义核心价值体系；八是坚持在发展中保障和改善民生；九是坚持人与自然和谐共生；十是坚持总体国家安全观；十一是坚持党对人民军队的绝对领导；十二是坚持“一国两制”和推进祖国统一；十三是坚持推动构建人类命运共同体；十四是坚持全面从严治党。

这“十四个坚持”涵盖坚持党的领导和全面从严治党，涵盖“五位一体”“四个全面”，涵盖国防和军队建设、维护国家安全、“一国两制”和祖国统一、对外战略，是习近平新时代中国特色社会主义思想的重要组成部分。“八个明确”和“十四个坚持”是完全统一的，前者是指导思想层面的表述，后者是行动纲领层面的表述；前者侧重于理论与思想的要求，后者侧重于方针和策略的实践要求。这充分体现了习近平新时代中国特色社会主义思想理论与实践相统一、认识论和方法论相一致、战略与战术相结合的理论特色。

习近平新时代中国特色社会主义思想，是对马克思列宁主义、毛泽东思想、邓小平理论、“三个代表”重要思想、科学发展观的继承和发展，是马克思主义中国化最新成果，是党和人民实践经验和集体智慧的结晶，是中国特色社会主义理论体系的重要组成部分，是全党全国人民为实现中华民族伟大复兴而奋斗的行动指南，必须长期坚持并不断发展。

习近平新时代中国特色社会主义思想同中国特色社会主义理论体系的关系既一脉相承，又与时俱进。

一脉相承，主要表现为：一是它们都坚持以马克思列宁主义、毛泽东思想为指导，在理论渊源上一脉相承；二是它们都坚持为建设和发展中国特色社会主义、实现中华民族伟大复兴而奋斗，在理论主题上一脉相承；三是它们都坚持解放思想、实事求是、与时俱进，在理论品质上一脉相承；四是它们都以社会主义初级阶段这一基本国情为立论基础，在理论基点上一脉相承；五是它们都坚持以人为本，把实现好、维护好、发展好最广大人民的根本利益作为全部理论的出发点和落脚点，在理论目标上一脉相承。

与时俱进，主要表现为：它们都坚持从实际出发，注重总结改革开放不同时期、不同阶段的新鲜经验，注重探索和回答不同时期、不同阶段遇到的新矛盾、新问题，在理论创新和理论发展上都作出了各自的独特贡献。

总之，二者既相互贯通又层层递进，体现了新时期以来我们党理论创新成果的科学性体系、阶段性成果和发展性要求的内在统一。

重大意义

习近平新时代中国特色社会主义思想，以新的历史站位、宏阔视野、战略眼光，反映了时代发展变化的丰富内涵，以逻辑严密、系统完整、相互贯通的思想体系，回应了坚持和发展中国特色社会主义的时代要求，为在新时代推进党和国家事业提供了思想指导和行动指南。

党的十九大郑重地提出习近平新时代中国特色社会主义思想，并把这一思想确立为我们党的指导思想，实现了党的指导思想的又一次与时俱进。

习近平新时代中国特色社会主义思想是党的十九大的灵魂。把这一思想确立为我们党的指导思想也是十九大的一个历史性决策和最重要的贡献，体现了我们党在理论上的高度成熟、高度自信，反映了全党的共同意志和全社会的共同意愿。作出这种概括，有以下三个特点和意义：

第一，强调继承性。明确了这一思想是对马克思列宁主义、毛泽东思想、邓小平理论、“三个代表”重要思想、科学发展观的继承和发展，是马克思主义中国化最新成果，是党和人民实践经验和集体智慧的结晶，是中国特色社会主义理论体系的重要组成部分。

第二，强调创新性。反映了党的十八大以来党在理论创新上实现的新飞跃及其对坚持和发展中国特色社会主义的重大指导意义。

第三，强调时代性。这个概括同改革开放以来形成的中国特色社会主义理论体系相衔接，同中国特色社会主义进入新时代这个重大政治论断相呼应，符合全党的共同意志，必将对进行伟大斗争、建设伟大工程、推进伟大事业、实现伟大梦想产生巨大指导作用。

习近平新时代中国特色社会主义思想重大历史贡献体现在以下几个方面：

第一，开辟了马克思主义新境界。这一思想贯穿改革发展稳定、内政外交国防、治党治国治军各个领域，即坚持了老祖宗，又讲了很多新话，实现了马克思主义基本原理与中国具体实际相结合的新飞跃，是 21 世纪中国的马克思主义，是马克思主义中国化最新成果，在马克思主义中国化进程中具有开创性意义。

第二，开辟了中国特色社会主义新境界。这一思想从理论与实践结合上系统回答了新时代坚持和发展什么样的中国特色社会主义、怎样坚持和发展中国特色社会主义这个重大时代课题，为中国特色社会主义注入了新的科学内涵，进一步彰显了中国特色社会主义的时代特色、实践特色、理论特色、民族特色，续写了中国特色社会主义的光辉篇章。

第三，开辟了党治国理政新境界。在这一思想指引下，我们党团结带领全国各族人民推动党和国家事业取得了全方位、开创性成就，发生了深层次、根本性的变革，我国经济实力、综合国力和人民生活水平迈上了新的台阶，党、国家、人民、军队、中华民族的面貌发生了前所未有的变化。

第四，开辟了管党治党新境界。在这一思想指引下，我们党以坚强的决心、空前的力度，推进全面从严治党，坚持思想从严、管党从严、执纪从严、治吏从严、作风从严、反腐从严，管党治党实现宽松软到严紧实的深刻转变，党的创造力、凝聚力、战斗力显著增强，党的团结统一更加巩固，党群关系明显改善，党在革命性锻造中更加坚强。

可以说，党的十八大以来，党和国家各项事业之所以能够开新局、谋新篇，根本就在于习近平新时代中国特色社会主义思想的科学指引。

总之，习近平新时代中国特色社会主义思想是对马克思列宁主义、毛泽东思想、邓小平理论、“三个代表”重要思想、科学发展观的继承和发展，是马克思主义中国化最新成果，是党和人民实践经验和集体智慧的结晶，是中国特色社会主义理论体系的重要组成部分，是全党全国人民为实现中华民族伟大复兴而奋斗的行动指南，必须长期坚持并不断发展。

实践没有止境，理论创新也没有止境。世界每时每刻都在发生变化，中国也每时每刻都在发生变化，必须在理论上跟上时代，不断认识规律，不断推进理论创新、实践创新、制度创新、文化创新以及其他各方面创新。只要善于聆听时代声音，勇于坚持真理、修正错误，21 世纪中国的马克思主义一定能够展现出更强大、更有说服力的真理力量。

全面建设社会主义现代化国家新征程

党建引领

党的十九大在科学分析国际国内形势和党面临的新环境、新任务、新考验，深刻阐述了党在新时代的历史使命，提出了新时代党的建设总要求

战略部署

党的十九大对继续推进新时代中国特色社会主义作出战略部署，强调指出，实现『两个一百年』奋斗目标、实现中华民族伟大复兴的中国梦，必须从八个方面做出新的努力

战略安排

党的十九大在综合分析国际国内形势和我国发展条件的基础上，明确全面建设社会主义现代化国家可以分两个阶段来安排

2035年到本世纪中叶

为第二个阶段，在基本实现现代化的基础上，再奋斗十五年，把我国建成富强民主文明和谐美丽的社会主义现代化强国

2020-2035

为第一个阶段，在全面建成小康社会的基础上，再奋斗十五年，基本实现社会主义现代化

二〇二一

2021

二〇二一年是党的百年华诞，是实施『十四五』规划的开局之年和开启全面建设社会主义现代化国家新征程的元年

远景目标

2020.10.26-29

党的十九届五中全会审议通过《中共中央关于制定国民经济和社会发展第十四个五年规划和二〇三五年远景目标的建议》

抗击新冠

2020

在以习近平同志为核心的党中央领导下，我国疫情防控战取得重大战略成果

制度优势

2019.10.28-31

党的十九届四中全会召开，审议通过了《中共中央关于坚持和完善中国特色社会主义制度、推进国家治理体系和治理能力现代化若干重大问题的决定》

追梦路上

2018.12.18

庆祝改革开放四十周年大会召开

2018.2.26-28

党的十九届三中全会召开，审议通过了《中共中央关于深化党和国家机构改革的决定》和《深化党和国家机构改革方案》

2018.1.18-19

党的十九届二中全会在北京举行，审议通过了《中共中央关于修改宪法部分内容的建议》

战略安排

中国共产党人的初心和使命，就是为中国人民谋幸福，为中华民族谋复兴。这个初心和使命是激励中国共产党人不断前进的根本动力。

党的十九大进一步明确了新时代中国共产党的历史使命，指出：实现伟大梦想，必须进行伟大斗争，建设伟大工程，推进伟大事业，这是时代发展给我们党提出的新使命。我们党深刻认识到，中华民族伟大复兴绝不是轻轻松松、敲锣打鼓就能实现的，必须准备付出更为艰巨、更为艰苦的努力。

历史已经并将继续证明，没有中国共产党的领导，民族复兴必然是空想。我们党要始终成为时代先锋、民族脊梁，始终成为马克思主义执政党，必须深入推进的党的建设新的伟大工程，更加自觉地坚定党性原则，勇于直面问题，敢于刮骨疗毒，消除一切损害党的先进性和纯洁性的因素，清除一切侵蚀党的健康肌体的病毒，不断增强党的政治领导力、思想引领力、群众组织力、社会号召力，确保我们党永葆旺盛生命力和强大战斗力。

中国特色社会主义是改革开放以来党的全部理论和实践的主题，是党和人民历尽千辛万苦、付出巨大代价取得的根本成就。中国特色社会主义道路是实现社会主义现代化、创造人民美好生活的必由之路，中国特色社会主义理论体系是指导党和人民实现中华民族伟大复兴的正确理论，中国特色社会主义制度是当代中国发展进步的根本制度保障，中国特色社会主义文化是激励全党全国各族人民奋勇前进的强大精神力量。必须继续统筹推进“五位一体”总体布局、协调推进“四个全面”战略布局，坚定道路自信、理论自信、制度自信、文化自信，既不走封闭僵化的老路，也不走改旗易帜的邪路，保持政治定力，坚持实干兴邦，始终坚持和发展中国特色社会主义。

为了顺利实现新时代中国共产党的历史使命，党的十九大对开启全面建设社会主义现代化国家新征程作出战略安排。

关于新时代中国特色社会主义发展的战略安排，大会分析指出：

“从现在到2020年，是全面建成小康社会决胜期。”需要按照十六大、十七大、十八大提出的全面建成小康社会各项要求，紧扣我国社会主要矛盾变化，统筹推进经济建设、政治建设、文化建设、社会建设、生态文明建设，坚定实施科教兴国战略、人才强国战略、创新驱动发展战略、乡村振兴战略、区域协调发展战略、可持续发展战略、军民融合发展战略，突出抓重点、补短板、强弱项，特别是要坚决打好防范化解重大风险、精准脱贫、污染防治的攻坚战，使全面建成小康社会得到人民认可、经得起历史检验。

从党的十九大到党的二十大，是“两个一百年”奋斗目标的历史交汇期。我们党既要全面建成小康社会、实现第一个百年奋斗目标，又要乘势而上开启全面建设社会主义现代化国家新征程，向第二个百年奋斗目标进军。

综合分析国际国内形势和我国发展条件，从2020到21世纪中叶可以分两个阶段来安排：

第一个阶段，从2020年到2035年，在全面建成小康社会的基础上，再奋斗15年，基本实现社会主义现代化。到那时，我国经济实力、科技实力将大幅跃升，跻身创新型国家前列；人民平等参与、平等发展权利得到充分保障，法治国家、法治政府、法治社会基本建成，各方面制度更加完善，国家治理体系和治理能力现代化基本实现；社会文明程度达到新的高度，国家文化软实力显著增强，中华文化影响更加广泛深入；人民生活更为宽裕，中等收入群体比例明显提高，城乡区域发展差距和居民生活水平差距显著缩小，基本公共服务均等化基本实现，全体人民共同富裕迈出坚实步伐；现代社会治理格局基本形成，社会充满活力又和谐有序；生态环境根本好转，美丽中国目标基本实现。

建设美丽中国

第二个阶段，从 2035 年到 21 世纪中叶，在基本实现现代化的基础上，再奋斗 15 年，把我国建成富强民主文明和谐美丽的社会主义现代化强国。到那时，我国物质文明、政治文明、精神文明、社会文明、生态文明将全面提升，实现国家治理体系和治理能力现代化，成为综合国力和国际影响力领先的国家，全体人民共同富裕基本实现，我国人民将享有更加幸福安康的生活，中华民族将以更加昂扬的姿态屹立于世界民族之林。

战略部署

党的十九大对继续推进新时代中国特色社会主义作出战略部署，强调指出，实现“两个一百年”奋斗目标、实现中华民族伟大复兴的中国梦，必须从以下几个方面做出新的努力。

第一，要坚定不移把发展作为党执政兴国的第一要务，贯彻新发展理念，建设现代化经济体系。以供给侧结构性改革为主线，推动经济发展质量变革、效率变革、动力变革。加快建设创新型国家，实施乡村振兴战略和区域协调发展战略。加快完善社会主义市场经济体制，推动形成全面开放新格局。

第二，要健全人民当家作主制度体系，发展社会主义民主政治。推进社会主义民主政治制度化、规范化、程序化，保证人民依法通过各种途径和形式管理国家事务，管理经济文化事业，管理社会事务，巩固和发展生动活泼、安定团结的政治局面。坚持党的领导、人民当家作主、依法治国有机统一，加强人民当家作主制度保障，发挥社会主义协商民主重要作用，深化依法治国实践，深化机构和行政体制改革，巩固和发展爱国统一战线，把我国社会主义民主政治的优势和特点充分发挥出来，为人类政治文明进步作出充满中国智慧的贡献。

第三，要坚定文化自信，激发全民族文化创新创造活力，推动社会主义文化繁荣兴盛，建设社会主义文化强国。坚持为人民服务、为社会主义服务，坚持百花齐放、百家争鸣，坚持创造性转化、创新性发展，不断铸就中华文化新辉煌。牢牢掌握意识形态工作领导权，培育和践行社会主义核心价值观，加强思想道德建设、繁荣发展社会主义文艺、推动文化事业和文化产业发展。

第四，要始终把人民利益摆在至高无上的地位，让改革发展成果更多更公平惠及全体人民，朝着实现全体人民共同富裕不断迈进。完善公共服务体系，保障群众基本生活，不断满足人民日益增长的美好生活需要。不断促进社会公平正义，形成有效的社会治理、良好的社会秩序，使人民获得感、幸福感、安全感更加充实、更有保障、更可持续。优先发展教育事业，提高就业质量和人民收入水平，加强社会保障体系建设。坚决打赢脱贫攻坚战，实施健康中国战略，打造共建共治共享的社会治理格局，有效维护国家安全。

第五，要加快生态文明体制改革，建设美丽中国。牢固树立社会主义生态文明观，推动形成人与自然和谐发展现代化建设新格局。坚持节约优先、保护

打赢脱贫攻坚战

优先、自然恢复为主的方针，还自然以宁静、和谐、美丽。推进绿色发展，着力解决突出环境问题，加大生态系统保护力度，改革生态环境监管体制牢固树立社会主义生态文明观，推动形成人与自然和谐发展现代化建设新格局。

第六，要坚持走中国特色强军之路，全面推进国防和军队现代化。全面贯彻新时代党的强军思想，贯彻新形势下军事战略方针，建设强大的现代化陆军、海军、空军、火箭军和战略支援部队。打造坚强高效的战区联合作战指挥机构，构建中国特色现代作战体系，担当起党和人民赋予的新时代使命任务。适应世界新军事革命发展趋势和国家安全需求，提高建设质量和效益，确保到 2020 年基本实现机械化，信息化建设取得重大进展，战略能力有大的提升。同国家现代化进程相一致，全面推进军事理论现代化、军队组织形态现代化、军事人员现代化、武器装备现代化，力争到 2035 年基本实现国防和军队现代化，到 21 世纪中叶把人民军队全面建成世界一流军队。

第七，要全面准确贯彻“一国两制”、“港人治港”、“澳人治澳”、高度自治的方针，严格依照宪法和基本法办事，完善与基本法实施相关的制度和机制。支持特别行政区政府和行政长官依法施政、积极作为，团结带领香港、澳门各界人士齐心协力谋发展、促和谐，保障和改善民生，有序推进民主，维护社会稳定，履行维护国家主权、安全、发展利益的宪制责任。支持香港、澳门融入国家发展大局，以粤港澳大湾区建设、粤港澳合作、泛珠三角区域合作等为重点，全面推进内地同香港、澳门互利合作，制定完善便利香港、澳门居民在内地发展的政策措施。发展壮大爱国爱港爱澳力量，增强香港、澳门同胞的国家意识和爱国精神，让香港、澳门同胞同祖国人民共担民族复兴的历史责任、共享祖国繁荣富强的伟大荣光。继续坚持“和平统一、一国两制”方针，推动两岸关系和平发展，推进祖国和平统一进程。坚决维护国家主权和领土完整，绝不容忍国家分裂的历史悲剧重演。

第八，要坚持和平发展道路，推动构建人类命运共同体。高举和平、发展、合作、共赢的旗帜，恪守维护世界和平、促进共同发展的外交政策宗旨，推动建设相互尊重、公平正义、合作共赢的新型国际关系。构建人类命运共同体，建设持久和平、普遍安全、共同繁荣、开放包容、清洁美丽的世界。坚持以对话解决争端、以协商化解分歧，统筹应对传统和非传统安全威胁，反对一切形式的恐怖主义。尊重世界文明多样性，以文明交流超越文明隔阂、文明互鉴超越文明冲突、文明共存超越文明优越。坚持环境友好，合作应对气候变化，保护好人类赖以生存的地球家园。坚持对外开放的基本国策，坚持打开国门搞建设，积极促进“一带一路”国际合作，努力实现政策沟通、设施联通、贸易畅通、资金融通、民心相通，打造国际合作新平台，增添共同发展新动力。加大对发展中国家特别是最不发达国家援助力度，促进缩小南北发展差距。坚持同舟共济，促进贸易和投资自由化便利化，推动经济全球化朝着更加开放、包容、普惠、平衡、共赢的方向发展，支持多边贸易体制，促进自由贸易区建设，推动建设开放型世界经济。中国将继续发挥负责任大国作用，积极参与全球治理体系改革和建设，不断贡献中国智慧和力量。

党建引领

中国特色社会主义进入新时代，世情、国情、党情也在继续发生着深刻的变化。党的十九大在科学分析国际国内形势和党面临的新环境、新任务、新考验，深刻阐述了党在新时代的历史使命，提出了新时代党的建设总要求。

从国际环境看，和平、发展、合作、共赢成为时代潮流，但不稳定不确定因素增多。一大批新兴市场国家和发展中国家走上发展的快车道，几十亿人口正在加速走向现代化，多个发展中心在世界各地区逐渐形成，国际力量对比继续朝着有利于世界和平与发展的方向发展。同时，随着金融危机的影响持续深入，世界格局发生深刻变化，全球性挑战有增无减。地缘政治冲突更加频繁，国际反恐形势持续严峻，网络空间治理规则之争更加激烈。世界经济长期低迷，已进入深度转型调整期，不稳定不确定因素增多，复苏面临更多的不确定性。

从国内发展看，中国特色社会主义进入新时代，我国社会主要矛盾也在发生重大而深刻的变化，已经从“人民日益增长的物质文化需要同落后的社会生产之间的矛盾”转化为“人民日益增长的美好生活需要和不平衡不充分的发展之间的矛盾”。这是党的十九大从我国发展新实际和所处的历史新方位出发作出的重大判断，改变了自1956年党的八大时起对我国社会主要矛盾的基本认识和提法。作出这一改变的理由是，经过近40年的改革开放，我国稳定解决了十几亿人的温饱问题，总体上实现小康，不久将全面建成小康社会，人民美好生活需要日益广泛，不仅对物质文化生活提出了更高要求，而且在民主、法治、公平、正义、安全、环境等方面的要求日益增长。同时，我国社会生产力水平总体上显著提高，社会生产能力在很多方面进入世界前列，更加突出的问题是发展不平衡不充分，这已经成为满足人民日益增长的美好生活需要的主要制约因素。

以上情况表明，我国社会主要矛盾的变化是关系全局的历史性变化，对党和国家工作提出了许多新要求，必须在继续推动发展的基础上，着力解决好发展不平衡不充分问题，大力提升发展质量和效益，更好满足人民在经济、政治、文化、社会、生态等方面日益增长的需要，更好推动人的全面发展、社会全面进步。

从党情变化看，党面临的“赶考”远未结束。习近平总书记指出：“中国特色社会主义最本质的特征就是坚持中国共产党的领导，中国特色社会主义制度的最大优势是中国共产党的领导。坚持和完善党的领导，是党和国家的根本所在、命脉所在，是全国各族人民的利益所在、幸福所在。”经过 90 多年的奋斗和发展，我们党已成为世界上规模最大的执政党。但是，党面临的执政考验、改革开放考验、市场经济考验、外部环境考验是长期的、复杂的，党面临的精神懈怠危险、能力不足危险、脱离群众危险、消极腐败危险是尖锐的、严峻的，党内存在的思想不纯、组织不纯、作风不纯等突出问题尚未得到根本解决，党增强自我净化、自我完善、自我革新、自我提高能力变得更加重要和紧迫。特别是深入推进全面从严治党，对党的建设理论创新和实践创新都提出了许多新课题和新要求。这一切都要求我们党坚持问题导向，保持战略定力，推动全面从严治党向纵深发展。

总之，在这样的时代背景下，如何统筹好国内国际两个大局，在世界格局大变动中掌握主动、赢得优势，迫切需要以大智慧、大战略来运筹；如何把握发展机遇、破解发展难题，实现更高质量、更有效率、更加公平、更可持续的发展，迫切需要有新的理念、新的布局来引领；如何管好党治好党，始终保持党的先进性和纯洁性，确保党在中国特色社会主义事业中的领导核心地位，对我们党提出了更高要求。党的十九大对此作出了鲜明回答，深刻阐述了新时代党的历史使命和党的建设总要求。

为此，党的十九大报告提出了新时代党的建设总要求，这就是：坚持和加强党的全面领导，坚持党要管党、全面从严治党，以加强党的长期执政能力建设、先进性和纯洁性建设为主线，以党的政治建设为统领，以坚定理想信念宗旨为根基，以调动全党积极性、主动性、创造性为着力点，全面推进党的政治建设、思想建设、组织建设、作风建设、纪律建设，把制度建设贯穿其中，深入推进反腐败斗争，不断提高党的建设质量，把党建设成为始终走在时代前列、人民衷心拥护、勇于自我革命、经得起各种风浪考验、朝气蓬勃的马克思主义执政党。

根据新时代党的建设总要求，党的十九大对党的建设重点任务从八个方面作出战略部署，为推动全面从严治党向纵深发展指明了方向，为继续推进新时代中国特色社会主义提供了政治和组织保障。这些部署是：要把党的政治建设摆在首位；要用新时代中国特色社会主义思想武装全党；要建设高素质专业化干部队伍；要加强基层组织建设；要持之以恒正风肃纪；要夺取反腐败斗争压倒性胜利；要健全党和国家监督体系；要全面增强执政本领。

伟大的事业必须有坚强的党来领导。只要我们党把自身建设好、建设强，确保党始终同人民想在一起、干在一起，就一定能够焕发新气象、展示新作为，也一定能够引领承载着中国人民伟大梦想的航船破浪前进，胜利驶向光辉的彼岸。

追梦路上

中华民族是历经磨难、不屈不挠的伟大民族，中国人民是勤劳勇敢、自强不息的伟大人民，中国共产党是敢于斗争、敢于胜利的伟大政党。历史车轮滚滚向前，时代潮流浩浩荡荡。历史只会眷顾坚定者、奋进者、搏击者，而不会等待犹豫者、懈怠者、畏难者。

党的十九大以后，在以习近平同志为核心的党中央坚强领导下，全党全军全国各族人民认真贯彻落实习近平新时代中国特色社会主义思想和党的十九大、十九届二中、三中全会精神，高举中国特色社会主义伟大旗帜，锐意进取，埋头苦干，以时不我待、只争朝夕的精神继续团结奋斗，在决胜全面建成小康社会、开启全面建设社会主义现代化国家新征程上迈出新的步伐。

2018 年 1 月 18 日至 19 日，党的十九届二中全会在北京举行。全会专题研究修改宪法问题，审议通过了《中共中央关于修改宪法部分内容的建议》。全会一致认为，党的十九大和十九届一中全会以来，在以习近平同志为核心的党中央坚强领导下，全党全国把学习宣传贯彻党的十九大精神作为首要政治任务，深入开展多种形式的学习宣传活动，兴起了学习贯彻党的十九大精神、习近平新时代中国特色社会主义思想热潮，为贯彻落实党的十九大提出的各项战略决策和工作部署提供了强大精神动力，全党全国各族人民思想更加统一、信心更加坚定、行动更加有力，党和国家各项事业呈现欣欣向荣的发展局面。

宪法修改是国家政治生活中的一件大事，是党中央从新时代坚持和发展中国特色社会主义全局和战略高度作出的重大决策，也是推进全面依法治国、推进国家治理体系和治理能力现代化的重大举措。十三届全国人大一次会议高票通过了宪法修正案，完成了宪法修改的重大历史任务，实现了我国宪法的又一次与时俱进。

宪法修正案共 21 条，包括 12 个方面：一是确立科学发展观、习近平新时代中国特色社会主义思想在国家政治和社会生活中的指导地位。二是调整充实中国特色社会主义事业总体布局和第二个百年奋斗目标的内容。三是完善依法治国和宪法实施举措。四是充实完善我国革命和建设发展历程的内容。五是充实完善爱国统一战线和民族关系的内容。六是充实和平外交政策方面的内容。七是充实坚持和加强中国共产党全面领导的内容。八是增加倡导社会主义核心价值观的内容。九是修改国家主席任职方面的有关规定。十是增加设区的市制定地方性法规的规定。十一是增加有关监察委员会的各项规定。十二是修改全国人大专门委员会的有关规定。

宪法修正案是一个整体，它全面体现了自上一次修宪以来党和人民在中国特色社会主义建设和改革实践中取得的重大理论创新、实践创新、制度创新的成果，体现了我们党依宪执政、依宪治国的理念，其核心要义和精神实质主要体现在以下方面。

宪法是国家各项制度和法律法规的总依据，充实宪法的重大制度规定，对完善和发展中国特色社会主义制度具有重要作用。修改后的宪法，更好地体现了全党和全体人民的意志，更好地展示了中国特色社会主义制度的优势，更好地适应了推进国家治理体系和治理能力现代化的要求，为动员和组织全国各族人民夺取新时代中国特色社会主义伟大胜利提供有力宪法保障。

2018 年 2 月 26 日至 28 日，党的十九届三中全会在北京举行。全会审议通过了《中共中央关于深化党和国家机构改革的决定》和《深化党和国家机构改革方案》，同意把《深化党和国家机构改革方案》的部分内容按照法定程序提交十三届全国人大一次会议审议。全会提出，深化党和国家机构改革的目标是，构建系统完备、科学规范、运行高效的党和国家机构职能体系，形成总揽全局、协调各方的党的领导体系，职责明确、依法行政的政府治理体系，中国特色、世界一流的武装力量体系，联系广泛、服务群众的群团工作体系，推动人大、政府、政协、监察机关、审判机关、检察机关、人民团体、企事业单位、社会组织等在党的统一领导下协调行动、增强合力，全面提高国家治理能力和治理水平。

围绕这些目标，《中共中央关于深化党和国家机构改革的决定》，明确了这次深化党和国家机构改革的主要任务：一是完善坚持党的全面领导的制度，加强党对各领域各方面工作领导，确保党的领导全覆盖，确保党的领导更加坚强有力。要建立健全党对重大工作的领导体制机制，强化党的组织在同级组织中的领导地位，更好发挥党的职能部门作用，统筹设置党政机构，推进党的纪律检查体制和国家监察体制改革。二是转变政府职能，优化政府机构设置和职能配置，是深化党和国家机构改革的重要任务。要坚决破除制约使市场在资源配置中起决定性作用、更好发挥政府作用的体制机制弊端，围绕推动高质量发展，建设现代化经济体系，调整优化政府机构职能，合理配置宏观管理部门职能，深入推进简政放权，完善市场监管和执法体制，改革自然资源和生态环境管理体制，完善公共服务管理体制，强化事中事后监管，提高行政效率，全面提高政府效能，建设人民满意的服务型政府。三是统筹党政军群机构改革，主要是统筹设置相关机构和配置相近职能，理顺和优化党的部门、国家机关、群团组织、事业单位的职责，完善党政机构布局，深化人大、政协和司法机构改革，深化群团组织改革，推进社会组织改革，加快推进事业单位改革，深化跨军地改革，增强党的领导力，提高政府执行力，激发群团组织和社会组织活力，增强人民军队战斗力，使各类机构有机衔接、相互协调。四是理顺中央和地方职责关系，更好发挥中央和地方两个积极性。要统筹优化地方机构设置和职能配置，构建从中央到地方运行顺畅、充满活力、令行禁止的工作体系，中央加强宏观事务管理，地方在保证党中央令行禁止前提下管理好本地区事务，赋予省级及以下机构更多自主权，合理设置和配置各层级机构及其职能，增强地方治理能力，加强基层政权建设，构建简约高效的基层管理体制。五是推进机构编制法定化。要完善党和国家机构法规制度，依法管理各类组织机构，加快推进机构、职能、权限、程序、责任法定化，全面推行政府部门权责清单制度，规范和约束履职行为，让权力在阳光下运行，强化机构编制管理刚性约束，加大机构编制违纪违法行为查处力度。

《深化党和国家机构改革方案》对改革的具体内容作出了详细说明，概括起来有以下几个方面：

第一，深化党中央机构改革。一是组建国家监察委员会，同中央纪律检查委员会合署办公，实行一套工作机构、两个机关名称，不再保留监察部、国家预防腐败局。二是组建中央全面依法治国委员会，办公室设在司法部。三是组建中央审计委员会，办公室设在审计署。四是中央全面深化改革领导小组、中央网络安全和信息化领导小组、中央财经领导小组、中央外事工作领导小组改为委员会。五是组建中央教育工作领导小组，秘书组设在教育部。六是组建中央和国家机关工作委员会，不再保留中央直属机关工作委员会、中央国家机关工作委员会。七是组建新的中央党校（国家行政学院），将中央党校和国家行政学院的职责整合，组建新的中央党校（国家行政学院）。八是组建中央党史和文献研究院，不再保留中央党史研究室、中央文献研究室、中央编译局。九是中央组织部统一管理中央机构编制委员会办公室。十是中央组织部统一管理公务员工作，不再保留单设的国家公务员局。十一是中央宣传部统一管理新闻出版工作。十二是中央宣传部统一管理电影工作。十三是中央统战部统一领导国家民族事务委员会。十四是中央统战部统一管理宗教工作，不再保留单设的国家宗教事务局。十五是中央统战部统一管理侨务工作，不再保留单设的国务院侨务办公室。十六是优化中央网络安全和信息化委员会办公室职责。十七是不再设立中央维护海洋权益工作领导小组，有关职责交由中央外事工作委员会及其办公室承担。十八是不再设立中央社会治安综合治理委员会及其办公室，有关职责交由中央政法委员会承担。十九是不再设立中央维护稳定工作领导小组及其办公室，有关职责交由中央政法委员会承担。二十是将中央防范和处理邪教问题领导小组及其办公室职责划归中央政法委员会、公安部。

第二，深化全国人大机构改革。一是组建全国人大社会建设委员会。二是全国人大内务司法委员会更名为全国人大监察和司法委员会。三是全国人大法律委员会更名为全国人大宪法和法律委员会。

第三，深化国务院机构改革。一是组建自然资源部，不再保留国土资源部、国家海洋局、国家测绘地理信息局。二是组建生态环境部，不再保留环境保护部。三是组建农业农村部，不再保留农业部。四是组建文化和旅游部，不再保留文化部、国家旅游局。五是组建国家卫生健康委员会，不再保留国家卫生和计划生育委员会，不再设立国务院深化医药卫生体制改革领导小组办公室。六是组建退役军人事务部。七是组建应急管理部，不再保留国家安全生产监督管理总局。八是重新组建科学技术部，不再保留单设的国家外国专家局。九是重新组建司法部，不再保留国务院法制办公室。十是优化审计署职责，不再设立国有重点大型企业监事会。十一是组建国家市场监督管理总局，不再保留国家工商行政管理总局、国家质量监督检验检疫总局、国家食品药品监督管理总局。十二是组建国家广播电视总局，不再保留国家新闻出版广电总局。十三是组建中央广播电视总台，撤销中央电视台（中国国际电视台）、中央人民广播电台、中国国际广播电台建制，对内保留原呼号，对外统一呼号为“中国之声”。十四是组建中国银行保险监督管理委员会，不再保留中国银行业监督管理委员会、中国保险监督管理委员会。十五是组建国家国际发展合作署。十六是组建国家医疗保障局。十七是组建国家粮食和物资储备局，不再保留国家粮食局。十八是组建国家移民管理局。十九是组建国家林业和草原局，不再保留国家林业局。二十是重新组建国家知识产权局。二十一是国务院三峡工程建设委员会及其办公室、国务院南水北调工程建设委员会及其办公室并入水利部，不再保留国务院三峡工程建设委员会及其办公室、国务院南水北调工程建设委员会及其办公室。二十二是调整全国社会保障基金理事会隶属关系，将全国社会保障基金理事会由国务院管理调整为由财政部管理。二十三是改革国税地税征管体制，将省级和省级以下国税地税机构合并。

第四，深化全国政协机构改革。一是组建全国政协农业和农村委员会。二是全国政协文史和学习委员会更名为全国政协文化文史和学习委员会。三是全国政协教科文卫体委员会更名为全国政协教科卫体委员会。

第五，深化行政执法体制改革。一是整合组建市场监管综合执法队伍。二是整合组建生态环境保护综合执法队伍。三是整合组建文化市场综合执法队伍。四是整合组建交通运输综合执法队伍。五是整合组建农业综合执法队伍。

第六，深化跨军地改革。一是公安边防部队改制，公安边防部队不再列武警部队序列，全部退出现役。二是公安消防部队改制，公安消防部队不再列武警部队序列，全部退出现役。三是公安警卫部队改制，公安警卫部队不再列武警部队序列，全部退出现役。四是海警队伍转隶武警部队。五是武警部队不再领导管理武警黄金、森林、水电部队。六是武警部队不再承担海关执勤任务。

第七，深化群团组织改革。健全党委统一领导群团工作的制度，紧紧围绕保持和增强政治性、先进性、群众性这条主线，强化问题意识，以更大力度、更实举措推进改革，着力解决“机关化、行政化、贵族化、娱乐化”等问题，把群团组织建设得更加充满活力、更加坚强有力。

第八，深化地方机构改革。坚持加强党的全面领导，坚持省市县统筹、党政群统筹，根据各层级党委和政府的主要职责，合理调整和设置机构，理顺权责关系，改革方案按程序报批后组织实施。

截至 2018 年底，党和国家机构改革的各项工作顺利完成。

2018 年，是我国改革开放 40 周年。12 月 18 日，党中央在人民大会堂隆重举行庆祝改革开放 40 周年大会。习近平总书记在会上发表重要讲话，回顾改革开放 40 年的光辉历程，总结改革开放的伟大成就和宝贵经验，动员全党全国各族人民在新时代继续把改革开放推向前进，为实现“两个一百年”奋斗目标、实现中华民族伟大复兴的中国梦不懈奋斗。

习近平总书记指出：建立中国共产党、成立中华人民共和国、推进改革开放和中国特色社会主义事业，是五四运动以来我国发生的三大历史性事件，是近代以来实现中华民族伟大复兴的三大里程碑。改革开放40年来，从开启新时期到跨入新世纪，从站上新起点到进入新时代，40年风雨同舟，40年披荆斩棘，40年砥砺奋进，我们党引领人民绘就了一幅波澜壮阔、气势恢宏的历史画卷，谱写了一曲感天动地、气壮山河的奋斗赞歌。党的十八大以来，党中央以巨大的政治勇气和智慧，提出全面深化改革总目标是完善和发展中国特色社会主义制度、推进国家治理体系和治理能力现代化，着力增强改革系统性、整体性、协同性，着力抓好重大制度创新，着力提升人民群众获得感、幸福感、安全感，推出1600多项改革方案，啃下了不少硬骨头，闯过了不少急流险滩，改革呈现全面发力、多点突破、蹄疾步稳、纵深推进的局面。

习近平总书记强调：“40年春风化雨、春华秋实，改革开放极大改变了中国的面貌、中华民族的面貌、中国人民的面貌、中国共产党的面貌。中华民族迎来了从站起来、富起来到强起来的伟大飞跃！中国特色社会主义迎来了从创立、发展到完善的伟大飞跃！中国人民迎来了从温饱不足到小康富裕的伟大飞跃！中华民族正以崭新姿态屹立于世界的东方！”“建成社会主义现代化强国，实现中华民族伟大复兴，是一场接力跑，我们要一棒接着一棒跑下去，每一代人都要为下一代人跑出一个好成绩。”

2018年，也是全面贯彻党的十九大精神开局之年。这一年，我国发展面临多年少有的国内外复杂严峻形势，经济出现新的下行压力。在以习近平同志为核心的党中央坚强领导下，全国各族人民以习近平新时代中国特色社会主义思想为指导，砥砺奋进，攻坚克难，完成全年经济社会发展主要目标任务，决胜全面建成小康社会又取得新的重大进展。

这一年，我国国内生产总值增长6.6%，总量突破90万亿元。经济结构不断优化，服务业对经济增长贡献率接近60%，高技术产业、装备制造业增速明显快于一般工业，嫦娥四号等一批重大科技创新成果相继问世。重点领域改革迈出新的步伐，对外开放全方位扩大，共建"一带一路"取得重要进展。首届中国国际进口博览会成功举办，海南自贸试验区启动建设。三大攻坚战开局良好，尤其是精准脱贫有力推进，农村贫困人口减少1386万，易地扶贫搬迁280万人。人民生活持续改善，居民人均可支配收入实际增长6.5%，提高个人所得税起征点，设立6项专项附加扣除。加大基本养老、基本医疗等保障力度，资助各类学校家庭困难学生近1亿人次。棚户区住房改造620多万套，农村危房改造190万户。城乡居民生活水平又有新提高。

这一年，中国特色大国外交取得新成就。成功举办博鳌亚洲论坛年会、上合组织青岛峰会、中非合作论坛北京峰会等重大主场外交活动。习近平主席等国家领导人出访多国，出席亚太经合组织领导人非正式会议、二十国集团领导人峰会、金砖国家领导人会晤、亚欧首脑会议、东亚合作领导人系列会议等重大活动。同主要大国关系总体稳定，同周边国家关系全面发展，同发展中国家团结合作纽带更加牢固。推动构建新型国际关系，推动构建人类命运共同体。坚定维护国家主权、安全、发展利益。经济外交、人文交流成果丰硕。中国致力于促进世界和平与发展，作出了世人共睹的重要贡献。

成绩来之不易。国际上经济全球化遭遇波折，国际金融市场震荡，特别是中美经贸摩擦给一些企业生产经营、市场预期带来不利影响。国内经济转型阵痛凸显，新老矛盾交织，周期性、结构性问题叠加，经济运行稳中有变、变中有忧，特别是两难多难问题增多，实现稳增长、防风险等多重目标，完成经济社会发展等多项任务，处理好当前与长远等多种关系，政策抉择和工作推进的难度明显加大。

然而，经过全国上下共同努力，我国经济发展在高基数上总体平稳、稳中有进，社会大局保持稳定。这再次表明，在中国共产党领导下，中国人民有战胜任何艰难险阻的勇气、智慧和力量，中国的发展没有过不去的坎儿！

制度优势

2019年10月28日至31日，党的十九届四中全会在北京举行。出席这次全会的有中央委员202人，候补中央委员169人。中央纪律检查委员会常务委员会委员和有关方面负责同志列席会议。党的十九大代表中的部分基层同志和专家学者也列席会议。全会由中央政治局主持。中央委员会总书记习近平作了重要讲话。全会听取和讨论了习近平受中央政治局委托作的工作报告，审议通过了《中共中央关于坚持和完善中国特色社会主义制度、推进国家治理体系和治理能力现代化若干重大问题的决定》。习近平就《决定（讨论稿）》向全会作了说明。

全会充分肯定党的十九届三中全会以来中央政治局的工作。一致认为，面对国内外风险挑战明显增多的复杂局面，中央政治局高举中国特色社会主义伟大旗帜，坚持以马克思列宁主义、毛泽东思想、邓小平理论、"三个代表"重要思想、科学发展观、习近平新时代中国特色社会主义思想为指导，全面贯彻党的十九大和十九届二中、三中全会精神，准确把握国内国际两个大局，着力抓好发展和安全两件大事，加强战略谋划，增强战略定力，坚持稳中求进工作总基调，继续统筹推进"五位一体"总体布局和协调推进"四个全面"战略布局，团结带领全党全国各族人民攻坚克难、砥砺前行，庆祝中华人民共和国成立70周年系列活动极大振奋和凝聚了党心军心民心，庆祝改革开放40周年系列活动增强了将改革进行到底的信心，"不忘初心、牢记使命"主题教育成效明显，深化党和国家机构改革各项工作胜利完成，改革开放全面深化，经济社会保持健康稳定发展，坚决打好三大攻坚战和应对各种风险挑战工作有力有效，国防和军队现代化深入推进，推动党和国家各项事业取得新的重大进展。

中国特色社会主义制度是党和人民在长期实践探索中形成的科学制度体系，我国国家治理一切工作和活动都依照中国特色社会主义制度展开，我国国家治理体系和治理能力是中国特色社会主义制度及其执行能力的集中体现。中国共产党自成立以来，团结带领人民，坚持把马克思主义基本原理同中国具体实际相结合，赢得了中国革命胜利，并深刻总结国内外正反两方面经验，不断探索实践，不断改革创新，建立和完善社会主义制度，形成和发展党的领导和经济、政治、文化、社会、生态文明、军事、外事等各方面制度，加强和完善国家治理，取得历史性成就。

党的十八大以来，我们党领导人民统筹推进"五位一体"总体布局、协调推进"四个全面"战略布局，推动中国特色社会主义制度更加完善、国家治理体系和治理能力现代化水平明显提高，为政治稳定、经济发展、文化繁荣、民族团结、人民幸福、社会安宁、国家统一提供了有力保障。

实践证明，中国特色社会主义制度和国家治理体系是以马克思主义为指导、植根中国大地、具有深厚中华文化根基、深得人民拥护的制度和治理体系，是具有强大生命力和巨大优越性的制度和治理体系，是能够持续推动拥有近十四亿人口大国进步和发展、确保拥有五千多年文明史的中华民族实现"两个一百年"奋斗目标进而实现伟大复兴的制度和治理体系。

我国国家制度和国家治理体系具有多方面的显著优势，主要是：

第一，坚持党的集中统一领导，坚持党的科学理论，保持政治稳定，确保国家始终沿着社会主义方向前进的显著优势。

第二，坚持人民当家作主，发展人民民主，密切联系群众，紧紧依靠人民推动国家发展的显著优势。

第三，坚持全面依法治国，建设社会主义法治国家，切实保障社会公平正义和人民权利的显著优势。

第四，坚持全国一盘棋，调动各方面积极性，集中力量办大事的显著优势。

第五，坚持各民族一律平等，铸牢中华民族共同体意识，实现共同团结奋斗、共同繁荣发展的显著优势。

第六，坚持公有制为主体、多种所有制经济共同发展和按劳分配为主体、多种分配方式并存，把社会主义制度和市场经济有机结合起来，不断解放和发展社会生产力的显著优势。

第七，坚持共同的理想信念、价值理念、道德观念，弘扬中华优秀传统文化、革命文化、社会主义先进文化，促进全体人民在思想上精神上紧紧团结在一起的显著优势。

第八，坚持以人民为中心的发展思想，不断保障和改善民生、增进人民福祉，走共同富裕道路的显著优势。

第九，坚持改革创新、与时俱进，善于自我完善、自我发展，使社会充满生机活力的显著优势。

第十，坚持德才兼备、选贤任能，聚天下英才而用之，培养造就更多更优秀人才的显著优势。

第十一，坚持党指挥枪，确保人民军队绝对忠诚于党和人民，有力保障国家主权、安全、发展利益的显著优势。

第十二，坚持“一国两制”，保持香港、澳门长期繁荣稳定，促进祖国和平统一的显著优势。

第十三，坚持独立自主和对外开放相统一，积极参与全球治理，为构建人类命运共同体不断作出贡献的显著优势。

这些显著优势，是我们坚定中国特色社会主义道路自信、理论自信、制度自信、文化自信的基本依据。

全会《决定》紧扣“坚持和完善中国特色社会主义制度、推进国家治理体系和治理能力现代化”这个主题，从党的十九大确立的战略目标和重大任务出发，着眼于坚持和巩固中国特色社会主义制度、确保党长期执政和国家长治久安，着眼于完善和发展中国特色社会主义制度、全面建设社会主义现代化国家，着眼于充分发挥中国特色社会主义制度优越性、推进国家治理体系和治理能力现代化，全面总结党领导人民在我国国家制度建设和国家治理方面取得的成就、积累的经验、形成的原则，重点阐述坚持和完善支撑中国特色社会主义制度的根本制度、基本制度、重要制度，部署需要深化的重大体制机制改革、需要推进的重点工作任务。

全会《决定》指出，坚持和完善中国特色社会主义制度、推进国家治理体系和治理能力现代化的总体目标是，到我们党成立一百年时，在各方面制度更加成熟更加定型上取得明显成效；到2035年，各方面制度更加完善，基本实现国家治理体系和治理能力现代化；到新中国成立一百年时，全面实现国家治理体系和治理能力现代化，使中国特色社会主义制度更加巩固、优越性充分展现。

全会《决定》还对坚持和完善党的领导制度体系、人民当家作主制度体系、中国特色社会主义法治体系、中国特色社会主义行政体制、社会主义基本经济制度、繁荣发展社会主义先进文化的制度、统筹城乡的民生保障制度、共建共治共享的社会治理制度、生态文明制度体系、党对人民军队的绝对领导制度、“一国两制”制度体系、独立自主的和平外交政策、党和国家监督体系等13个方面的制度建设和具体任务作出了战略部署。

全会强调，坚持和完善中国特色社会主义制度、推进国家治理体系和治理能力现代化，是全党的一项重大战略任务。各级党委和政府以及各级领导干部要切实强化制度意识，带头维护制度权威，做制度执行的表率，带动全党全社会自觉尊崇制度、严格执行制度、坚决维护制度。加强制度理论研究和宣传教育，引导全党全社会充分认识中国特色社会主义制度的本质特征和优越性，坚定制度自信。推动广大干部严格按照制度履行职责、行使权力、开展工作，提高推进“五位一体”总体布局和“四个全面”战略布局等各项工作能力和水平。

全会号召，全党全国各族人民要更加紧密地团结在以习近平同志为核心的党中央周围，坚定信心，保持定力，锐意进取，开拓创新，为坚持和完善中国特色社会主义制度、推进国家治理体系和治理能力现代化，实现“两个一百年”奋斗目标、实现中华民族伟大复兴的中国梦而努力奋斗！

抗击新冠

正当全国人民满怀信心为实现“两个一百年”奋斗目标而顽强奋进的时候，2020 年岁末 2021 年初，新冠肺炎疫情突如其来。这是百年来世界发生的最严重的传染病大流行，是新中国成立以来我国遭遇的传播速度最快、感染范围最广、防控难度最大的重大突发公共卫生事件。

病毒突袭而至，疫情来势汹汹，人民生命安全和身体健康面临严重威胁。以习近平同志为核心的党中央坚持人民至上、生命至上，统揽全局、果断决策，以坚定果敢的勇气和坚忍不拔的决心，同时间赛跑、与病魔较量，迅速打响疫情防控的人民战争、总体战、阻击战，用 1 个多月的时间初步遏制疫情蔓延势头，用 2 个月左右的时间将本土每日新增病例控制在个位数以内，用 3 个月左右的时间取得武汉保卫战、湖北保卫战的决定性成果，进而又接连打了几场局部地区聚集性疫情歼灭战，夺取了全国抗疫斗争重大战略成果。在此基础上，统筹推进疫情防控和经济社会发展工作，抓紧恢复生产生活秩序，取得显著成效。中国的抗疫斗争，充分展现了中国精神、中国力量、中国担当。

面对突如其来的严重疫情，党中央统揽全局、果断决策，以非常之举应对非常之事。党中央坚持把人民生命安全和身体健康放在第一位，第一时间实施集中统一领导，中央政治局常委会、中央政治局召开21次会议研究决策，领导组织党政军民学、东西南北中大会战，提出坚定信心、同舟共济、科学防治、精准施策的总要求，明确坚决遏制疫情蔓延势头、坚决打赢疫情防控阻击战的总目标，周密部署武汉保卫战、湖北保卫战，因时因势制定重大战略策略—— 成立中央应对疫情工作领导小组，派出中央指导组，建立国务院联防联控机制；提出早发现、早报告、早隔离、早治疗的防控要求，确定集中患者、集中专家、集中资源、集中救治的救治要求，把提高收治率和治愈率、降低感染率和病亡率作为突出任务来抓；全力以赴救治患者，不遗漏一个感染者，不放弃每一位病患者，坚持中西医结合，费用全部由国家承担，最大程度提高了治愈率、降低了病亡率；注重科研攻关和临床救治、防控实践相协同，第一时间研发出核酸检测试剂盒，加快有效药物筛选和疫苗研发，充分发挥科技对疫情防控的支撑作用；迅速建立全国疫情信息发布机制，实事求是、公开透明发布疫情信息。同时，党中央时刻挂念海外中国公民的安危，千方百计保障我国公民健康安全和工作生活，向留学生等群体发放“健康包”，协助确有困难的中国公民有序回国；及时将全国总体防控策略调整为“外防输入、内防反弹”，推动防控工作由应急性超常规防控向常态化防控转变，健全及时发现、快速处置、精准管控、有效救治的常态化防控机制。各级党委和政府、各部门各单位各方面闻令而动，全国农村、社区、企业、医疗卫生机构、科研机构、学校、军营各就各位。在党中央的坚强领导下，全国迅速形成统一指挥、全面部署、立体防控的战略布局，有效遏制了疫情大面积蔓延，有力改变了病毒传播的危险进程，最大限度保护了人民生命安全和身体健康！

面对突如其来的严重疫情，中国人民风雨同舟、众志成城，构筑起疫情防控的坚固防线。武汉和湖北是疫情防控阻击战的主战场，武汉胜则湖北胜、湖北胜则全国胜。一方有难，八方支援。党中央举全国之力实施规模空前的生命大救援，用10多天时间先后建成火神山医院和雷神山医院、大规模改建16座方舱医院、迅速开辟600多个集中隔离点。19个省区市对口帮扶除武汉以外的16个市州，最优秀的人员、最急需的资源、最先进的设备千里驰援，在最短时间内实现了医疗资源和物资供应从紧缺向动态平衡的跨越式提升。各行各业扛起责任，国有企业、公立医院勇挑重担，460多万个基层党组织冲锋陷阵，400多万名社区工作者在全国65万个城乡社区日夜值守，各类民营企业、民办医院、慈善机构、养老院、福利院等积极出力，广大党员、干部带头拼搏，人民解放军指战员、武警部队官兵、公安民警奋勇当先，广大科研人员奋力攻关，数百万快递员冒疫奔忙，180万名环卫工人起早贪黑，新闻工作者深入一线，千千万万志愿者和普通人默默奉献…… 全国人民都"为热干面加油"。武汉的患病者也毫不气馁，说"谢谢你们，没有放弃我们，病好了我要去献血"。"武汉必胜、湖北必胜、中国必胜"的强音响彻中华大地。武汉人民、湖北人民识大体、顾大局，不畏艰险、顽强不屈，自觉服从疫情防控大局需要，主动投身疫情防控斗争，为阻断疫情蔓延、为全国抗疫争取了战略主动，作出了巨大牺牲和重大贡献！

面对突如其来的严重疫情，广大医务人员白衣为甲、逆行出征，舍生忘死挽救生命。全国数百万名医务人员奋战在抗疫一线，给病毒肆虐的漫漫黑夜带来了光明，生死救援情景感天动地。54万名湖北省和武汉市医务人员同病毒短兵相接，率先打响了疫情防控遭遇战。346支国家医疗队、4万多名医务人员毅然奔赴前线，很多人在万家团圆的除夕之夜踏上征程。人民军队医务人员牢记我军宗旨，视疫情为命令，召之即来，来之能战，战之能胜。广大医务人员以对人民的赤诚和对生命的敬佑，争分夺秒，连续作战，承受着身体和心理的极限压力，很多人脸颊被口罩勒出血痕甚至溃烂，很多人双手因汗水长时间浸泡发白，有的同志甚至以身殉职。广大医务人员用血肉之躯筑起阻击病毒的钢铁长城，挽救了一个又一个垂危生命，诠释了医者仁心和大爱无疆！我国广大医务人员是有高度责任感的人，身患渐冻症的张定宇同志说："我必须跑得更快，才能从病毒手里抢回更多病人。"同时，他们又是十分谦逊的人，钟南山同志说："其实，我不过就是一个看病的大夫。"人民群众说："有你们在，就安心！”广大医务人员是最美的天使，是新时代最可爱的人！他们的名字和功绩，国家不会忘记，人民不会忘记，历史不会忘记，将永远铭刻在共和国的碑上！

面对突如其来的严重疫情，党中央统筹兼顾、协调推进，经济发展稳定转好，生产生活秩序稳步恢复。我们准确把握疫情形势变化，立足全局、着眼大局，及时作出统筹疫情防控和经济社会发展的重大决策，坚持依法防控、科学防控，推动落实分区分级精准复工复产，最大限度保障人民生产生活。加大宏观政策应对力度，扎实做好“六稳”工作，全面落实“六保”任务，制定一系列纾困惠企政策，出台多项强化就业优先、促进投资消费、稳定外贸外资、稳定产业链供应链等措施，促进新业态发展，推动交通运输、餐饮商超、文化旅游等各行各业有序恢复，实施支持湖北发展一揽子政策，分批分次复学复课。以更大的决心、更强的力度推进脱贫攻坚，支持扶贫产业恢复生产，优先支持贫困劳动力务工就业，防止因疫致贫或返贫。我国成为疫情发生以来第一个恢复增长的主要经济体，在疫情防控和经济恢复上都走在世界前列，显示了中国的强大修复能力和旺盛生机活力！

面对突如其来的严重疫情，中国同世界各国携手合作、共克时艰，为全球抗疫贡献了智慧和力量。我国本着公开、透明、负责任的态度，积极履行国际义务，第一时间向世界卫生组织、有关国家和地区组织主动通报疫情信息，第一时间发布新冠病毒基因序列等信息，第一时间公布诊疗方案和防控方案，同许多国家、国际和地区组织开展疫情防控交流活动 70 多次，开设疫情防控网上知识中心并向所有国家开放，毫无保留同各方分享防控和救治经验。在自身疫情防控面临巨大压力的情况下，我国尽己所能为国际社会提供援助，宣布向世界卫生组织提供两批共 5000 万美元现汇援助，向 32 个国家派出 34 支医疗专家组，向 150 个国家和 4 个国际组织提供 283 批抗疫援助，向 200 多个国家和地区提供和出口防疫物资。从 3 月 15 日至 9 月 6 日，我国总计出口口罩 1515 亿只、防护服 14 亿件、护目镜 2.3 亿个、呼吸机 20.9 万台、检测试剂盒 4.7 亿人份、红外测温仪 8014 万件，有力支持了全球疫情防控。我国倡导共同构建人类卫生健康共同体，在国际援助、疫苗使用等方面提出一系列主张。中国以实际行动帮助挽救了全球成千上万人的生命，以实际行动彰显了中国推动构建人类命运共同体的真诚愿望！

在这场同严重疫情的殊死较量中，中国人民和中华民族以敢于斗争、敢于胜利的大无畏气概，铸就了生命至上、举国同心、舍生忘死、尊重科学、命运与共的伟大抗疫精神。生命至上，集中体现了中国人民深厚的仁爱传统和中国共产党人以人民为中心的价值追求；举国同心，集中体现了中国人民万众一心、同甘共苦的团结伟力；舍生忘死，集中体现了中国人民敢于压倒一切困难而不被任何困难所压倒的顽强意志；尊重科学，集中体现了中国人民求真务实、开拓创新的实践品格；命运与共，集中体现了中国人民和衷共济、爱好和平的道义担当。

抗击新冠肺炎疫情斗争取得重大战略成果，充分展现了中国共产党领导和我国社会主义制度的显著优势，充分展现了中国人民和中华民族的伟大力量，充分展现了中华文明的深厚底蕴，充分展现了中国负责任大国的自觉担当，极大增强了全党全国各族人民的自信心和自豪感、凝聚力和向心力，必将激励我们在新时代新征程上披荆斩棘、奋勇前进。

远景目标

风雨过后是彩虹。2020 年 10 月 26 日至 29 日，中国共产党第十九届中央委员会第五次全体会议在北京举行。全会听取和讨论了习近平受中央政治局委托作的工作报告，审议通过了《中共中央关于制定国民经济和社会发展第十四个五年规划和二〇三五年远景目标的建议》。习近平就《建议（讨论稿）》向全会作了说明。

到2021年建党一百周年时，全面建成惠及十几亿人口的更高水平的小康社会，是进入新世纪后我们党在基本建成小康社会基础上提出的奋斗目标，是对人民的庄严承诺。自改革开放之初党中央提出小康社会的战略构想以来，我们党把人民对美好生活的向往作为奋斗目标，几代人一以贯之、接续奋斗。"十三五"时期是全面建成小康社会决胜阶段，党中央突出抓重点、补短板、强弱项，坚决打好防范化解重大风险、精准脱贫、污染防治的攻坚战，取得一系列新的重大成就。突如其来的新冠肺炎疫情对我国经济社会发展带来了不利影响。在党中央坚强领导下，经过全国人民共同努力，新冠肺炎疫情防控取得重大战略成果，我国经济社会恢复走在全球前列，主要经济指标趋好，社会民生得到有效保障。2020年我国国内生产总值超过100万亿元人民币，人民生活水平显著提高，现行标准下农村贫困人口全面脱贫，"十三五"规划确定的发展目标如期完成，全面建成小康社会目标如期实现。

"十四五"时期是我国在全面建成小康社会、实现第一个百年奋斗目标之后，乘势而上开启全面建设社会主义现代化国家新征程、向第二个百年奋斗目标进军的第一个五年。从经济发展能力和条件看，我国经济有希望、有潜力保持长期平稳发展，到"十四五"末达到现行的高收入国家标准、到2035年实现经济总量或人均收入翻一番，是完全有可能的。同时，考虑到未来一个时期外部环境中不稳定不确定因素较多，存在不少可能冲击国内经济发展的风险隐患，新冠肺炎疫情全球大流行影响深远，世界经济可能持续低迷，中长期规划目标要更加注重经济结构优化，引导各方面把工作重点放在提高发展质量和效益上。党中央的建议主要是管大方向、定大战略的。综合考虑各方面因素，《建议》稿对"十四五"和到2035年经济发展目标采取了以定性表述为主、蕴含定量的方式。

"十四五"时期经济社会发展主要目标主要包括：一是经济发展取得新

成效。在质量效益明显提升的基础上实现经济持续健康发展，增长潜力充分发挥，国内市场更加强大，经济结构更加优化，创新能力显著提升，产业基础高级化、产业链现代化水平明显提高，农业基础更加稳固，城乡区域发展协调性明显增强，现代化经济体系建设取得重大进展。二是改革开放迈出新步伐。社会主义市场经济体制更加完善，高标准市场体系基本建成，市场主体更加充满活力，产权制度改革和要素市场化配置改革取得重大进展，公平竞争制度更加健全，更高水平开放型经济新体制基本形成。三是社会文明程度得到新提高。社会主义核心价值观深入人心，人民思想道德素质、科学文化素质和身心健康素质明显提高，公共文化服务体系和文化产业体系更加健全，人民精神文化生活日益丰富，中华文化影响力进一步提升，中华民族凝聚力进一步增强。四是生态文明建设实现新进步。国土空间开发保护格局得到优化，生产生活方式绿色转型成效显著，能源资源配置更加合理、利用效率大幅提高，主要污染物排放总量持续减少，生态环境持续改善，生态安全屏障更加牢固，城乡人居环境明显改善。五是民生福祉达到新水平。实现更加充分更高质量就业，居民收入增长和经济增长基本同步，分配结构明显改善，基本公共服务均等化水平明显提高，全民受教育程度不断提升，多层次社会保障体系更加健全，卫生健康体系更加完善，脱贫攻坚成果巩固拓展，乡村振兴战略全面推进。六是国家治理效能得到新提升。社会主义民主法治更加健全，社会公平正义进一步彰显，国家行政体系更加完善，政府作用更好发挥，行政效率和公信力显著提升，社会治理特别是基层治理水平明显提高，防范化解重大风险体制机制不断健全，突发公共事件应急能力显著增强，自然灾害防御水平明显提升，发展安全保障更加有力，国防和军队现代化迈出重大步伐。

2035 年基本实现社会主义现代化的远景目标主要包括：一是我国经济实力、科技实力、综合国力将大幅跃升，经济总量和城乡居民人均收入将再迈上新的大台阶，关键核心技术实现重大突破，进入创新型国家前列。二是基本实现新型工业化、信息化、城镇化、农业现代化，建成现代化经济体系。三是基本实现国家治理体系和治理能力现代化，人民平等参与、平等发展权利得到充分保障，基本建成法治国家、法治政府、法治社会。四是建成文化强国、教育强国、人才强国、体育强国、健康中国，国民素质和社会文明程度达到新高度，国家文化软实力显著增强。五是广泛形成绿色生产生活方式，碳排放达峰后稳中有降，生态环境根本好转，美丽中国建设目标基本实现；形成对外开放新格局，参与国际经济合作和竞争新优势明显增强。六是人均国内生产总值达到中等发达国家水平，中等收入群体显著扩大，基本公共服务实现均等化，城乡区域发展差距和居民生活水平差距显著缩小。七是平安中国建设达到更高水平，基本实现国防和军队现代化；人民生活更加美好，人的全面发展、全体人民共同富裕取得更为明显的实质性进展。

全会一致认为，面对错综复杂的国际形势、艰巨繁重的国内改革发展稳定任务特别是新冠肺炎疫情严重冲击，以习近平同志为核心的党中央不忘初心、牢记使命，团结带领全党全国各族人民砥砺前行、开拓创新，奋发有为推进党和国家各项事业，战胜各种风险挑战，中国特色社会主义的航船继续乘风破浪、坚毅前行。实践再次证明，有习近平同志作为党中央的核心、全党的核心领航掌舵，有全党全国各族人民团结一心、顽强奋斗，我们就一定能够战胜前进道路上出现的各种艰难险阻，一定能够在新时代把中国特色社会主义更加有力地推向前进。

千里之行，始于足下。2020 年 12 月 16 日至 18 日，中央经济工作会议在北京举行。会议总结了 2020 年经济工作，分析了当前经济形势，部署了 2021 年经济工作。会议认为：“今年是新中国历史上极不平凡的一年。面对严峻复杂的国际形势、艰巨繁重的国内改革发展稳定任务特别是新冠肺炎疫情的严重冲击，我们保持战略定力，准确判断形势，精心谋划部署，果断采取行动，付出艰苦努力，交出了一份人民满意、世界瞩目、可以载入史册的答卷。我国成为全球唯一实现经济正增长的主要经济体，三大攻坚战取得决定性成就，科技创新取得重大进展，改革开放实现重要突破，民生得到有力保障。这些成绩来之不易，历经艰难险阻，是以习近平同志为核心的党中央坚强领导的结果，是全党全军全国各族人民团结奋战的结果。”会议强调，在统筹国内国际两个大局、统筹疫情防控和经济社会发展的实践中，我们党深化了对在严峻挑战下做好经济工作的规律性认识，主要包括：一是党中央权威是危难时刻全党全国各族人民迎难而上的根本依靠；二是人民至上是作出正确抉择的根本前提；三是制度优势是形成共克时艰磅礴力量的根本保障；四是科学决策和创造性应对是化危为机的根本方法；五是科技自立自强是促进发展大局的根本支撑。

会议指出，疫情变化和外部环境存在诸多不确定性，我国经济恢复基础尚不牢固。明年世界经济形势仍然复杂严峻，复苏不稳定不平衡，疫情冲击导致的各类衍生风险不容忽视。要增强忧患意识，坚定必胜信心，推动经济持续恢复和高质量发展。要办好自己的事，坚持底线思维，提高风险预见预判能力，严密防范各种风险挑战。要继续高举多边主义旗帜，积极参与全球治理改革完善，推动构建人类命运共同体。

会议强调，2021 年是我国现代化建设进程中具有特殊重要性的一年。做好 2021 年经济工作，要以习近平新时代中国特色社会主义思想为指导，全面贯彻党的十九大和十九届二中、三中、四中、五中全会精神，坚持稳中求进工作总基调，立足新发展阶段，贯彻新发展理念，构建新发展格局，以推动高质量发展为主题，以深化供给侧结构性改革为主线，以改革创新为根本动力，以满足人民日益增长的美好生活需要为根本目的，坚持系统观念，巩固拓展疫情防控和经济社会发展成果，更好统筹发展和安全，扎实做好“六稳”工作、全面落实“六保”任务，科学精准实施宏观政策，努力保持经济运行在合理区间，坚持扩大内需战略，强化科技战略支撑，扩大高水平对外开放，确保“十四五”开好局，以优异成绩庆祝建党一百周年。

二〇二一

2021 年，是中国共产党成立一百周年，也是实施“十四五”规划的开局之年和开启全面建设社会主义现代化国家新征程的元年。

习近平在 2021 年新年贺词中指出，2021 年是中国共产党百年华诞。百年征程波澜壮阔，百年初心历久弥坚。从上海石库门到嘉兴南湖，一艘小小红船承载着人民的重托、民族的希望，越过急流险滩，穿过惊涛骇浪，成为领航中国行稳致远的巍巍巨轮。胸怀千秋伟业，恰是百年风华。我们秉持以人民为中心，永葆初心、牢记使命，乘风破浪、扬帆远航，一定能实现中华民族伟大复兴。

伴随着新年钟声的响起，我们迎来了充满希望的 2021 年。2021 年上半年，党中央对全面建成小康社会进行了系统评估和总结，然后正式宣布我国全面建成小康社会。当人类社会跨入 21 世纪 20 年代的时候，我国进入全面建设社会主义现代化国家、向第二个百年奋斗目标进军的新发展阶段。这是中华民族伟大复兴历史进程的一次巨大跨越，在新中国发展进程中具有重要的里程碑意义。

新的一年，新气象层出不穷，新成就捷报频传。

2 月 20 日，党史学习教育动员大会在北京召开。习近平出席会议并发表重要讲话强调，在全党开展党史学习教育，是党中央立足党的百年历史新起点、统筹中华民族伟大复兴战略全局和世界百年未有之大变局、为动员全党全国满怀信心投身全面建设社会主义现代化国家而作出的重大决策。全党同志要做到学史明理、学史增信、学史崇德、学史力行，学党史、悟思想、办实事、开新局，以昂扬姿态奋力开启全面建设社会主义现代化国家新征程，以优异成绩迎接建党一百周年。

2月25日，全国脱贫攻坚总结表彰大会在北京召开。习近平在大会上庄严宣告，经过全党全国各族人民共同努力，在迎来中国共产党成立一百周年的重要时刻，我国脱贫攻坚战取得了全面胜利，现行标准下9899万农村贫困人口全部脱贫，832个贫困县全部摘帽，12.8万个贫困村全部出列，区域性整体贫困得到解决，完成了消除绝对贫困的艰巨任务，创造了又一个彪炳史册的人间奇迹！这是中国人民的伟大光荣，是中国共产党的伟大光荣，是中华民族的伟大光荣！

4月29日，中国空间站天和核心舱发射升空，准确进入预定轨道，任务取得成功，标志着我国空间站建造进入全面实施阶段。习近平致贺电，代表党中央、国务院和中央军委，向载人航天工程空间站阶段飞行任务总指挥部并参加天和核心舱发射任务的各参研参试单位和全体同志致以热烈的祝贺和诚挚的问候。

5月21日，习近平出席全球健康峰会并发表讲话，就提高应对重大突发公共卫生事件能力和水平，提出五点意见：坚持人民至上、生命至上；坚持科学施策，统筹系统应对；坚持同舟共济，倡导团结合作；坚持公平合理，弥合“免疫鸿沟”；坚持标本兼治，完善治理体系。他强调要坚定不移推进抗疫国际合作，共同推动构建人类卫生健康共同体，共同守护人类健康美好未来。

5月28日，习近平在中国科学院第二十次院士大会、中国工程院第十五次院士大会、中国科协第十次全国代表大会上讲话指出，要加快建设科技强国，实现高水平科技自立自强。

6月17日，神舟十二号载人航天飞船发射升空，与天和核心舱完成自主快速交会对接。3名航天员先后进入天和核心舱，标志着中国人首次进入自己的空间站。6月23日，习近平总书记开始同正在天和核心舱执行任务的航天员聂海胜、刘伯明、汤洪波天地通话。

6月18日，中国共产党历史展览馆开馆。习近平参观"'不忘初心、牢记使命'中国共产党历史展览"，并带领党员领导同志重温入党誓词。他强调，党的历史是最生动、最有说服力的教科书。我们党的一百年，是矢志践行初心使命的一百年，是筚路蓝缕奠基立业的一百年，是创造辉煌开辟未来的一百年。回望过往的奋斗路，眺望前方的奋进路，必须把党的历史学习好、总结好，把党的宝贵经验传承好、发扬好，铭记奋斗历程，担当历史使命，从党的奋斗历史中汲取前进力量。

6月28日晚，庆祝中国共产党成立100周年文艺演出《伟大征程》在国家体育场盛大举行。演出以大型情景史诗形式呈现，共分为"浴火前行"、"风雨无阻"、"激流勇进"和"锦绣前程"4个篇章，综合运用多种艺术手段，生动展现中国共产党百年来带领中国人民进行革命、建设、改革的壮美画卷，热情讴歌党的十八大以来，在以习近平同志为核心的党中央坚强领导下，中国特色社会主义进入新时代，昂首阔步迈向全面建设社会主义现代化国家的新征程。

6月29日上午10时，庆祝中国共产党成立100周年"七一勋章"颁授仪式在人民大会堂隆重举行。中共中央总书记、国家主席、中央军委主席习近平首次为"七一勋章"获得者马毛姐、王书茂、王占山、王兰花、艾爱国、石光银、吕其明、廷·巴特尔、刘贵今、孙景坤、买买提江·吾买尔、李宏塔、吴天一、辛育龄、张桂梅、陆元九、陈红军、林丹、卓嘎、周永开、柴云振、郭瑞祥、黄大发、黄文秀、黄宝妹、崔道植、蓝天野、魏德友、瞿独伊等29人颁授勋章，并发表重要讲话。同日，全国优秀县委书记表彰会议在京举行。习近平亲切会见与会同志，向他们表示诚挚问候和热烈祝贺。这充分体现了党中央对县委书记的高度重视和深切关怀。

6月30日，中共中央组织部发布中国共产党党内统计公报，截至2021年6月5日，中国共产党党员总数为9514.8万名，比2019年底净增323.4万名，增幅为3.5%。中国共产党现有基层组织486.4万个，比2019年底净增18.2万个，增幅为3.9%。其中基层党委27.3万个，总支部31.4万个，支部427.7万个。2020年1月1日至2021年6月5日共发展党员473.9万名，其中，2020年1月1日至12月31日发展党员242.7万名，2021年1月1日至6月5日发展党员231.2万名。截至2021年6月5日，全国入党申请人2005.5万名，入党积极分子1005.7万名。

7月1日上午，庆祝中国共产党成立100周年大会在北京天安门广场隆重举行，各界代表7万余人以盛大仪式欢庆中国共产党百年华诞。8时整，象征着巨轮启航的汽笛声响起，庆祝大会开始。全体肃立，100响礼炮响彻云霄，国旗护卫队官兵护卫着五星红旗，迈着铿锵有力的步伐，从人民英雄纪念碑行进至广场北侧升旗区。中国人民解放军联合军乐团奏响雄壮的《义勇军进行曲》，全场齐声高唱中华人民共和国国歌，鲜艳夺目的五星红旗冉冉升起，在天安门广场上空迎风飘扬。各民主党派、工商联和无党派人士联合致贺词，民革中央主席万鄂湘宣读贺词，向中国革命、建设、改革事业的坚强领导核心——伟大的中国共产党，致以最崇高敬意和最诚挚祝贺，表示将更加紧密地团结在以习近平同志为核心的中共中央周围，为夺取全面建设社会主义现代化国家新胜利、实现中华民族伟大复兴的中国梦作出新的更大贡献。共青团员和少先队员代表集体致献词，向党致以青春的礼赞，抒发"请党放心、强国有我"的铮铮誓言。

在热烈的掌声中，中共中央总书记、国家主席、中央军委主席习近平发表重要讲话。

习近平代表党和人民庄严宣告，经过全党全国各族人民持续奋斗，我们实现了第一个百年奋斗目标，在中华大地上全面建成了小康社会，历史性地解决了绝对贫困问题，正在意气风发向着全面建成社会主义现代化强国的第二个百年奋斗目标迈进。这是中华民族的伟大光荣！这是中国人民的伟大光荣！这是中国共产党的伟大光荣！

习近平指出，中国产生了共产党，这是开天辟地的大事变，深刻改变了近代以后中华民族发展的方向和进程，深刻改变了中国人民和中华民族的前途和命运，深刻改变了世界发展的趋势和格局。中国共产党一经诞生，就把为中国人民谋幸福、为中华民族谋复兴确立为自己的初心使命。一百年来，中国共产党团结带领中国人民进行的一切奋斗、一切牺牲、一切创造，归结起来就是一个主题：实现中华民族伟大复兴。

习近平强调，为了实现中华民族伟大复兴，中国共产党团结带领中国人民，浴血奋战、百折不挠，创造了新民主主义革命的伟大成就；自力更生、发愤图强，创造了社会主义革命和建设的伟大成就；解放思想、锐意进取，创造了改革开放和社会主义现代化建设的伟大成就；自信自强、守正创新，统揽伟大斗争、伟大工程、伟大事业、伟大梦想，创造了新时代中国特色社会主义的伟大成就。中国共产党和中国人民以英勇顽强的奋斗向世界庄严宣告，中华民族迎来了从站起来、富起来到强起来的伟大飞跃，实现中华民族伟大复兴进入了不可逆转的历史进程。

习近平指出，初心易得，始终难守。以史为鉴，可以知兴替。我们要用历史映照现实、远观未来，从中国共产党的百年奋斗中看清楚过去我们为什么能够成功、弄明白未来我们怎样才能继续成功，从而在新的征程上更加坚定、更加自觉地牢记初心使命、开创美好未来。

——必须坚持中国共产党坚强领导，坚持党的全面领导，不断完善党的领导，充分发挥党总揽全局、协调各方的领导核心作用。

——必须团结带领中国人民不断为美好生活而奋斗，紧紧依靠人民创造历史，践行以人民为中心的发展思想，发展全过程人民民主，推动人的全面发展、全体人民共同富裕取得更为明显的实质性进展。

——必须继续推进马克思主义中国化，坚持把马克思主义基本原理同中国具体实际相结合、同中华优秀传统文化相结合，用马克思主义观察时代、把握时代、引领时代，继续发展当代中国马克思主义、21世纪马克思主义。

——必须坚持和发展中国特色社会主义，坚持党的基本理论、基本路线、基本方略，在自己选择的道路上昂首阔步走下去，把中国发展进步的命运牢牢掌握在自己手中。

—— 必须加快国防和军队现代化，全面贯彻新时代党的强军思想，坚持党对人民军队的绝对领导，把人民军队建设成为世界一流军队，以更强大的能力、更可靠的手段捍卫国家主权、安全、发展利益。

—— 必须高举和平、发展、合作、共赢旗帜，奉行独立自主的和平外交政策，推动建设新型国际关系，推动构建人类命运共同体，推动共建“一带一路”高质量发展，推动历史车轮向着光明的目标前进。

—— 必须进行具有许多新的历史特点的伟大斗争，增强忧患意识、始终居安思危，贯彻总体国家安全观，统筹发展和安全，逢山开道、遇水架桥，勇于战胜一切风险挑战。

—— 必须加强中华儿女大团结，形成海内外全体中华儿女心往一处想、劲往一处使的生动局面，汇聚起实现民族复兴的磅礴力量。

—— 必须不断推进党的建设新的伟大工程，牢记打铁必须自身硬的道理，增强全面从严治党永远在路上的政治自觉，确保党在新时代坚持和发展中国特色社会主义的历史进程中始终成为坚强领导核心。

习近平强调，我们要全面准确贯彻“一国两制”、“港人治港”、“澳人治澳”、高度自治的方针，落实中央对香港、澳门特别行政区全面管治权，保持香港、澳门长期繁荣稳定。要坚持一个中国原则和“九二共识”，推进祖国和平统一进程。包括两岸同胞在内的所有中华儿女，要和衷共济、团结向前，坚决粉碎任何“台独”图谋，共创民族复兴美好未来。任何人都不要低估中国人民捍卫国家主权和领土完整的坚强决心、坚定意志、强大能力。

习近平指出，未来属于青年，希望寄予青年。新时代的中国青年要以实现中华民族伟大复兴为己任，增强做中国人的志气、骨气、底气，不负时代，不负韶华，不负党和人民的殷切期望。

习近平强调，过去一百年，中国共产党向人民、向历史交出了一份优异的答卷。现在，中国共产党团结带领中国人民又踏上了实现第二个百年奋斗目标新的赶考之路。习近平代表党中央号召全体中国共产党员，牢记初心使命，坚定理想信念，践行党的宗旨，永远保持同人民群众的血肉联系，始终同人民想在一起、干在一起，风雨同舟、同甘共苦，继续为实现人民对美好生活的向往不懈努力，努力为党和人民争取更大光荣！

习近平指出，中国共产党立志于中华民族千秋伟业，百年恰是风华正茂！回首过去，展望未来，有中国共产党的坚强领导，有全国各族人民的紧密团结，全面建设社会主义现代化强国的目标一定能够实现，中华民族伟大复兴的中国梦一定能够实现！

大会在雄壮的国际歌声中结束。激昂的乐曲响起，全场高唱《歌唱祖国》。10万羽和平鸽展翅高飞，10万只彩色气球腾空而起。天安门广场上的各界群众朝着天安门城楼方向欢呼致敬，习近平向大家挥手致意。城楼上下融通起真情交汇的心桥，广场内外汇聚成欢歌笑语的海洋，共同庆祝中国共产党百年华诞，共同祝愿祖国和世界的明天更加美好。

在中国共产党百年华诞来临之际，多国政党政府领导人等致电致函习近平总书记和中共中央，热烈祝贺中国共产党成立100周年，高度评价中国共产党建党百年来特别是党的十八大以来，在以习近平同志为核心的党中央坚强领导下，中国各项事业取得巨大发展和进步，不仅彻底改变了中国人民和中华民族的前途和命运，也为人类进步事业作出重大贡献。

艰难困苦，玉汝于成。让我们紧密团结在以习近平同志为核心的党中央周围，为创造属于中国人民的美好幸福新生活，推动全人类的共同发展和进步，不懈奋斗，永远奋斗！

结束语

在中国历史的天平上，中国共产党占有举足轻重的地位。这一点，从三个百年历史节点可以看得很清楚。

1949 年中华人民共和国成立，是近代以来中国人民追求民族独立和人民解放一百多年取得的伟大成果。此前一百年间，从农民起义到洋务运动，从君主立宪到资产阶级民主共和国，各种政治力量尝试过种种救国方案，但是都失败了。只有中国共产党领导新民主主义革命取得成功，建立起人民当家作主的中华人民共和国，中国人民从此站起来了。历史证明，没有共产党，就没有新中国。只有中国共产党才是中国革命取得胜利的希望和寄托，才能成为中国人民可靠的领导力量。

2021 年全面建成小康社会，是中国共产党成立一百周年的伟大成果。这个一百年，是中国共产党团结带领全国人民追求实现国家繁荣富强和人民共同富裕的一百年。党从诞生之日起，就把为人民谋幸福、为民族某复兴作为自己的初心和使命。从革命年代的根据地建设到革命胜利后的国家恢复和重建，从进行社会制度改造到开展全面的社会主义建设，从实行改革开放、建立社会主义市场经济体制到全面建成小康社会，党团结带领全国各族人民坚忍不拔、锲而不舍，取得举世瞩目的建设成就，人民生活发生了翻天覆地的变化。

历史证明，没有中国共产党的领导和中国特色社会主义制度，这些历史性成就和变化都是不可想象的。

2049 年实现中华民族伟大复兴，是中华人民共和国成立一百周年的奋斗目标，必将成为现实。这个目标是近代以来中国人民最伟大的梦想，也是中国共产党和中国人民持续奋斗的强大动力。面向未来，党的十九大对新时代中国特色社会主义发展作出新的战略安排，即：从 2020 年到 2035 年，在全面建成小康社会的基础上，再奋斗 15 年，基本实现社会主义现代化；从 2035 年到本世纪中叶，在基本实现现代化的基础上，再奋斗 15 年，把我国建成富强民主文明和谐美丽的社会主义现代化强国。历史将会进一步证明，只有中国共产党才能团结一切可以团结的力量，带领人民披荆斩棘、风雨兼程，不断谱写社会主义现代化新征程的壮丽篇章。

江山就是人民，人民就是江山。中国共产党将一如既往地同人民想在一起、干在一起，引领承载着中华民族伟大梦想的航船破浪前进，胜利驶向光辉的彼岸！

图书在版编目（CIP）数据

从兴业路到复兴路：1921-2021 / 张士义著 . -- 北京：东方出版社，2021.10

ISBN 978-7-5207-2421-0

Ⅰ . ①从… Ⅱ . ①张… Ⅲ . ①中国共产党－党史－1921-2021 Ⅳ . ① D23

中国版本图书馆 CIP 数据核字 (2021) 第 203877 号

从兴业路到复兴路（1921—2021）

(CONG XINGYELU DAO FUXINGLU)

作　　者：张士义
策　　划：姚　恋
责任编辑：戴燕白　李志刚
出　　版：东方出版社
发　　行：人民东方出版传媒有限公司
地　　址：北京市西城区北三环中路 6 号
邮　　编：100120
印　　刷：北京联兴盛业印刷股份有限公司
版　　次：2021 年 10 月第 1 版
印　　次：2021 年 10 月第 1 次印刷
开　　本：640 x 950 毫米　1/16
印　　张：24.5
字　　数：345 千字
书　　号：ISBN 978-7-5207-2421-0
定　　价：88.00 元
发行电话：（010）85924663　85924664　85924641